古墳時代の
装飾馬具生産体制

古川 匠 著

雄山閣

◆ 目 次 ◆

序　章　本書の目的と意義 ……………………………………………………… 1

第1章　装飾馬具生産と初期造仏活動の研究史……………… 7

　第1節　装飾馬具生産の研究史 …………………………………… 7

　第2節　古墳時代手工業生産の研究史 ……………………… 11

　第3節　初期造仏活動の研究史 ………………………………… 14

　第4節　研究の課題 ……………………………………………………… 21

第2章　研究の視点………………………………………………………… 25

　第1節　研究の視点の設定 ……………………………………… 25

　第2節　繋に装着される装飾馬具の分析 …………………… 26

　第3節　タガネ彫の分析 ………………………………………… 31

　第4節　金工品の成形技法と金属素材の分析 ………………… 35

第3章　装飾馬具生産の開始と確立 …………………………… 37

　第1節　装飾馬具生産の開始 …………………………………… 37

　第2節　4、5世紀の東アジア世界の金工品との対比 …………… 48

　第3節　まとめ ……………………………………………………… 62

第4章　装飾馬具生産の展開 ……………………………………… 69

　第1節　装飾馬具生産の拡大 …………………………………… 69

　第2節　A群馬具とB群馬具の並立 …………………………… 83

　第3節　6世紀の東アジア世界の金工品との対比 ……………… 96

　第4節　まとめ ……………………………………………………… 102

第5章　装飾馬具生産の変質と初期造仏活動 ……………………… 113

第1節　A群・B群馬具の変容と統合 ……………………………… 113

第2節　C群馬具の展開 …………………………………………… 137

第3節　装飾付大刀生産体制との対比 …………………………… 142

第4節　7、8世紀の東アジア世界の金工品との対比 …………… 149

第5節　まとめ ……………………………………………………… 160

終　章　結論 …………………………………………………………… 171

第1節　装飾馬具生産体制の形成と発展（第1期から第3期） …… 171

第2節　装飾馬具生産体制の展開と変質（第4期から第6期） …… 174

第3節　装飾馬具生産体制の転回と終焉（第7期から第11期） … 180

第4節　装飾馬具生産体制と初期造仏活動 ……………………… 184

おわりに …………………………………………………………… 189

参考文献・図出典 …………………………………………………… 190

索　引 ………………………………………………………………… 206

あとがき ……………………………………………………………… 210

序　章　本書の目的と意義

　紀元 5 世紀から 7 世紀の日本列島では、有力者の墓である古墳の埋葬主体部に金銀に輝く金工品が副葬される事例が多くみられる。金工品の多くは、武器、武具、服飾品、装身具といった着装の可能な製品である。このような金工品を身につける文化は、北アジアから騎馬民族が流入した五胡十六国時代の中国大陸から、朝鮮半島を経て日本列島にも伝播した。

　金銀の装飾の対象は、人間が身につける武器、武具、服飾品、装身具だけではなく、彼らが保有する馬に騎乗するための馬具にも及んだ。こうした馬具は、「装飾馬具」[1] と称される。本書の対象は、この期間に日本列島で生産された装飾馬具の生産体制である。

　馬は、人間の移動、物資の運搬、戦闘行為、農耕、権力者の威信や武威の象徴、そして精神世界との関わりなど、人間社会において多様で重要な役割を担ってきた動物である。遺跡の発掘調査事例からみる日本列島における馬の本格的な導入時期（丸山 2013、青柳ほか 2017）は、実年代では 5 世紀初頭に相当する。日本考古学の時代区分では古墳時代中期前葉に該当する時期である。そして当然のことながら、馬の本格的な飼育の開始に伴って、馬具も確認されるようになる。したがって、古墳時代の馬具や馬の遺体等の、馬に関連する考古資料は、日本の馬匹文化と騎馬文化の出現と発展、そして金工品の生産の展開を如実に示す重要な資料群である。

　既往の研究では、技術史的な視点から馬具の製作に使用される技術が検討され、あるいは政治史的な視点から、馬具を入手または製作し、消費地に供給することの意義が問われてきた。馬具の流通、消費は日本列島の大部分をその領域とした倭王権の政治体制を反映し、馬具の製作技術の進展は、大陸との交流や倭における生産体制の整備を反映するからである。

　本書の第一の目的は、古墳時代の馬具の中でも、社会的階層の高い人物が葬られた古墳に副葬された、金や銀で加飾された装飾馬具の生産体制の実態とその変遷を整理し検討することである。古墳に装飾馬具が副葬された時期は、時代区分では古墳時代中、後期から飛鳥時代（古墳時代終末期）に相当する。この時期の装飾馬具は、実用的で簡素な構造の

鉄製馬具と対照的に、古墳被葬者の地位を表象する副葬品であった。そして、装飾馬具の生産にあたっては、直接的には主に朝鮮半島から製作技術や装飾の意匠が導入された。馬の導入は当初から朝鮮半島南部及び中国大陸東北部の影響が強く、その影響下で装飾馬具も日本列島に導入されたのである。すなわち、装飾馬具生産体制の研究は、当時の手工業生産や国際関係を解明することにつながる。

　また、古墳時代の装飾馬具は、手工業生産の解明にとどまらない意義を有する考古資料である。『日本書紀』、『扶桑略記』、『元興寺縁起』といった文献史料や、飛鳥寺塔露盤銘、法隆寺釈迦三尊像光背銘のような飛鳥時代の銘文史料には、馬具生産者集団の長である「鞍作氏」が、日本列島における初期造仏活動に強く関与したことを示す記述が含まれる。すなわち、日本最初の仏師「鞍作止利」と、彼の率いた初期造仏集団の技術系譜を探求するためには、古墳時代から飛鳥時代の装飾馬具生産体制と、飛鳥時代の初期造仏集団の関係を解明しなくてはならない。

　したがって、本書の第二の目的は、古墳時代の装飾馬具生産体制と飛鳥時代の初期造仏活動の関係を明らかにすることである。このテーマを検討するためには、古墳時代から飛鳥時代、そして奈良時代にかけての出土資料、伝世資料からのアプローチが必要である。

　本書の視点は、文献史学における部民制の展開とも深く関連することとなる。部民制の成立年代には諸説があるが、島根県岡田山１号墳の「額田部」鉄刀銘から、遅くとも６世紀代には存在したことは、多くの研究者に確実視されている。装飾馬具生産と直接関わる可能性が高い名称の品部は、先に述べた「鞍作部」及び「馬工部」である。ただしその一方で、装飾馬具は、装飾付大刀等の他の金工品の生産とも密接に関連することが、主に考古学の分野における多くの研究で示唆されている。古墳時代から飛鳥時代の装飾馬具生産体制を解明することは、部民制における手工業生産体制の一端を考古学的に読み解くことにも寄与するであろう。

　装飾馬具を含む古墳時代の金工品の研究史は分厚い蓄積があり、現在もベテラン、中堅、若手の研究者が毎年目覚ましい成果を挙げている。しかし、既往の研究は、日本列島の古墳出土品と、中国大陸や朝鮮半島出土品との直接的な関係が研究しやすい５世紀代に偏っている。日本列島に騎馬・馬匹文化が導入された５世紀代は、中国大陸では五胡十六国時代から南北朝時代、朝鮮半島では三国時代に当たり、東アジア世界全体が動乱の時代であった。このような当時の国際情勢の中で、軍事、国際関係を直接に反映する馬具および馬の飼育、牧に関わる研究が大きな意義を有することには筆者も異存がない。しかしそ

序　章　本書の目的と意義

の一方で、古墳時代後期から飛鳥時代にあたる6世紀から7世紀代の装飾馬具の研究は、時代の転換期における手工業生産の展開や仏教伝来期における初期造仏集団と装飾馬具生産の関係等、研究上の大きな課題があるにもかかわらず、停滞気味である。また一方で、日本美術史の分野では資料数の多い奈良時代以降の研究が盛んに行われているが、資料数の僅少な飛鳥時代以前を視野に入れた研究自体が少数である。各分野では、緻密な個別研究が進み研究の方法論も深化しているが、古墳時代から飛鳥時代の金工品全体を俯瞰し学域をまたぐような問題意識をもった研究は、考古学、美術史学の両方で絶えて久しい。学問の発展上、研究分野の細分化はもちろん望ましいが、初期造仏集団の技術系譜を検討することは、文献史学も含め、複数の学問分野に残された課題なのである。議論の不活発なこの領域にあえて進出し、持論を問うてみたい。

　本書が主な分析の対象とする期間は、列島において装飾馬具が姿を現す古墳時代中期中葉から、古墳時代に確立した装飾馬具生産体制がその役割を終える飛鳥時代までの期間とする。そして、装飾馬具の年代観については、内山敏行の編年（内山1996）を基本的に援用するものとする。内山は古墳時代中期から飛鳥時代までの馬具の重要な構成要素である鏡板付轡と杏葉の変遷を体系的に整理し、さらに、繋（革帯）の交差箇所に装着される雲珠、辻金具の変遷（宮代1996）との並行関係も視野に入れた編年を組んでおり、現在最も精度の高い編年案であると考えられる。ただし本書では、内山の編年で中期3、4段階、そして中期6、7段階とする段階を各々一つの段階に統合する（図1）。

　本書の分析で対象とする期間は、最初に述べたとおり紀元5世紀から7世紀であるが、日本考古学の時代区分では古墳時代中期前葉から飛鳥時代末までに該当する。既往の馬具研究では、この期間を古墳時代中期、後期、飛鳥時代に区分し、それぞれの区分の中で終始する研究が大多数であるが、本書ではこの期間の装飾馬具をできるだけ統一した視点で検討するため、あまり一般的ではないが、この期間を「第1期」から「第11期」という統一した名称で区分する。ただし、装飾馬具以外の金工品との様相を比較する上では不便であるため、考古学的な時代区分との対応関係も示しておく。古墳時代中期中葉から後葉は、本書の第1期から第2期に該当する。そして、古墳時代後期は本書の第3期から第7期に、飛鳥時代すなわち古墳時代終末期は、本書の第8期から第11期に該当する。また、分析の対象とする装飾馬具の年代は飛鳥時代までとするが、装飾馬具以外の金工品については、一部、奈良時代の資料にも言及することとする。

　なお、古墳時代の時期区分における中期と後期の境界については、古墳の埋葬方法の

変化を重視する立場と、副葬品構成の変化を重視する立場で意見が分かれ、これまで2つの説が提示されている。前者は、内山の馬具編年では中期5段階と6段階、須恵器編年ではTK216型式期とTK23型式期の境界とする説（和田1987）である。そして後者は、内山の馬具編年では中期7段階と後期1段階、陶邑編年ではTK47型式期とMT15型式期の境界とする説（辻田2018など）である。本書の対象とする装飾馬具生産体制の変遷で、中期的な様相と後期的な様相の明確な画期となりうるのは、本書の編年では第4期、内山の馬具編年では後期1期、陶邑編年ではMT15型式期となる。ただし、古墳時代観によって中期と後期の境界は一定しないことは認識しておきたい。本書では、古墳時代中期から飛鳥時代（古墳時代終末期）までを通し番号で時期区分することとした。

　装飾馬具を製作した工房は未確認[2]であるため、工房内の構造は全く不明である。したがって、金工、木工、革工、織工などの技術の複合が必要とされる装飾馬具一揃いが単一の工房で製作されたのか、あるいは複数の工房で各部品が分業的に製作されたのかは不明である。ただし、馬の轡に装着する「鏡板」と馬の臀部に装着する「杏葉」の意匠は、後述するように多くの意匠があり、そして意匠毎に独立した組織が併存していた可能性が高い。本書ではこの現状を踏まえ、特定の意匠の装飾馬具を生産する組織体系を、装飾馬具

	須恵器編年	内山馬具編年	本書での時代区分		
A.D.400	TK73・216	中期3・4段階	第1期	中期	古墳時代
	TK208	中期5段階	第2期		
A.D.500	TK23・47	中期6・7段階	第3期	後期	
	MT15	後期1段階	第4期		
	TK10(古・新)	後期2段階	第5期		
	TK43	後期3段階	第6期		
A.D.600	TK209	後期4段階	第7期		
	TK217　飛鳥I	終末期1段階	第8期	（古墳時代終末期）	飛鳥時代
	飛鳥I	終末期2段階	第9期		
	飛鳥II	終末期3段階	第10期		
	TK46　飛鳥III	終末期4段階	第11期		

図1　本書における編年案

4

の「生産組織」と呼称することとする。

　馬具の大部分は実用的な鉄製馬具で、装飾馬具は馬具全体の中では一部に留まる。また、美術工芸品的な価値も有するため、「製作」の語が適する印象を与えるかもしれない。しかし、実際に「生産」された装飾馬具の大多数は、定型的な部品を使用し、個々の部品だけでなく部品の組み合わせについても規則性が見出される。生産組織についても工人達の生産活動は一定の管理がなされていたと考えられる。したがって、個別の部品については「製作」の語を使用するにしても、個々の馬具の集合体としての「装飾馬具」については、埴輪や須恵器など同時期に大量に生産された考古資料と同様に、「生産」の語を使用することとする。そして、複数の生産組織が並立して装飾馬具生産が行われた日本列島内での総体としての「装飾馬具生産体制」を考古学的に解明することを試みる。

　　註
　(1) 本書では、鏡板、杏葉、辻金具、鞍金具などの金属製馬具に金銅及び銀の装飾を施す馬具を「装飾馬具」と呼称する。また、同様に刀装具を金銀で飾る大刀を「装飾付大刀」と呼称する。
　　　さらに、金銅で装飾される製品の材質について、鉄製の本体に金銅板が張られた製品を「鉄地金銅張製」、銅製の本体に鍍金が施された製品を「金銅製」とする。そして、両者の総称として、「金銅装」の用具を用いることとする。
　(2) ただし、大阪府森遺跡では、包含層出土遺物ではあるが金銅装が施された鉄片が出土している。今後、同遺跡で装飾馬具製作工房の検出が期待される。交野市教育委員会真鍋成史氏のご教示による。

第1章　装飾馬具生産と初期造仏活動の研究史

第1節　装飾馬具生産の研究史

　古墳時代装飾馬具の生産に関わる研究史を概観する。古墳時代中・後期から飛鳥時代を彩る金銅装あるいは銀装の装飾馬具は、古くから研究が進められてきた考古資料である。これまで多様な視点から問題提起がなされ、膨大な研究史が蓄積されてきたが、その中で常に一定の注目を集めてきたのが日本列島における装飾馬具の生産組織である。日本列島における馬匹及び騎馬文化の浸透、金工技術の受容と展開、近畿地方中央部の「倭王権」[1]による手工業生産体制の管理といった、諸々の重要な問題がその背景にある。しかしながらこの視点からなる研究は必ずしも進展していない。その理由は、第一に装飾馬具の製作工房が未発見である点、そして第二に装飾馬具が副葬される埋葬主体が横穴式石室や横穴墓であるため、儀礼的な破壊行為や追葬行為による副葬品の移動、そして後世の盗掘や再利用などによる撹乱の影響を受けやすく、良好な出土事例が多くないという点である。しかしながら、近年の良好な一括資料の新発見や、今まで詳細が不明だった資料の再整理報告、現代の工芸作家らによる装飾馬具の復原製作実験によって、確実に装飾馬具に関する情報量は増加しており、研究が新たな展開を迎える段階に達した観がある。

　戦後の馬具研究を牽引してきた小野山節（小野山1966）は、古墳時代の馬具を最初に体系的に整理した。その後の論考（小野山1990）では、「1期」から「5期」に区分し、このうち「3期」から「5期」を後期に比定している。「3期」の特徴は十字文楕円形鏡板付轡と三葉文楕円形杏葉をセットとする馬具が最新形式として導入され、馬具の生産に大きな影響を与えた時期とする。小野山の「3期」は、本書の区分では第4期に相当する。小野山は、「4期」を輸入馬具の模倣によって新たな馬具製作を可能とした時期と位置づけ、列島の工人が独自に考案した花形鏡板付轡と花形杏葉が登場し、鏡板と杏葉を同じデザインで作るのが普通になった時期と解釈している。小野山の「4期」は本書の第6期に相当する。また、花形意匠の馬具や、群馬県八幡観音塚古墳出土心葉形杏葉の事例のような、装飾馬具への仏教意匠の採用の背景に、馬具工人による仏像製作を指摘した。こうした視点

はその後の研究に多大な影響を与えた。岡安光彦（岡安1985）は小野山の「3期」に相当する時期のf字形鏡板付轡と剣菱形杏葉の大型化など、相対的に馬具の装飾的効果が高まる一方で製作工程の簡略化が進むことから、装飾馬具の社会的需要の拡大を想定し、「河内王朝」から「継体朝」への政治状況の変遷と威信財としての馬具との関わりを論じている。そしてその次の段階の装飾過剰な馬具の登場と両朝並立期の欽明朝期との関連性を指摘している。坂本美夫（坂本1985）は、6世紀に入ると前代に比べて飛躍的に装飾馬具の出土量と型式数が増加することを指摘し、馬具の国産化にともなう生産量の増加をその背景として想定する。

　馬具を含む古墳時代の金工品生産体制に言及したものとして、中期の資料を対象とした橋本達也（橋本達1995）の論考がある。橋本は、新開1号墳や誉田丸山古墳出土馬具の透彫の意匠、帯金具と共通する形態の鉸具の存在などから、帯金具、甲冑との技術の共通性を指摘し、非常に高い金工加工技術を必要とする金工品は、同一の技術体系及び生産体制下に製作されるものがあったと推測している。さらに、後期の資料を対象にしたものとして、和田晴吾（和田1986）、鈴木勉（鈴木勉1998）の論考がある。和田は装飾馬具と装飾付大刀を比較し、後期前葉以降は共に退化の傾向をたどることと、鍍金技法、蹴彫技法を含む鍛金技法、青銅器鋳造技術そして、特殊な花文を共有することから、生産体制の親縁性に注目している。鈴木は、藤ノ木古墳出土馬具にみられる魚々子文表現から、本書の第6期に装飾馬具と装飾付大刀の製作技術の融合がみられると主張している。

　一方、馬具を組み合わせて成立する馬装の復元研究は、戦前に後藤守一（後藤1941）が先鞭を付けて以来停滞していたが、千賀久（千賀1979）が初期馬具の尻繋馬装を復元し、杏葉と雲珠の出現によって尻繋装飾が本格的に開始されることを指摘し、このような馬装の故地を朝鮮半島に求めて以来、研究が再び進んでいる。手法としては馬形埴輪、石馬の馬装表現を参考にした復元が以前から知られているが、特に宮代栄一が馬装の復元研究を精力的に継続し、大きな成果を上げている。宮代は辻金具の装着部位に注目し、古墳副葬例の出土状況を含めて検討を行い、組合式辻金具とX字形を呈する辻金具が面繋に装着されることを証明した（宮代1996d）。馬具がどの箇所に装着されるのか、全く等閑視していた従来の研究状況を脱却した研究である。また、馬装の組み合わせに注目し、f字形鏡板付轡と剣菱形杏葉の組み合わせだけではなく、十字文透心葉形鏡板轡、十字文心葉形唐草文透鏡板付轡、花形鏡板付轡、鐘形鏡板付轡についても、強固なセット関係が存在し、杏葉だけではなく、雲珠、辻金具の型式、点数にも規範があったこと、すなわち意匠と馬

装のデザインが密接に関連したことを指摘している（宮代 2002）。宮代の研究と平行して個別意匠、資料についても研究が進んでおり、鉄製楕円形鏡板付轡の馬装を白澤崇（白澤 1999）が、福島県笊内 37 号横穴と中田横穴出土馬具の馬装を桃崎祐輔（桃崎 2002）と工芸文化研究所（工芸文化研究所 2013）が、島根県上塩冶築山古墳出土馬具の馬装を大谷晃二、松尾充晶（大谷・松尾 1999）が復元している。

そして、1990 年代から 2000 年代にかけて、各地で古墳時代馬具の復元製作実験が試みられた。奈良県立橿原考古学研究所附属博物館による、奈良県ウワナベ 5 号墳、同石光山 8 号墳、同珠城山 3 号墳出土馬具（文化財と技術の研究会 2001）をはじめとして、島根県上塩冶築山古墳（大谷・松尾 1999）、茨城県風返稲荷山古墳（千葉ほか 2000）、福島県笊内 37 号横穴（福島県文化財センター白河館 2002）などの馬具が挙げられる。復元に当たっては多様な工芸技術が駆使されるために、金工作家や木工作家など、異なる専門分野の作家が分

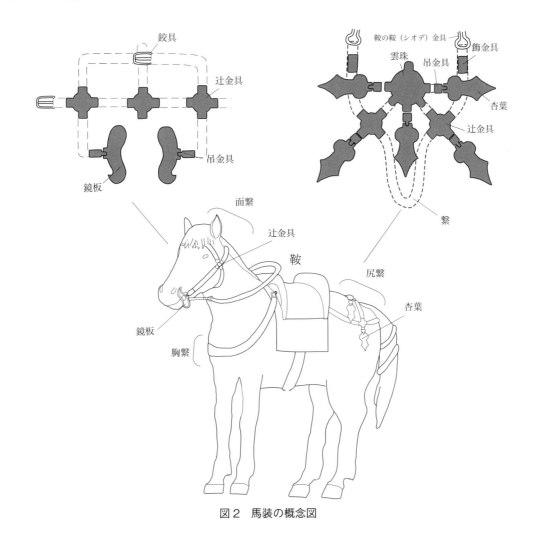

図 2　馬装の概念図

業体制で製作にあたっている。古墳時代の当時においても、主に木工技術が必要とされる鞍や鐙と、主に革加工技術と金工技術が必要とされる、その他の馬具が、異なる工房の分業体制で製作された可能性も想定し得る。また、実物の出土資料を参考にして行われる復元製作とは異なり、古墳時代に装飾馬具が製作された際は、特に尻繋、面繋については、装着される辻金具と杏葉、そして飾金具の数を最初に定め、繋の本数、長さをも含めた馬装全体のデザインを決定する必要がある（図2）。部品を製作する工人たちを統括して馬装を完成させる、長の存在が想定されるのである。

　こうして、従来行われてきた個別意匠の馬具の精緻な編年研究と近年の馬装の復元研究の蓄積によって、装飾馬具の盛衰と馬装の変遷との関連性を探る下地が整えられつつあるといって良く、この流れから生産組織に迫ることも可能であろう。実際に田中由理は馬具の外形線に注目し、各意匠の鏡板や杏葉の外形を重ね合わせ、意匠が共通する鏡板や杏葉の規格性が、遠隔地の出土事例の間でも共有されていることを明確にした（田中由2004・2005・2012）。さらに同様の手法で、鉢状雲珠や鞍の磯金具についても一定の規格性の存在を導出している（田中由2012）。

　諫早直人は、朝鮮半島南部出土資料を中心として、中国東北部を含む東北アジアの広域における轡の製作技法に焦点をしぼり、朝鮮半島南部における騎馬文化の受容を論じた（諫早2012a）。この研究の対象は装飾馬具にとどまるものではないが、一定のシンプルな方法論で広域かつ年代幅のある多くの資料を横断的に検討しようとする問題意識には、筆者も共感を覚える。また、諫早は近年、装飾馬具を含む金工製品全体の彫金について注目しており、装飾馬具にとどまらない金工品全体の生産組織の究明も試みている（諫早・鈴木2015、諫早2018）。

　このように、資料の増加と個別研究の深化によって金工品研究の細分化が進む中、装飾馬具を含む金工品の横断的な研究に近年意欲的に取り組んでいるのが、土屋隆史である（土屋2018）。土屋の分析の特徴は、多様な器種の金工品全般に共通する属性に注目し、横断的な金工品の分析を試みたことである。その手法として、土屋は金工品の材質、装飾文様のモチーフ、基本的な製作技術に注目した。日本列島で広帯二山式冠と飾履が登場する本書の第3期以降、百済の金工品にみられるC字形瘤付二叉文をもとに、新しいモチーフとして再構成された連続波頭文が日本列島で登場し、さらに魚のモチーフが、広帯二山式冠、立飾付冠、飾履、馬具、胡籙金具など複数の金工品に横断して登場することを紹介している。そして、こうしたモチーフが製作技術の異なる金銅製品、鉄地金銅張製品に共通

してみられることから、設計の段階で複数の工房がモチーフを共有していたこと、そして、製作段階でも共通の要素技術が金工品の材質ごとに存在していたことを指摘した。

また、梅本康宏（梅本 2012）は、装飾付大刀の貴金属素材を比較検討した。金工品の貴金属素材は、本書でも改めて触れるが、装飾馬具の生産体制を検討する上でも重要な分析の視点である。

装飾馬具の最終消費地である古墳の出土品から装飾馬具の生産の検討を試みる以上は、装飾馬具副葬の様相の研究も重要である。これらの研究で特に本書と関連するのは、被葬者の階層と馬具の関係である。尼子奈美枝は、この視点から装飾馬具を総合的に検討している。尼子は、金銅装の馬具が出土する古墳は盟主的な古墳またはそれに準ずる古墳で、鉄製の馬具はそれ以下の階層の古墳で出土し、そして更にそれ以下の階層の古墳では馬具を持たないと整理した。馬具には被葬者の階層性が反映されているという多くの研究者が漠然と共有してきた認識についての実証的な研究である（尼子（藤田）1993、尼子 1998・2005 ほか）。尼子は、後期古墳に副葬される馬具の組成を、Ａ：鏡板と杏葉、雲珠が金銅装、Ｂ：セットの一部を欠くか、または鏡板が鉄製の環状鏡板となるもの、Ｃ：セットの多くを欠き、鏡板は鉄製環状鏡板だが、杏葉及び雲珠の両方をもたないものに３分類し、各地の古墳出土馬具を比較した。その結果、Ａ類、Ｂ類、Ｃ類の順に、副葬される古墳の横穴式石室の玄室規模は小さくなる傾向が看取され、特に大和地域では明瞭に現れることを明らかにした。そして、同様の様相は上野地域でも現れるが、吉備地域や丹後地域などの地域では、大型石室を有する古墳であっても、Ａ類の組成の装飾馬具は副葬されず、Ｂ類あるいはＣ類の装飾馬具しか副葬されていないことを示した。そして、装飾馬具の保有形態は、地域内での階層差だけではなく、地域間の格差をも示す可能性が高いことを指摘している。

第２節　古墳時代手工業生産の研究史

装飾馬具の生産が開始された古墳時代中期は、装飾馬具生産体制を含む社会全体の手工業生産が大きな変化を迎えた時期である。中期古墳には装飾馬具や甲冑、帯金具などの金工品が副葬され、そして短甲を始めとする鉄製武具、武器類が大量に副葬された。鏡や玉などの祭祀の側面が強い副葬品が主体であった前期古墳とは対照的である。また、鉄器や玉、武器類の大規模な生産遺跡や製塩遺跡等が列島各地で数多くみつかっており、手工業

生産が隆盛を迎えていたことも判明している。こうした変化の背景には、日本列島の社会及び政治的動向と、中国および朝鮮半島との国際関係が存在する。特に列島内の変化に力点を置いて進められた研究として、和田晴吾と菱田哲郎、そして東アジアの国際関係に力点をおいた研究として、白石太一郎と高田貫太の研究を以下に紹介する。

　古墳時代中期の古墳造営活動の展開と同時期の手工業生産を全体的に俯瞰した和田晴吾の研究（和田 2015）によると、古墳時代中期の社会は中期前葉から中葉・後葉にかけて大きく変化する。この変化の影響が、後期初頭、本書の時期区分では第3期にかけて大きな社会的変化となって現れる。和田は、中期古墳の秩序を、巨大前方後円墳である大王墓を含む古市・百舌鳥古墳群などの墓域、地域の大首長墳である大型古墳を中心とする墓域、中規模古墳から構成される墓域に類型化した。そして、「畿内」では安定的に墓域が維持されるが、地方では同一の墓域に継続的に古墳を築く古墳群が少なく、不安定であることを明らかにした。和田によると古墳の秩序と生産流通のシステムは整合的で、この時期になって安定した王権のもとで遺物の種類や形や製作技術などに大きな変化が認められる。朝鮮半島からの技術伝播によって鍛鉄技術が革新され、金銅製品の製作技術も導入される。本格的な馬の飼育と乗馬の開始もこの段階である。このほか、高熱を要する須恵器窯も導入される。王権の支配にとって必要な威信財ほかの重要物品は「畿内」で集中的かつ独占的に生産されるが、特に「畿内」の特定工房の製品として、和田は甲冑と馬具を示す。中期中、後葉に生産工房は「畿内」各地に分散し、鉄器は大阪府大県遺跡群や森遺跡のような鍛冶遺跡、玉は奈良県曽我遺跡のような大規模な玉作工房、須恵器は陶邑といったように、後の職業部民の呼称に対応するような、一工房で同一ないしは同質の素材の製品か、あるいは特定の種類の製品が製作され、畿内の各地に盤踞する首長間で排他的な分業がなされ、各自が王権に供給、貢納する、という形態を取るという。一工房で特定種類の製品を製作するようになるという和田の指摘は、本書とも大きく関わる。

　菱田哲郎は、この時期の手工業生産の展開について、より生産遺跡の展開に特化した視点から概観している（菱田 2007）。古墳時代中期の技術革新を示す奈良県布留遺跡では、鍛冶生産以外に銅や玉作り、ガラス、刀剣の木製装具が約60点出土したことから、武器、武具生産の重要な拠点と考えられる。また、文献記事では、北河内を中心とした淀川流域に牧が集中するが、発掘調査の成果も整合的で、大阪府蔀屋北遺跡に代表される日本列島における初期の馬飼の集落が各地に展開し、馬飼と乗馬の技術が導入されたことが判明している。窯業、鍛冶の技術も同時期に導入される。そして、新技術だけでなく、玉作など

12

第1章　装飾馬具生産と初期造仏活動の研究史

伝統的な生産分野も5世紀前葉に大きく変化し、近畿地方中央部で大規模な生産が開始され紀淡海峡地域では製塩が活性化する。王権の膝下に手工業生産拠点を形成する動きが同時期に起こると菱田は説く。そして、単に朝鮮半島からの技術伝播だけで手工業生産の革新が可能になったのではなく、新たな手工業を継続し、拡大するためのシステムがこの時期に形成されたことが重要であるとする。その背景には、一定の強制力をもって土地利用をデザインする力が王権に備わり生産を計画的に配置する準備が整った結果、一斉に大規模生産地が成立する。渡来人技術者の定着もその一環である。また、王権膝下の生産拠点は有力豪族との関係が看取され、南郷遺跡群は葛城氏と、そして布留遺跡、大県遺跡、森遺跡は物部氏との関係が強いとする。

　白石太一郎（白石2009）は、古墳時代中期の装飾馬具生産の背景について主に朝鮮半島の情勢との関係から論じている。4世紀代まで日本列島の人々は馬匹文化、騎馬文化に無関心であったが、朝鮮半島における高句麗の南下によって国際関係は一変する。百済はその南の加耶諸国や倭を味方に引き入れて高句麗と対決しようとし、高句麗の強力な騎馬戦力と戦うため、倭では百済や加耶の技術援助をうけて馬具生産が開始され、各地に大規模な牧が設置され馬匹生産が開始されるとする。北河内では蔀屋北遺跡を始め、初期の馬匹文化にかかわる多くの貴重な資料が発見されている。河内の初期の馬匹文化に関わる資料は『日本書紀』などにみられる「河内の馬飼」とのかかわりで語られることが多い。また、5世紀の小古墳の周りに馬の犠牲土壙を伴う例が東日本にも存在することから、牧における馬匹生産の技術を持つ渡来人が東国にも定着したことが分かる。「畿内」ばかりでなく東日本や南九州まで大規模な牧を設置していることからも、国家的規模で行われた可能性は極めて高いとする。また、馬具の生産技術は、鉄や金銅などの金属加工技術、木工、皮革、織物などの総合技術であり、それまで倭人の知らなかった高度な技術が伝えられた。5世紀以降、交流の活発化に伴って列島に渡来した渡来人、逆に海を渡った倭人、さらに戦乱を逃れて倭国に渡った渡来人たちによって、倭国は騎馬文化のほか、金属加工、製陶などの様々な分野の新しい生産技術や土木、建築技術、天文、暦法、算術などの学問や科学技術、さらに戦術や統治技術やさまざまなイデオロギーなどを積極的に受け入れるとする。5世紀代を倭の社会全体が東アジア世界に開かれた時期と評価する白石の姿勢は、和田の研究とも共通する。

　5世紀代の国際関係について、高田貫太（高田2014）は、朝鮮半島系文物の分析から列島内のそれぞれの地域社会が地政学的な環境や倭王権との政治経済的な関係性のなかで、

多様な交渉様態を模索したとする。そして、多元的な交渉経路が次第に倭王権によって一元的に掌握されると論じている。高田の主張に対して、列島諸地域の朝鮮半島との交渉はあくまで倭王権のコントロール下にあった（熊谷2017）とする反論もあるが、ある程度の独自性をもって列島諸勢力が朝鮮半島から技術者集団や先進的な文物を入手したことは確かであろう。坂靖が葛城氏[2]膝下の生産拠点と評価する奈良県南郷遺跡群（坂2012）や、先に上げた和田晴吾、菱田哲郎の手工業生産研究とも整合的である。

第3節　初期造仏活動の研究史

　日本列島における初期造仏活動と装飾馬具生産には密接な関連性があるのは周知のとおりである。彫刻史の分野では、明治時代から研究史が蓄積されているが、岩佐光晴（岩佐2013）が多岐に渡る論点を丁寧に整理している。初期造仏活動と馬具生産の関係について、既往の研究では「（前略）馬具制作の技術の中に仏像制作の技術が含まれているとする見解、百済の造仏工から指導を受けたという見解、そもそも技術習得はなかったとする見解、もともと造仏の技術を持っていたとする見解などに分かれるといえる。止利仏師の職掌の問題とも関連するが、現状ではいずれも解釈は可能で、まだ十分に議論が尽くされているとは言い難いと思われる」（岩佐2013：p.334）とされる。

　岩佐が取り上げた研究史は美術史、彫刻師の分野に留まるが、考古学研究者もこの問題にアプローチを試みてきた。小野山節（小野山1983）は、装飾馬具である花形杏葉及び鏡板の意匠と仏像光背の意匠が共通することを指摘し、鞍作氏による造仏活動の証拠と評価した。小野山の学説は学史上、長年影響力を有してきた。しかし、近年の桃崎祐輔の研究（桃崎2012）によって、この種の文様は仏像光背ではなく、南朝で盛行した花弁形装飾意匠に由来する文様である可能性が指摘されている。

　桃崎祐輔（桃崎2002）は、6世紀末になると、同一セット内で鏡板と杏葉の平面形態が同一となり、さらに複数の意匠の鏡板で馬銜と鏡板の連結方法が統一され、飾金具や辻金具、雲珠など他の部品の形態も統一されることを指摘した。そして、この時期に造仏活動が開始されることや、福島県笊内37号横穴墓出土棘葉形鏡板および杏葉の平面形態が仏像光背と近似することから、鞍作氏による造仏活動が本業の馬具生産に影響を与えたと解釈している。

　ただし、桃崎自身が指摘するように、鉄製の本体に薄い金銅板を張る「鉄地金銅張」の

装飾馬具に用いられる技術は、寺院荘厳具には認められない。また、鉄地金銅張製の装飾馬具が鍛造成形に限定されるのに対して、金銅製の寺院荘厳具は蝋型鋳造技法をはじめ鋳造成形を駆使して製作される。古墳時代の装飾馬具と飛鳥時代以降の寺院荘厳具の間には、明確に製作技法、素材の違いが存在するのである。

　また、小野山、桃崎の研究には、装飾馬具と仏教美術品間における意匠の類似や共有する文様の比較から論を進めるという共通点がある。多様な金工品を比較検討する上では有効な手法である。しかし、仏教美術と共通する文様や意匠が、必ずしも仏教美術だけに特化するとは限らないのではないか。装飾馬具の文様や意匠の直接の祖形が仏教美術と全く別の器物に求められるとすれば、装飾馬具と仏教美術の意匠の類似は、遠い源流は同じにしても直接的な関係の無い、いわば単なる「他人の空似」の可能性があるからだ。したがって、文様や意匠の他に、成形や施文技法の共通点に関する検討も必要である。

　増田精一（増田1969）は、製作技法からこの問題に取り組んだ。増田は装飾付大刀と金銅仏の共通技法として蝋型鋳造の使用を取り上げ、この背景に鞍作部の技術継承を想定した。増田の研究は、装飾馬具ではなく装飾付大刀に注目し、成形技法の共通性に言及した点で、ユニークかつ極めて重要な視点を提供した。

　このような金工品製作技術の検討は、戦前の段階で既に香取秀眞が先駆的かつ体系的な研究を行っていた（香取1928・1932）。金工作家であった香取は考古学に関心を払い、考古学の概説書（香取1928）でも金工品の成形技法と彫金技法を体系的に整理しており、現代の考古学にも多大な影響を与えている。上述の増田の研究も、香取の視点を一部継承したものといえるだろう。しかし、金工品製作の実際を熟知した香取の研究視点は、半世紀以上後に鈴木勉と松林正徳が考古遺物の彫金技法研究を継承、発展させるまで（鈴木・松林1993）まで、古墳時代の金工品研究では十分に活用されてこなかった。

　一方、主に古墳時代中期の金工品研究は、戦前から分厚い蓄積が存在し、方法論が整理されてきた。初期の総合的な金工品研究を牽引した末永雅雄は、有職故実の知識を活かして古墳時代の武器、武具の研究を進めた。そして、初期の段階で、既に金工品生産組織の復元を試みていた。末永は、日本列島出土の眉庇付冑の眉庇の透彫、蹴彫[3]について、三国時代の朝鮮半島南東部では、装飾品、刀装具、馬具などに類例があることを指摘した（末永1934）。また、飛鳥時代の仏教荘厳具と武器や装具の共通性にも注目し、異なる製品を作る工人間の技術交流を想定している（末永1941）。

　そして、古墳時代金工品を論じるにあたり、タガネ彫を重要視した研究者として、北野

耕平が挙げられる（北野 1963）。北野は、古墳時代中期の金銅装眉庇付冑や金銅製帯金具などに通有に認められるタガネ彫の文様、「波状列点文」に注目し、金工品を生産した渡来系工人組織を検討する上で重要な文様であることを指摘した。

　また、小林謙一（小林謙 1982）は金工品製作工程におけるタガネ彫と鍍金の順序に注目した。小林はタガネ彫の中でも蹴彫を用いる金工品は、鍍金の後にタガネ彫という工程で製作されることを指摘し、この種の資料が古墳時代中期中頃の金工品に多く含まれる事を示した。さらに、タガネ彫の後に鍍金が施される、前者とは逆の工程で製作される資料が京都府穀塚古墳、埼玉県稲荷山古墳など本書の第 3 期の一部の金工品に認められることから、金工品の系統差の存在を示唆している。

　その後、タガネ彫の研究を長足に進歩させたのが鈴木勉であることは、言を俟たない。鈴木は、第 6 期の奈良県藤ノ木古墳出土金工品を嚆矢として日本列島、朝鮮半島南部の多くの資料を詳細に分析し、藤ノ木古墳馬具のタガネ彫が銅板を切削する「毛彫」であることを突き止めた。さらに、同資料や金銅仏が鋳造であることから、鋳造製品と毛彫の密接な関係を指摘した（鈴木勉 2004）。ただし、藤ノ木古墳出土馬具は、十字文心葉形透彫鏡板付轡と透彫棘葉形杏葉を中心とするセットであるが、この種の馬具の祖形は新羅に求められるのに対し、日本列島における初期仏教美術は新羅と敵対した百済から伝来した。藤ノ木古墳出土馬具の製作地を新羅とすべきか、本書の後半で改めて検討するが、少なくとも、初期仏教美術と直接関連づけることは困難と筆者は考える。

　飛鳥時代以降になると、考古学及び美術史の両分野の研究者の論考が認められる。小林行雄は、奈良時代の金工品について、「造金堂所解」の記事と正倉院宝物の観察から、工人たちの分業的な製作工程を復元し、奈良時代の段階には、文様の彫金後に鍍金を施す工程が定着していたことを示した（小林行 1962）。また小林は、奈良時代の金工品には鍛造成形、鋳造成形の両方が存在することも紹介している。美術史の分野の近年の論考では、加島勝（加島 2012）、吉澤悟（吉澤 2017）が飛鳥、奈良時代の金工品を論じているが、両者とも、毛彫による文様の彫金を日本列島製金工品の特徴として挙げている。

　一方で、金工品研究を大きく前進させるきっかけとなった資料が、1980 年代に奈良県藤ノ木古墳で出土した、後に国宝に指定される装飾馬具である（奈良県立橿原考古学研究所編・斑鳩町教育委員会 1990）。日本列島以外の東アジア全域でも類例の乏しいこの資料は、早くから朝鮮半島や中国北朝、南朝との関係が指摘された（玉城 1987 など）。その後、千賀久の研究によって（千賀 2003a）、同資料はむしろ新羅に類例の多い「新羅系馬具」に

16

第1章　装飾馬具生産と初期造仏活動の研究史

分類されることが確認された。しかし千賀本人が指摘するように、藤ノ木古墳出土馬具の
ように文様を薄肉彫するタイプの「新羅系馬具」は新羅では出土していないため、「新羅
製」とは断定されておらず、他の地域で生産された可能性がある。したがって、藤ノ木古
墳資料を整理検討した上で、百済との関係が強いはずの初期造仏活動と藤ノ木古墳出土馬
具の関係を積極的に評価する鈴木勉の説（鈴木勉2004など）が、現状では完全に否定され
ていないのも事実である。

　藤ノ木古墳出土馬具を含む「新羅系馬具」の位置づけは本書の展開と大きく関わるの
で、ここで簡単に整理しておく。古墳時代の馬装については既往の研究成果から、いくつ
かの系統が存在することが判明している。古墳時代馬装の構成要素のうち、特に馬の頭部
に装着する面繋の中心となる鏡板付轡、臀部に装着する尻繋の中心となる杏葉には多様な
意匠が認められるため、古墳時代の装飾馬具研究は鏡板付轡、杏葉の検討を軸に進められ
てきた。「新羅系馬具」もこの中での位置づけが可能である。ただし、本書で対象とする
範囲の装飾馬具は、「新羅系」と「非新羅系」に単純に二分することはできない。

　本書では、鏡板、杏葉の意匠から、6世紀〜7世紀代の装飾馬具をA群、B群、C群に
大きく三分類する（図3）。A群、B群は、千賀久（千賀2003a）の分類でそれぞれ「非新羅
系馬具」、「新羅系馬具」とされる馬具で、C群は坂本美夫（坂本1979）の分類で「毛彫馬
具」とされる馬具である。

　本書で「A群」（図3-1〜8）とする馬具は、主に百済および加耶地域に意匠の源流が求
められる装飾馬具である。内訳はf字形鏡板付轡と剣菱形杏葉（図3-1）、十字文楕円形
鏡板付轡と三葉文楕円形杏葉（図3-2）、鐘形鏡板付轡と同杏葉（図3-3）、車輪文・放射文
透彫鏡板付轡と同杏葉（図3-4）、十字文透心葉形鏡板付轡（図3-5）、2つの意匠が融合し
た意匠融合形鏡板と同杏葉（図3-6）、花形鏡板付轡と同杏葉（図3-7）、三葉文心葉形鏡板
付轡と同杏葉（図3-8）などである[4]。A群馬具は、鏡板と杏葉の吊金具が鈎状で、板状
の上部が革帯に鋲で装着されフック状の下部が鏡板及び杏葉の立聞に掛けられている（図
3-1、2ほか）。また、鞍金具は、中央の磯金具と両脇の州浜金具を別造りとする（図4-1）。
A群馬具は出土量が多く、各段階で新規の意匠を加えながら生産が継続された（図5）。列
島における装飾馬具の中では主流の一群と考えられる（古川2007）。

　A群馬具は、さらにAa群、Ab群の二群に細別することが可能である。Aa群（図3-1〜
3）はA群の独自性が強い一群、Ab群（図3-4〜8）はB群との親和性が高い一群である。

　B群馬具（図3-9〜12）は、朝鮮半島南東部の新羅地域に意匠の源流が求められる装飾馬

17

【A群】　【Aa群】

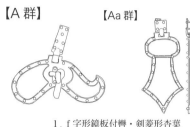

1．f字形鏡板付轡・剣菱形杏葉

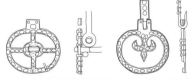

2．十字文楕円形鏡板付轡・三葉文楕円形杏葉
（楕円形意匠）

3．鐘形鏡板付轡・杏葉（鐘形意匠）

【Ab群】

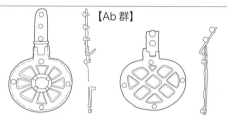

4．車輪文・放射文透彫鏡板付轡・杏葉
（車輪文・放射文意匠）

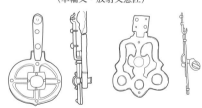

5．十字文透心葉形鏡板付轡　　6．意匠融合形鏡板・杏葉（キメラ馬具）

【C群】

道上型毛彫

13．毛彫　鏡板付轡・杏葉（毛彫馬具）

【Ab群】

7．花形鏡板付轡・杏葉（花形意匠）

8．三葉文心葉形鏡板付轡・杏葉（心葉形意匠）

【B群】　【Ba群】

9．十字文心葉形鏡板付轡・棘葉形杏葉

10．十字文心葉形鏡板付轡・三葉文杏葉
（心葉形意匠）

【Bb群】

11．十字文心葉形鏡板付轡・棘葉形杏葉（透彫）
（心葉形透彫意匠・棘葉形透彫意匠）

12．十字文心葉形鏡板付轡・心葉形杏葉（透彫）
（心葉形透彫意匠）

図3　装飾馬具の分類

18

第1章　装飾馬具生産と初期造仏活動の研究史

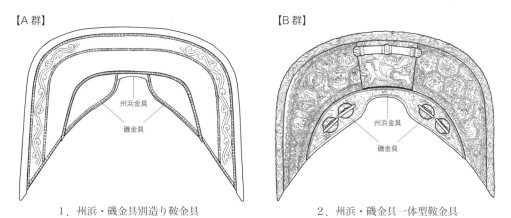

図4　A群・B群馬具の鞍金具

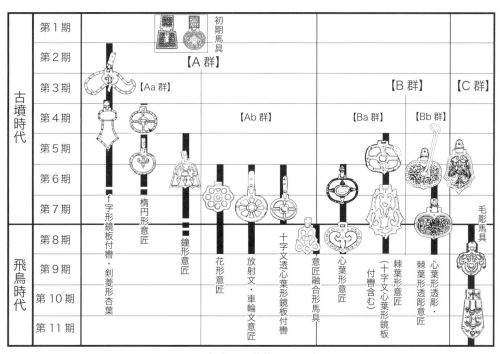

図5　各意匠の装飾馬具の消長

具で、日本列島では第5期に登場する（図5）。日本列島および新羅の領域で出土している。B群馬具の第一の特徴は、鏡板と杏葉を革帯に装着する吊金具が前後から繋を挟み込む構造（図3-11、12）である（千賀2003a）。第二の特徴は、鞍金具の州浜金具と磯金具を一体成形することである（図4-2）。また、B群馬具は鏡板と杏葉の意匠が心葉形と棘葉形に限定されることもA群馬具と大きく異なり、その特徴は朝鮮半島南東部の新羅勢力圏から出土する馬具の特徴とも概ね整合性がある。そして、B群馬具の金属部品は一部に鉄地金銅張製部品を用いるが、主要な部分は金銅で製作されている。A群馬具が鉄製の本体に薄

19

い金銅板、銀板が被せられるのとは、対照的である。さらに、Ｂ群馬具の中には、奈良県藤ノ木古墳や静岡県賤機山古墳のように唐草文、鳳凰文などの意匠を薄肉彫、毛彫などの彫金で表現した心葉形透彫意匠、棘葉形透彫意匠の馬具（図3-11、12）が含まれる。この中で、特に薄肉彫による立体的な文様表現が認められる資料は日本列島出土品に限られ、生産地について議論の的となっている。

　Ｂ群馬具は、さらにBa群、Bb群の二群に細別することが可能である。Ba群（図3-9、10）はＡ群との親和性を示す一群、Bb群（図3-11、12）はＢ群の独自性が強い一群である。

　Ｃ群馬具とは、第8期になると登場する、轡等の鉄製部品以外の全体が金銅製の馬具である（坂本1979・図3-13）。Ｃ群馬具は本体の金属部品が薄い金銅板のみで製作され、その小型で華奢な作りは、前掲のＡ群、Ｂ群馬具と比べると異彩を放つ。なお、この種の馬具を総括した研究として田中新史の業績が挙げられ（田中新1980・1997）、Ｃ群馬具に施されるハート形（「猪目形」とも）透彫と、平行多条直線文構成の毛彫、いわゆる「道上型毛彫」が馬具に留まらず装飾付大刀、仏教荘厳具、仏像の宝冠にも共通してみられることを指摘している。この文様への着目は仏教美術研究が古く先行し、ハート形透彫と道上型毛彫が法隆寺の玉虫厨子や救世観音像の宝冠にみられること、そして同様の文様が百済扶余の陵山里古墳群出土品にあることが注目されていた（伊東1929、小杉1935ほか）。この文様に百済との関係を見出した伊東忠太の研究から約90年が経過したが、7世紀の造仏活動とＣ群馬具ほかの金工品生産が、百済からの渡来工人達によって担われていたという評価は現在もゆるぎない[5]。

　ここで朝鮮半島南部の新羅、加耶、百済の領域で出土する馬具を概観すると、第2期以降、倭で主流となるｆ字形鏡板付轡と剣菱形杏葉のセットの源流は百済、加耶地域に求められる。第4期以降に列島での生産が開始される楕円形鏡板付轡と楕円形杏葉の源流も加耶地域に求められる。この種のＡ群馬具は、実年代では5世紀後半から7世紀初頭にあたる第2期から第7期にかけて、日本列島で広く受容されていた。しかし、近年、朝鮮半島西部及び南西部の百済の領域で墳墓の発掘調査が大幅に増加した結果、百済の墳墓では金銀の装飾品、装飾付大刀の副葬を重視するものの、装飾馬具はほとんど副葬されないことが明らかになってきた（諫早2012a）。

　一方で、新羅では金銀装の装飾馬具が飛躍的に発展し、心葉形鏡板付轡、同杏葉、扁円魚尾形杏葉、棘葉形杏葉を製作していた。特に王陵級墳墓の皇南大塚南墳、金冠塚、天馬塚から出土した馬具は高度な透彫技術や玉虫装飾の多用など、芸術品の高みにまで達して

いる。ただし、改めて論じるが新羅中心部の王陵級墳墓で出土する金工品は大部分が平板な作りで、百済、加耶の領域で出土する金工品の造形に比べると、立体感に欠ける。各勢力の装飾馬具は、意匠だけでなく製作技術にも系譜の違いが存在するようである。ところで、B群馬具は第5期以降の日本列島でも多く認められるようになる。この時期の日本列島の古墳から出土する金工品の中で、百済・加耶系が支配的である装飾付大刀や服飾品に対し、例外的に装飾馬具だけは、新羅に意匠の源流がたどれるB群馬具が一定の存在感を発揮しているのである。

　鞍作氏の故地とみなされてきた百済は、5、6世紀代は金銅装の装飾馬具を全く重視しない文化であったといえる。金銅装馬具が有力者の所有物として重視され、墳墓に副葬される地域は、朝鮮半島南部では百済ではなく、新羅、加耶地域である。一方で、鞍作止利が活躍した7世紀初頭は、本書における第7期に相当するが、この時期に盛行した装飾馬具は、A群、B群馬具で、百済の仏教美術と関連するC群馬具はまだ登場していない。上述のとおり、C群馬具は仏像の宝冠や仏教荘厳具との共通点が多く、製作者が造仏工でもあったことを端的に示している。ただし、C群馬具とA、B群馬具の関係は明確ではない。そして、それ以前の本書における第6期以前の装飾馬具生産と造仏活動との関係は、既往の研究状況では判断が困難である。6世紀後半に列島で製作された仏像は現存しないが、日本書紀には6世紀半ばの仏教公伝、列島における最初の造仏、百済からの造仏工派遣の記事がみられる（図6）。また、鞍作止利の父である多須奈、叔母の嶋の仏教への崇敬を表す記事もある。日本書紀の記事は、6世紀後半に鞍作氏が既に造仏活動に関与したことを示すものだが、この時期の造仏活動と装飾馬具生産の関係について、従来の研究では、考古学的、文献史学的に整合的な説明ができていない。

第4節　研究の課題

　古墳時代装飾馬具の現状の研究状況は、個別の馬具の枠組みを越えた、装飾馬具の広範囲にわたる横断的な検討には至っていない。その理由として考えられるのは、一つには馬具の持つ情報量の膨大さであろう。この情報量は、詳細な編年の確立や遠隔地間での類例の比較検討には有利であるが、出土量に比べて形態が多様で、そして金属製品以外の有機質の部品については不明な点が多い。また、個々の馬具いわば部品の集合によって単一の馬装が形成されるという資料の特性上、最終消費地である古墳や横穴墓から出土した馬具

が、本来の製作段階の組成を保っているとは限らない。特に後期の資料は、多くが横穴式石室からの出土であるために、追葬に伴う片付け行為や、後世の盗掘や再利用に伴う撹乱を被り、本来の馬装が完全に復原できない例が大部分を占める。上記の理由から、装飾馬具の生産組織の解明には制約が多い。また、馬装すなわち馬具の1セットにおいて明確な対応関係を形成するのは、鏡板と杏葉に限られる。個々の馬具が装着される繋の交差点を固定するための馬具である辻金具と雲珠の型式は、必ずしも鏡板と杏葉の個別型式と厳密な対応関係にはない。また、馬具の個別研究は鏡板と杏葉以外にも継続的に行われており、例えば鞍については花谷浩（花谷1996）、宮代栄一（宮代1996a・c）、尾上元規（尾上1998）、松尾充晶（松尾1999）によって分類がなされ、製作工人の系譜と同一視されている。また鐙については、張允禎（張2008）の考察によると、朝鮮半島では木心系鐙に地域差が存在するのに対し列島では地域差がほとんどないという。このように独自の研究は進んでいるものの、鞍と鐙の個別型式は、セットとなる鏡板と杏葉の個別型式と必ずしも明確で有意な対応関係を持つわけではなく、整合的な生産体制の検証を困難にしている。

　このように、馬具の個別型式の研究は、生産体制の検討については袋小路に入っている感があり、新たな方法論の開発が望まれる。

　初期仏教美術と装飾馬具の関係を検討する上で問題となるのは、初期仏教美術の著名な担い手である鞍作止利の技術的背景である。考古資料および初期仏教美術の伝世品からみると、6世紀代の鋳造、毛彫の優品の装飾馬具には、その意匠に新羅の影響が一定程度みられるのに対し、7世紀代の仏教荘厳具およびC群馬具には、百済の影響が支配的であることは明らかである。古墳時代から飛鳥時代への移行期における仏教の受容を検討する上で、これらの系譜の異なる馬具間の関係をいかに整理するかが大きな課題となっている。ここで重要となるのがB群馬具の位置付けである。B群馬具の金属素材及び製作技法はA群馬具と大きく異なり、そして特にBb群馬具は造仏活動と共通する技術系譜に位置づけることが可能である。研究の方向性としては、B群馬具とそれ以外の装飾馬具との関係を整理し、さらに、B群馬具が造仏活動とどの程度関係するのかを検討する必要がある。この目的を達成するためには、日本列島にとどまらない広い地理的領域、古墳時代から飛鳥、奈良時代に及ぶ期間、さらに馬具に留まらず他の金工品にも検討の射程を広げるべきである。

第 1 章　装飾馬具生産と初期造仏活動の研究史

註

（1）　本書の対象とする時期に、近畿地方中央部を本拠地とした政治権力を、「倭王権」と称する。装飾馬具生産体制を検討するにあたって、大王の権力の及ぶ範囲を検討する上で欠かせない概念と考える。

（2）　加藤謙吉は「ウヂ」の成立を 6 世紀代と論証しており（加藤 2015）、坂　靖も近著では 5 世紀代の有力集団を「葛城勢力」、6 世紀以降を「蘇我氏」のように用語を使い分けている（坂 2018）が、提唱者である加藤自身が 5 世紀代の有力集団の呼称として「氏」を使用しているため、本書では「氏」に統一する。

（3）　「蹴彫」について、末永は「点線」と表記している。

（4）　いうまでもなく、鏡板と杏葉は馬具の一部に過ぎないが、その意匠は多様で、本書でこれから論述するように、鏡板と杏葉の意匠毎に生産組織が構成される。鏡板と杏葉は装飾馬具の根幹となる重要な構成要素なのである。したがって本書では鏡板と杏葉の意匠について言及することが多くなるが、例えば、「十字文楕円形鏡板付轡、三葉文楕円形杏葉を中心とするセット」といったように名称を羅列するのは読解の妨げになると思われる。本書では、これまでの馬具研究ではなじみの無い用法ではあるが、「楕円形意匠の馬具のセット」と短縮した名称を用いることとする。

（5）　この種の馬具の杏葉は、「蓮弁形杏葉」、「棘付花弁形杏葉」とも呼称されるが（髙松由 2011）、現在定着している「毛彫馬具」の名称を用いることが適切であろう。形態が多様性に富み、他の馬具と同様の形態に則した呼称では、この種の馬具の総体を把握できないと判断するためである。

375	高句麗で仏法を開始。〔三国〕	
384	百済で仏法を開始。〔三国〕	
		第1・2期
463（雄略7）	鞍部堅貴、今来漢人として倭へ。〔紀〕	第3期
522（継体16）	司馬達等（鞍作達等）が来朝。（干支一巡後の582年説も。）〔扶桑〕	
523（継体17）	筑紫君磐井の乱〔紀〕	第4期
528	新羅で仏法を開始。〔三国〕	
538（欽明13）	百済から仏教伝来。仏像は蘇我稲目に与えられる (548、552年説も)。〔紀・三国〕	
539（欽明14）	楠材を用いて画工が仏像2体を製作。(549、553年説も。倭国における最初の仏像 製作記事)〔紀〕	第5期
552	新羅、皇龍寺の造営開始。〔三国〕	
577（敏達6）	百済、経論と律師・禅師・造仏工・造寺工ほかを送る。〔紀〕	
579（敏達8）	新羅、仏像を送る。〔紀〕	
584（敏達13）	百済から仏像2体が伝わり、蘇我馬子、鞍部司馬達等らを遣わして僧侶を探索。〔紀〕 達等の女、嶋が倭で最初の尼僧となる（善心尼）。嶋、百済で求法。馬子、達等らは仏法に深く帰依。	
585（敏達14）	仏教を巡って蘇我馬子と物部守屋の抗争が始まる。	第6期
587（用明2）	鞍部多須奈、天皇のために坂田寺と丈六仏を造る事を奏する。〔紀・扶桑〕 上宮王家、蘇我馬子らが物部本宗家を滅ぼす。〔紀〕	
588（崇峻1）	百済から寺工、露盤博士、瓦博士、画工が送られる。飛鳥寺の建立開始。〔紀・露・元〕	
593（推古1）	四天王寺造営開始。飛鳥寺の塔心礎に仏舎利を安置。〔紀〕	
594（推古2）	三宝興隆の詔を受け、諸臣連達が競って寺院を造営。〔紀〕	
601（推古9）	斑鳩宮造営。	
605（推古13）	飛鳥寺の銅丈六仏製作開始。鞍作鳥を「仏造りまつる工」とする。〔紀〕	
606（推古14）	飛鳥寺の銅丈六仏完成（〔元〕では609年）。天皇が鞍作（鞍部）達等、多須奈、嶋、鳥の仏教への深い帰依および造仏の功績により鳥に「大仁」の位と水田二十町を与える。鳥、坂田の尼寺を造営。〔紀〕	第7期
623（推古31）	鞍作鳥（鞍首止利）、法隆寺釈迦三尊像を製作〔同像光背銘〕。	
645（皇極4）	乙巳の変。蘇我本宗家滅亡。	第8期
660（斉明6）	百済滅亡	
663（天智2）	白村江の戦い	第9期
668（天智7）	高句麗滅亡	
670（天智9）	庚午年籍の造籍	第10期

※ 〔紀〕…日本書紀
〔扶桑〕…扶桑略記
〔三国〕…三国史記
〔元〕…元興寺縁起
〔露〕…飛鳥寺塔露盤銘

第11期

図6　初期造仏活動関連史料と本書の時期区分

第2章　研究の視点

第1節　研究の視点の設定

　従来の馬具研究では、環状鏡板付轡や輪鐙など特定の型式の馬具の詳細な分析に終始するか、特定の意匠の鏡板付轡と杏葉などが組み合わされる傾向に注目して馬具の系列の存在とその特色を指摘する研究が主体であった。こうした研究は馬具の編年や、朝鮮半島諸勢力との交流を検討する上で多大な成果を挙げてきた。また、先学たちは装飾馬具の実資料を丁寧に観察し、誠実かつ詳細な分析を積み重ねてきた。その成果は基礎資料としても価値の高いものが多く、現在の我々はその多大な恩恵に預かっている。しかし、従来の馬具研究の視点は、本書の目的である、装飾馬具生産体制を特定の時期やある意匠の馬具に限定せず縦断的かつ横断的に検討し、そしてさらに装飾馬具と他の金工品の関係を比較するためには、ほぼ無力である。装飾馬具全体を対象にした優れた「総論」及び「概論」（小野山1990など）は存在するが、本書の目的である装飾馬具生産体制の「専論」は存在しない。また、古墳時代中期のいわゆる「初期馬具」と、古墳時代後期から飛鳥時代（古墳時代終末期）の装飾馬具が同一の論考で扱われることは、古墳時代馬具研究の黎明期を除いてほとんどみられない。本書の目的を達成するためには、意匠の違いや時期差に関わらず、古墳時代から飛鳥時代の装飾馬具全般に共通する要素を主な分析対象とするべきであろう。これらの要素は鋲などのきわめて単純な形態の部品や彫金等の装飾技法で、複雑かつ多様な馬具の形状の分析が重視されてきた従来の研究では、副次的な属性としてほぼ等閑視されてきた。しかし、こうした要素を前面に出すことで、古墳時代の装飾馬具生産体制を総体として統一した視点から検討し、そして他の金工品との関係をも探ることが可能となるのである。

第2節　繋に装着される装飾馬具の分析

（1）第一の分析手法

　装飾馬具全般に共通する要素として、本書が第一の分析の手法とするのは、馬具に打たれる鋲の分析である。従来の馬具研究では、装飾馬具は装飾付大刀と同様に朝鮮半島製品の舶載から列島での模倣製作＝「国産化」への展開をたどる（小野山1990ほか）とされてきた。そして、この「国産化」という現象は、従来、主に馬銜の両脇に装着される鏡板と尻繋に装着される杏葉の型式学的研究によって、明らかにされてきた。しかし、鏡板と杏葉の保有する情報量がいかに多いとはいえ、これらは馬装全体を構成する一要素に過ぎない。「国産化」の達成について、そしてその後の生産組織の変転について、馬装の要素である面繋と、尻繋に装着される他の馬具である辻金具、雲珠、そして飾金具の有する考古学的情報も援用して分析する必要がある。その分析対象として適切なのが鋲である。

　古墳時代の馬装は、後世の『唐馬』の馬装と同様に面繋、胸繋、尻繋からなる「三繋」を使用する特徴を有する。ただし、古墳時代の馬装が以降の時代の馬装と決定的に異なるのは、金属部品を繋に固定するために鋲留技法が用いられることである。古墳時代の馬装では、鏡板、杏葉、雲珠、辻金具等の馬具は、面繋、尻繋ごとに同一の繋にかしめられた鋲で強固に固定される。一旦、繋に装着された金属製馬具を取り外すためには、繋に装着された鋲脚を破壊しなければならず、金属製馬具本体及び繋の変形、破損も免れ得ない。すなわち、個々の金属製馬具が繋に装着されると位置調整でさえも非常に困難となるのである。したがって、古墳時代の装飾馬具製作工房における馬具製作状況を復原するにあたっては、複数工房の工人集団による分業的な各馬具の製作を想定することが可能であるとしても、最終的にこれらの馬具は一ヶ所に集積され、馬装のデザイン構想に沿って個々の位置関係が定められ、繋への装着が為されなければならない。また、こうして完成した馬装は、上記の理由から使用者による恣意的な個々の馬具の脱着がほぼ不可能である。

　馬具の副葬される古墳や横穴、埋納遺構は最終的な消費地であり、この段階に至るまで、製作、流通、そして使用の段階を経たものではある。しかし、繋に装着される馬具が良好な組成を保って出土する限り、上記の理由から製作段階の馬装構成、すなわち馬具のセット関係をかなりの程度反映していると考えて良い。したがって、装飾馬具の生産組織、さらに生産体制を復原する上で良好な資料といえる。ただし、ここで考慮するべき

は、構造上、鞍、鐙は鉸具を介して装着されるために、組み換えが容易に可能であることである。また、面繋の馬具（鏡板付轡 − 辻金具）、尻繋の馬具（杏葉 − 辻金具 − 雲珠）は、一つの繋の中では鋲を介して強固に固定され、いわば相互に束縛しあう関係である。しかし、馬の頭部に装着される面繋と、背・臀部に装着される尻繋は互いに独立した存在であるために、構造上、脱着によるセット関係の変更が可能であるし、当然、個別の製作も可能である。

　馬具の鋲に関しては、辻金具と雲珠に用いられる鋲を分類した宮代栄一の研究（宮代1986）がある。そして、古墳時代の鉄製品にみられる鋲頭の規格については、塚本敏夫の総括的な研究（塚本1993）が知られ、甲冑に用いられるかしめ鋲を、手打鋲と型打鋲に二分している。鋲頭の形状と寸法には規格性が存在するが、鋲頭と鋲軸の中心軸にずれがあり、鋲軸断面が不整四角形を呈することから、塚本は、鋳造品ではなく金型による打出し成形技術の導入を推察している。塚本の分析は古墳時代中期の短甲を主眼においているが、規格的な鋲の使用は中期から後期の馬具にも通有にみられることから、馬具への応用は十分に可能と考える。

　本書では、宮代と塚本の分類を参考にし、馬具に装着される鋲の型式を鋲頭の形態からaからeの5つの類型に分類する（図7）。a類型は鋲頭の断面形態が半球形で、平面形態は円形である。鋲頭の直径は小型ないしは中型で、最もよくみられる類型である。b類型は鋲頭の断面形態が紡錘形で、平面形態は円形である。鋲頭の直径は中型ないし大型で、第7期以降に多くみられる。c類型は鋲頭の断面形態が扁平で、平面形態は円形である。鋲頭の直径は中型ないし大型で、事例は少ない。d類型は平面形態が花形で鋲頭の直径は中型である。第5期から第6期にかけて認められる。e類型は平面形態が杏仁形で鋲頭の直径は中型ないし大型である。第2期から第4期にかけて散見される。

	a　半球形	b　紡錘形	c　扁平形	d　花形	e　杏仁形
鋲頭の形状					
鋲頭の規模	小型〜中型	中型〜大型	中型〜大型	中型	中型〜大型

図7　鋲頭形態の分類

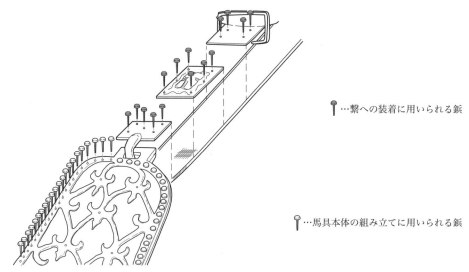

図8 馬具に打たれる2種類の鋲

　ところで、三繋を構成する馬具に打たれる鋲はその機能から、杏葉や鏡板の地板と文様板を固定するための鋲、すなわち馬具を組み立てるための鋲と、完成された馬具を繋に装着するための鋲の2種類にわけられる（図8）。これらの鋲は機能が全く異なり、打たれる段階も異なる。個々の馬具が製作される段階は前者が、そして組み立てられた馬具が一ヶ所に集積されて繋に装着される段階に後者が打たれることになる。これらの二種類の鋲頭の規格が、ある馬装を構成する個々の馬具、いわば各部品で共有される場合、同一の型によって製作された鋲をそれぞれの工程に携わる馬具工人達が共有するか、あるいは同一の型ではないとしても、鋲の形態、法量を共有する意図の下に馬具が製作されていたと想定される。その一方で、鋲の規格が非共有である場合は、馬具の製作段階と完成した馬具の繋への装着段階で、使用する鋲の鋲頭の型を共有しない別の集団が馬具製作に分業的に関与したか、あるいは装飾的効果等を目的として意図的に複数の規格の鋲を使用した馬装であると考えられる。なお本書では、鋲頭の形状、径の近似をもって「規格の共有」とするが、規格を共有する鋲が、同一の型で製作された鋲とまでは断定しない。

　鋲頭の形態と鋲頭径の計測によって、個々の馬具に用いられた鋲の規格はおおよそ判明する[1]。ここでは面繋と尻繋を構成する馬具に用いられた鋲規格の共有関係を検討し、以下のように分類する（図9）。

　鋲規格共有1類　馬具一式が鋲頭の規格を共有するもの。このような資料は、馬具の製作から馬装の完成に至る工程において一貫して単一の型の鋲を用いているか、もしくは少なくとも鋲の形態、法量が統一されて馬具一式が製作された資料である。組織的な体制

第2章 研究の視点

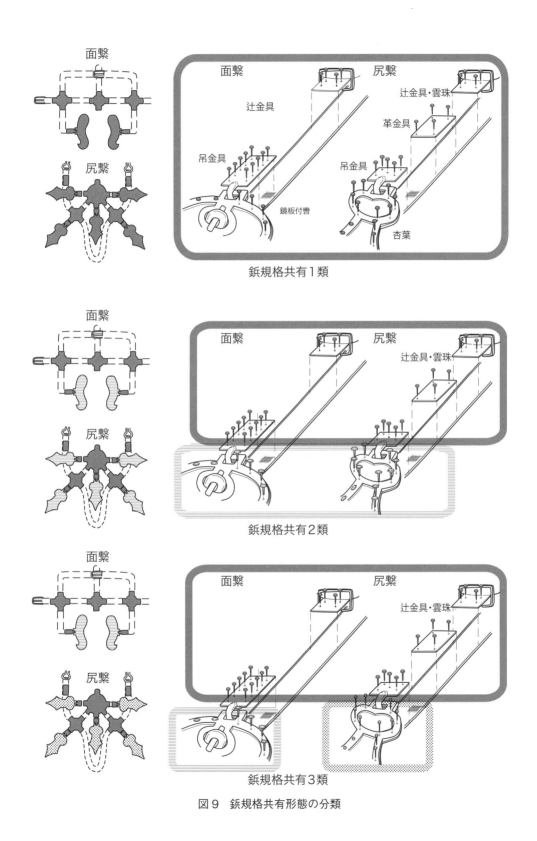

図9 鋲規格共有形態の分類

下による製作が想定される。

　鋲規格共有準1類　飾金具などの一部の馬具を除き、馬具一式が鋲頭を共有する。これもほぼ一貫した体制下で、馬具一式が製作されるが、別の工房で造った馬具が一部追加されて完成した可能性のある馬装と考えられる。

　鋲規格共有2類　鏡板、杏葉の鋲頭が型を共有するが、吊金具、辻金具、雲珠は別の型の鋲頭を共有する例。馬具本体の組立に用いられる前者と、完成した馬具を繋に装着する後者で規格の異なる鋲が使用される類型であり、少なくとも鋲規格を共有する意識が低い集団による馬具の生産が想定される。あるいは、鏡板と杏葉を製作する工人集団と、吊金具、辻金具、雲珠を製作する工人集団とが、分業体制で馬装一式を製作するような体制も考えられる。環状辻金具、環状雲珠などが含まれ、鏡板と杏葉の鋲規格が共有されるものはこの類型に加えない。

　鋲規格共有準2類　鏡板、杏葉、吊金具が鋲頭を共有し、吊金具と辻金具と雲珠が鋲頭を共有する例。2類に近いが、鏡板と杏葉を製作する集団が馬装の完成にまで関与するような状況が想定できる。

　鋲規格共有3類　鏡板と杏葉が鋲を共有しないもの。鏡板と杏葉は、セット関係に規範が存在する馬具であり、本来的に、同一工房での同時製作を想定するのが自然である。従って、この類型に分類される馬装は、個々の馬具が別々の工房で製作された馬具の組み合わせである可能性が最も高い。

　鋲規格共有4類　上記の分類に当てはまらず、個別の馬具に規格の異なる鋲が用いられる類型。鋲規格を共有する意図の無い製作状況が想定される。

(2) 第二の分析手法

　第二の分析手法は、金銅、銀といった貴金属による装飾技法の比較である。鉄製の板に薄い金銅板を張る鉄地金銅張技法による鉄地金銅張製の馬具が、列島出土装飾馬具の大多数を占めるが、ほかに鉄地銀張製馬具や、金銅板のみで製作された金銅製馬具、さらに青銅製馬具が存在する。これらの多様な装飾の数々は、当時の金工技術の粋がこらされたものである。装飾馬具の実際の使用者からすれば、装飾馬具の価値を最も端的に示すのは、華麗な色彩と形態、さらには彫金や象嵌などの技法であったと考えられる。従来の馬具研究では大久保奈々（大久保1991）の研究をのぞき、筆者の研究（古川2007）まで、装飾馬具の貴金属による色彩の組み合わせに対する専論はほとんどみられなかった[2]。しかしこ

の視点は、装飾馬具の使用者からすれば装飾馬具の希少性を示す重要な属性である。そして、製作者の立場からすると、用いる貴金属の統一は、装飾馬具生産における組織的な生産の表象となる。装飾馬具の意匠や形態は、朝鮮半島からの舶載品と考えられる最初に登場する優品以降、短期間で退化するのが一般的であるが、意匠の形骸化と関係なく、色彩に関しては金色、銀色の対比を意識した装飾がなされる。したがって、その変遷を追うことには日本列島における装飾馬具の生産体制を検討する上で一定の意義を見出すことができるであろう。

(3) 第三の分析手法

第三の分析手法は、鏡板、杏葉を繋に装着するための吊金具と、辻金具、雲珠の脚金具の形態と幅の比較である。上述の通り個々の馬具は繋を介して接続されるのであるが、繋に装着される部位である金具の形態が共有されるか否かという検討も必要と考える。鉄製遺物という資料的制約のために属性分析は困難であるが、これらの金具の形態は、装飾馬具生産が軌道に乗るにつれ、馬具間で統一が図られることとなる。

なお、馬具のセットの中で騎乗に欠かせない馬具として、鞍と鐙が挙げられる。特に鞍については伝誉田丸山古墳出土品や藤ノ木古墳出土品のような優品が存在し、馬具生産体制を検討する上でも重要な資料である。ただし、鞍は大部分が有機質の馬具であるため、遺存する金属部品から検討できる視点が限られる。このため、鞍を専論とした論文は、長年に渡る古墳時代馬具の研究史のなかでもかなり少数である。また、これは鐙にも共通することであるが、容易に着脱が可能であるため、鋲で繋に装着、固定される鏡板付轡や杏葉等と比べると、最終消費段階が製作段階を反映しているのか、信頼性がやや低くなる。そして、横穴式石室を埋葬主体部とする事例の多い後期古墳から出土するために、追葬行為や後世の撹乱を蒙り、当初の良好なセット関係を保つ資料が少ない。したがって、本書では、鞍と鐙については、あくまで検討の補助的な位置付けとする。

第3節　タガネ彫の分析

本書のもう一つの目的である古墳時代の装飾馬具と初期仏教美術の関係を明らかにするためには、金工品全般の技術系譜の検討が必要である。したがって、装飾馬具にとどまらず横断的な視点で他の金工品も分析する視点を設定する。日本列島、中国大陸、朝鮮半島

を含む東アジアでは、4世紀から8世紀にわたって、身分表象財としての役割や、仏教信仰の興隆に伴う宗教的な理由等から、そして特に唐が統一王朝として安定してからは支配階級の奢侈品として、金工品が非常に重視されていた。そして、中国大陸で統一王朝の西晋が316年に滅亡し、長期にわたる分裂の時代である五胡十六国及び南北朝時代を迎えたことが、東アジア全域に金工品が伝播した大きな要因である。東アジアの政治体制が流動化し、人、物、技術が移動したことによって、辺境の日本列島にまで金工品がもたらされた。奈良県新山古墳、兵庫県行者塚古墳出土の金銅製帯金具等が好例である。金工品の製作には、貴金属の調達能力と金属加工に関する高度な知識及び技術力が要求される。そして装飾の意匠によっては、文様を写実的に表現する画力をも必要とされる。このように、金工品研究の射程は東アジア全域の国際政治、文化、宗教に深く関わるのである。

　この時期の金工品の種類は、武器、武具、装身具から仏像、仏教荘厳具まで、きわめて多岐に渡り、成形技法、装飾文様も多様である。漢代以前に遡る中国大陸の伝統的な金工技術と、北方の騎馬民族によって西域から伝来した新たな金工技術が混在するためである。そして、相次ぐ国家の興亡に伴い、他地域への製品と技術の伝播がなされたり、その一方で従来の技術や文様表現の廃絶も招いた。このような、多様な金工品を検討する上で重要なのが、形式を横断して金工品の表面に施される彫金である。

　彫金には、金属板をくり抜く透彫、厚みのある金属板を立体的に切削する半肉彫などが含まれる。その中でも多くの金工品に施されるのが、タガネを用いて金工品表面を切削あるいは叩打して線を描き出すタガネ彫である。本書では、彫金のなかでもタガネ彫[3]を主眼に置き、多様な金工品の変遷を通観する。また、古墳時代中、後期の日本列島及び同時期の中国東北部、朝鮮半島南部に通有に認められるタガネ彫の文様である、波状列点文の展開も視野に収める。さらに、タガネ彫以外にも、先行研究（小林謙1982など）で注目されてきた鍍金と彫金の順序、成形技法、そして金工品の素材にも注目し、長期間にわたる複数種類の金工品の変遷過程を、特定の期間、器物の検討に終始しがちな既往の研究とは異なるマクロな視野を設定して分析する。この研究方法では、タガネ彫が施される金工品のみを研究対象に限定することから、金工品の生産組織全体を詳細に解明することは難しいが、日本列島における金工品生産組織の変遷を汎東アジア的に、そして複数形式の金工品を横断的に検討することが可能である。

　古代のタガネ彫は、鈴木勉の研究（鈴木勉2004ほか）から、以下のように4種類に分類できる（図10）。

第 2 章　研究の視点

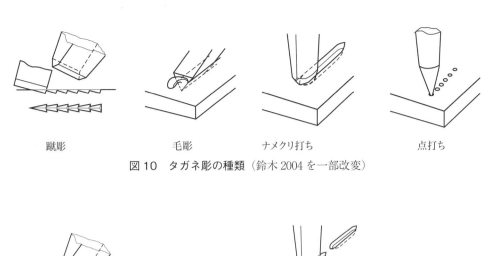

図 10　タガネ彫の種類（鈴木 2004 を一部改変）

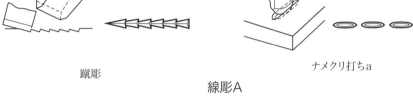

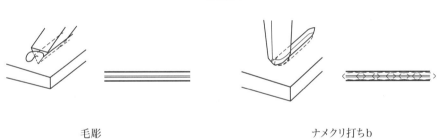

図 11　線彫の分類

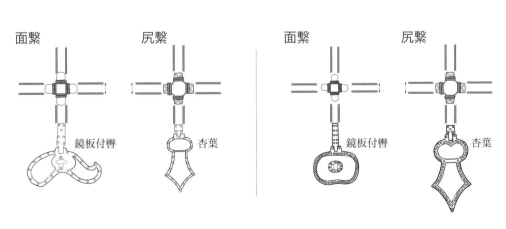

図 12　繋幅の分類

第一は、蹴彫である。金工品の表面に対して斜めにタガネを蹴り出すように連続的に打ち込み、叩打の単位を連続させて文様を描出する手法である。蹴彫の最小単位は一般的に楔形または半円形を呈し、単位が連続して続くため、肉眼で他のタガネ彫との識別が容易である。蹴彫文様の描線は、曲線を描くのが容易であるため、唐代金銀器の文様など、繊細で軽やかな表現に適している。第二は、毛彫である。金工品の表面を、彫刻刀のようにタガネで切削して文様を描出する手法である。毛彫は、主に鋳造品の仕上げに用いられる手法で、半肉彫などと併用される事例もある。毛彫は描線が力強いが、金属を切削するため、なめらかな曲線を描くには高い技巧が必要である。第三は、ナメクリ打ちである。金工品の表面に対してほぼ直角にタガネを打ち付け、連続させて文様を描出する手法である。タガネの方向が蹴彫と異なるため、ナメクリ打ちの最小単位はタガネ先端部の平面形態を反映し、通常、細い長方形または杏仁形となる。作業方法は蹴彫と類似するが、ナメクリ打ちが密に連続して施され、タガネの単位が不明瞭となると、毛彫との判別が困難になる事例もある。第四は、点打ちである。タガネ彫の中では最も簡素な手法である。

　本書では論述の流れを整理するため、必要に応じてタガネ彫の分類をさらに単純化することとする（図11）。古墳時代から飛鳥、奈良時代の彫金技法と生産体制の関係を検討する上で特に重要なのが、タガネ彫の中でも、線状の文様表現である「線彫」表現の変化と考える。線彫は、仕上げの外観から２種類に大別される。まず、タガネの単位が肉眼的に明瞭に把握できる線彫Aである。楔形のタガネの単位が明瞭な蹴彫と、そしてナメクリ打ちの中でナメクリタガネの打ち込みが非連続的に施されタガネの単位が観察可能なナメクリ打ちaの総称とする。線彫Aは日本列島では波状列点文とともに導入される。

　そして、タガネの単位が肉眼的に把握できない線彫を線彫Bとする。金工品の表面を切削して文様を表現する毛彫と、そしてナメクリ打ちの中でナメクリタガネの打ち込み箇所が近接しタガネの単位が観察不可能なナメクリ打ちbの総称とする。線彫Bの特徴は、一見して線彫が一本の線のようにみえることである。毛彫とナメクリ打ちbは第６期には併存すると考えられる（鈴木2004ほか）が、古代になると、法華寺阿弥陀浄土院出土金物などの検討から、線彫の技法は削り屑の出ないナメクリタガネや引きタガネのような工具を用いる手法になる（春日井・加藤修・加藤雅2013）という。その一方で、正倉院宝物には毛彫の存在が指摘されている（加島2012・吉澤2017など）。両者の主張が両立するのであれば、対象によってタガネ彫技法を使い分けているのか、建築金物と室内に置く工芸品を製作する工人集団の違いを反映しているのであろう。本書の視点からも、線彫Bを毛彫と

第2章　研究の視点

ナメクリ打ちbに正確に細分することが意義を有することは確かである。ただし、毛彫と
ナメクリ打ちbの判別は、資料によっては判別が容易ではなく、客観的根拠を持って分類
の根拠を提示することがかなりの困難を伴う場合がある。その一方で、より簡素な観察で
判別が可能な線彫Aと線彫Bの手法の違いこそ、古墳時代中期から飛鳥時代にかけて生産
される金工品の種類、そして金工品生産に携わる工人集団の技術系譜と密接に関わるた
め、本書では線彫Aと線彫Bの区別を評価の主軸に据える。

第4節　金工品の成形技法と金属素材の分析

　この他の視点として、金工品の成形技法と金属素材も検討の対象とする。金工品の成形
技法は、鍛造と鋳造に大きく二分される。本書では、鍛造は金工品の材料を鎚で叩き成形
する技法の総称とする。既往の実験製作の成果（依田・山田・伊藤2004など）[4]から、硬度
が高い鉄は、冷間・熱間鍛造の二つの技法が使い分けられ成形されるが、硬度が低く軟質
な金、銅、銀は冷間鍛造のみによる成形が可能であることが判明している。鋳造は蝋型や
土型の鋳型を用いて、溶融した金属を流し込み、成形する技法である。本書で対象とする
時期の成形技法とタガネ彫は、概ね対応関係にあり、特に日本列島では、蹴彫は鍛造技法
と、毛彫は鋳造技法と対応する傾向が強い。

　金工品には黄金色の光沢を付与するため、水銀アマルガム鍍金、金箔貼付などが行われ
る。水銀アマルガム鍍金は、斉東方（斉1998）によると、春秋時代末の中国大陸では既に
存在する。日本列島では、鍍金と彫金の順序を考察した研究として、杉山晋作の実験考古
学的研究（杉山1991）、村上隆の微細観察にもとづく研究（村上1997）、そして千賀、鈴木
ほかの金銅装製品の製作実験（千賀・鈴木ほか2001）が挙げられる。

　これらの研究結果を総合すると、鍍金前にタガネ彫が行われる場合、タガネ彫の種類
は、毛彫あるいはナメクリ打ちbが多い。タガネが打ち込まれ、あるいはタガネで切削
された箇所を鍍金膜が覆うため、タガネ痕跡の稜線が不明瞭になる。また、鍍金後は光沢
を出すため鹿革などで研磨されるが、タガネ彫された凹部に研磨が十分に達しないため、
他の部分と光沢度合いの差が際立つ。対して、鍍金後にタガネ彫された場合、タガネ痕跡
の稜線が明瞭に観察される。叩打が強く、鍍金膜を破ってしまう事例もみられる。また、
研磨後に彫金されるため、タガネ彫が施された部分は他の部分と光沢度の差が無い。

　鍍金の順序は、基本的にタガネ彫及び成形技法と対応する。本書が対象とする時期の

35

金工品の蹴彫は、文様を薄肉彫する系統の第6期のBb群馬具や唐代金銀器などの例外を除き、鍍金後に施される。毛彫は金工品の表面を切削することから、鍍金前に施される。ナメクリ打ちには、鍍金後と前の両方があり得る。

　金工品の素材も視点に加える。工人たちは金属の性質の違いを理解し、金工品製作に従事したはずである。また、採取可能地点が限られる貴金属の調達には、国際的関係が反映された可能性が高いからである。

　そして最後に馬具の金具幅から推定可能な繋の幅も検討の対象とする（図12）。面繋と尻繋の幅が共通する資料（図12-1）と異なる資料（図12-2）では、前者が同一工房または定型的な部品の供給体制の存在を示唆する。そして後者は面繋と尻繋が別の工房または非定型的な部品の供給体制下で製作されたことを示唆するのである。

　註
（1）　鋲高も規格の有無を検証する上で重要な要素であるが、古墳時代の馬具に打たれる鋲の大部分は鉄製で、錆による変形や欠損によって正確な数値を導出するのが困難であることから、計測は実施しなかった。
（2）　内山敏行もこの対比に注目している（内山2009）。
（3）　タガネを用いて金工品の表面に直線、曲線を描く手法を「線彫」と称する論考（中野2015など）も散見されるが、本書では「タガネ彫」と統一して呼称する。
（4）　金工品の原料を鎚で叩打して成形する技法は、金銀器に関しては「鎚鍱」と表現されることもあるが、「冷間鍛造」と同義と考える。本書では「冷間鍛造」と「熱間鍛造」を併用する鉄地金銅張製品、鉄地銀張製品も金工品として扱うため、総称として「鍛造」の用語を用いる。

第3章　装飾馬具生産の開始と確立

第1節　装飾馬具生産の開始

現在、動物考古学を含む考古学の研究成果（青柳・丸山編 2017 ほか）から、日本列島に騎馬、馬匹文化が伝来したのは古墳時代中期と考えられている。そして、ともに馬具も伝来するが、導入期の第1期の馬具は出土量が少数で、形態と構造が多様である。これらの馬具は「初期馬具」（千賀 1988）と呼称されている。「初期馬具」は、同時期の中国大陸や朝鮮半島に類例が存在するが、日本列島では継続的な生産が確認されていない。生産体制が未整備なままで生産が終了した馬具群と考えられる。したがって、定型的な装飾馬具生産体制の究明を目的とする本書の直接の対象からは外れるが、他の金工品との関係などを考慮する上で一定の意義があるため、ここで触れておく。

(1) 第1期

鉄で成形された本体に金銅板を張る、鉄地金銅張製の装飾馬具はこの時期に登場する。代表的な事例として、大阪府誉田八幡宮所蔵の国宝となっている鉄地金銅張製の馬具が挙げられる。この資料は大阪府誉田御廟山古墳の陪冢である誉田丸山古墳出土と伝えられ、金銅製鞍金具2組、轡2組、菊形雲珠などから構成される。このうち、特に鉄地金銅張製双葉文透彫方形鏡板付轡を中心とするセット（図 13-1）が第1期に比定されている（中山清 1990）。そして、この鏡板付轡と組み合う可能性のある2号鞍金具の類例は中国東北部の遼寧省北票県喇嘛洞 2M201 号墓（遼寧省文物考古研究所 2002）が知られることから、この伝誉田丸山古墳資料は三燕製とされてきた（桃崎 1999・2004 ほか）。同資料で繋に装着される金具は、方形鏡板付轡の吊金具1と、単体で出土する双葉文の方形吊金具2および歩揺付飾金具4点、そして鉸具金具である。吊金具2は吊金具1と同系統の透彫を施すことから同一セットを構成する可能性が高い。しかし、吊金具2の幅は吊金具1の約2分の1である。また、吊金具1及び方形鏡板が鉄地金銅張製であるのに対し、吊金具2は金銅製である。誉田丸山古墳出土品は馬装を構成する馬具が全て出土していないが、少なくとも

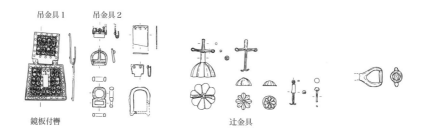

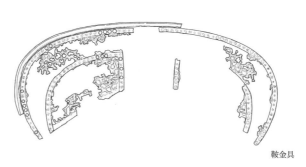

1．大阪・誉田丸山（伝）

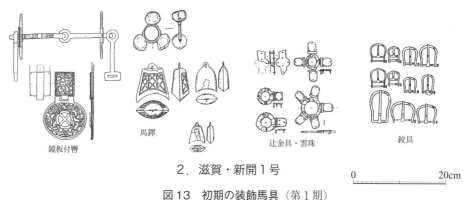

2．滋賀・新開1号

図13　初期の装飾馬具（第1期）

2種類の繋が使用されたことが分かる。吊金具は外周部の鋲によって革製の繋に装着されることから、繋の幅は吊金具の幅を下回ることはありえない。したがって、幅広の吊金具1を介して鏡板が装着された面繋は、幅の狭い吊金具2や鉸具が装着された繋よりは確実に幅が広いと考えられるのである。さらに当資料では鉄地金銅張製馬具と金銅製馬具が共伴する。繋の幅や金属製部品の材質等を統一する意図を持たずに馬装一式が製作された可能性が高い。

　同時期の滋賀県新開1号墳出土品（図13-2）も、繋に装着された金具幅が検討できる資料である。同資料は新羅系（中山清1990）と考えられる資料で、龍文楕円形鏡板付轡を中

心とするセットである。誉田丸山古墳と同様に、方形鏡板の吊金具は幅が広いが、雲珠および辻金具の脚金具は幅が狭く、2種類の幅の繋が使用されたことが分かる。

　この時期には、福岡県月岡古墳出土資料（諫早・鈴木 2015）のように、列島内で製作された可能性が示唆される資料もあるが、高橋克壽（高橋克 1997・2007a）や張允禎（張 2008）が説くように、この時期の装飾馬具を含む多くの金工品は、まだ日本列島内で組織的に生産される段階には至っておらず、中国東北部や朝鮮半島南部の各地から単発的に舶載される段階と考えられる。そしてその一方、こうした系譜の多様性と一見矛盾するようではあるが、この時期の日本列島における多くの金工品間で、共通して蹴彫で波状列点文が施されることが注目される。

(2) 第2期（図14・表1）

　第2期になると、日本列島の装飾馬具で通有の組み合わせである、f字形鏡板付轡と剣菱形杏葉のセットが登場する。当初より f字形鏡板付轡と剣菱形杏葉を中心とする馬具のセット関係は強固であり、鏡板付轡と杏葉以外にも、板状組合式辻金具、環状辻金具、環状雲珠といった、次の段階に続く馬装の主な構成要素となる馬具が組み合わさる。日本列島で多く出土する f字形鏡板付轡と剣菱形杏葉は、百済または加耶に源流が求められる（千賀 1994 ほか）。この時期の朝鮮半島では、新羅の領域でも別個に楕円形鏡板付轡と扁円魚尾形杏葉のセットが確立し、皇南大塚南墳や飾履塚など王陵級の墳墓で副葬されている。このように朝鮮半島南部で発達した騎馬文化の影響を受けて、日本列島でも、f字形鏡板付轡と剣菱形杏葉という、特定の鏡板付轡と杏葉のセットを中心に構成される馬装を取り入れたことが指摘されている（千賀 1994 ほか）。なお、f字形鏡板付轡と剣菱形杏葉のセットをはじめとする金銅装の馬具は、この段階に至っても出土数はまだ少ない。出土地点は、東海地方以西の、近畿地方中央部や吉備、北部九州が中心である。ただし東日本では、例外的に馬産地である中部高地の伊那谷地域で集中的に出土する傾向がある。また、金銅装の f字形鏡板付轡と剣菱形杏葉を模倣した鉄製の f字形鏡板付轡と剣菱形杏葉も生産される。鉄製のセットは、金銅装のセットが出土する古墳よりも下位の墳丘規模の古墳から出土する傾向がある（坂本 1996）。

　出土事例を比較すると、金銅装 f字形鏡板付轡と剣菱形杏葉のセットでは、馬具に打たれる鋲頭の規格が共有される資料として、大阪府長持山古墳（40m円墳・図14-1）、岡山県築山古墳（82m前方後円墳・図14-2）の出土品が挙げられる。ただし、長持山古墳出土

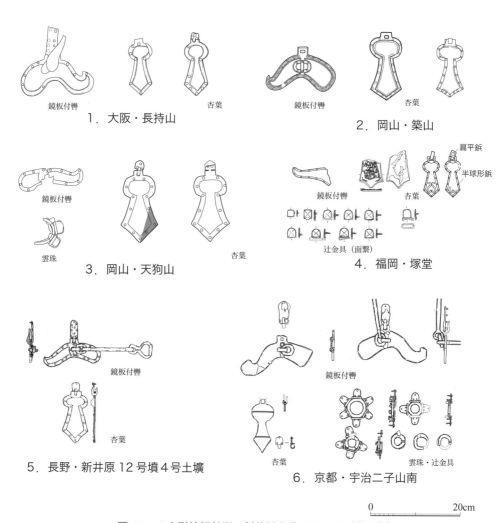

図14　f字形鏡板付轡・剣菱形杏葉のセット（第2期）

表1　f字形鏡板付轡・剣菱形杏葉のセット（第2期）

古墳名	鏡板 型式	鏡板 地板	鏡板 枠文	鏡板 鋲	吊金具 金具	吊金具 鋲	杏葉 型式	杏葉 地板	杏葉 枠文	杏葉 鋲	吊金具 金具	吊金具 鋲	辻金具 金具	辻金具 鋲	雲珠 金具	雲珠 鋲	飾金具 金具	飾金具 鋲	鋲規格
大阪・長持山	f字	鉄金	鉄金	金銅a	金銅	金銅	剣菱	鉄金	鉄	金銅a	−	−	−	−	−	−	−	−	−
福岡・勝浦井ノ浦	f字	鉄金	鉄金	銀e	−	−	剣菱	鉄金	−	金銅a	−	−	−	−	−	−	−	−	3類
福岡・塚堂	f字	鉄金	鉄金	鉄金a	−	−	剣菱	−	金銅・鉄	鉄金a	金銅	−	鉄金	−	−	−	−	−	2類
長野・新井原12号	f字	鉄金	鉄金	銀a	鉄金	銀	剣菱	鉄金	鉄金	銀a	−	−	鉄金	−	−	−	−	−	1類
静岡・多田大塚C4	f字	金銅	金銅	銀a	−	−	−	−	−	−	−	−	−	−	−	−	−	−	−

※鉄金－鉄地金銅張製　金銅－金銅製　銀－鉄地銀張製　鉄－鉄製とする。以下の表、全て同じ。

　馬具は、鏡板、杏葉の吊金具の形態が異なる。そして鏡板と杏葉の吊金具の幅が異なることから、頭繋と尻繋の幅が異なる可能性が高い。また、築山古墳出土馬具は鏡板と杏葉の外周に蹴彫の波状列点文が施され、彫金装飾の統一性が認められるが、蹴彫の施される位置は鏡板では枠金だが杏葉では地板に施され、位置が異なっている。

福岡県勝浦井ノ浦古墳（70m前方後円墳・表1）出土馬具は、現存する資料では最古級の金銅装 f字形鏡板付轡と剣菱形杏葉のセットであるが、f字形鏡板には杏仁形の鉄地銀被鋲 e類が打たれるのに対し、剣菱形杏葉には半球形の金銅製鋲 a類が打たれる。鏡板と杏葉で鋲規格が明確に異なるため、鋲規格の共有関係では3類に分類される。そして鋲の材質も異なっている。さらに、馬具本体の素材を比較すると、f字形鏡板は枠金と地板が鉄地金銅張製であるのに対し、剣菱形杏葉は地板が鉄地金銅張製、枠金が金銅製という相違が存在する。馬装全体で金属素材や鋲規格を統一する意識を持たずに製作されたことが分かる。

岡山県天狗山古墳（60m前方後円墳・図14-3）資料は、環状雲珠の脚金具が爪形であるのに対し、杏葉の吊金具は五角形であり金具形態が統一されていない。

福岡県塚堂古墳出土馬具（91m前方後円墳・図14-4）は剣菱形杏葉が大小2種類あり、大型品には帯金具に施されることの多い龍文透彫が施され、龍文の体部にはさらに蹴彫文様で体躯が表現される。小型品は枠金が特異な形状を呈し装飾的な効果を示すが、彫金などは施されていない。すなわち、大小の杏葉間で装飾の意匠及び技法が全く異なっているのである。小型品は枠金に曲線的な装飾が加わるのに対して大型品は枠金が非常に細いなど基本構造も異なり、この2種類の杏葉は別工房で製作された可能性が高い。さらに、小型剣菱形杏葉の吊金具に打たれる鋲は扁平な鋲 c類で、鋲頭径がこの時期の馬具としては珍しく大型である。f字形鏡板と剣菱形杏葉本体に打たれる鋲 a類とは完全に規格が異なる。鋲の規格共有では2類に分類される。また、上述の天狗山古墳と同じく吊金具等の形態は不統一で、小型杏葉の吊金具が方形であるのに対し、組合式辻金具の脚金具は爪形である。

馬産地の中部高地では、この時期の馬具が集中的に出土しているが、代表例として知られる長野県新井原12号墳（36m帆立貝墳・図14-5）では、4号土壙（馬殉葬壙）で鉄地金銅張製 f字形鏡板付轡と剣菱形杏葉が出土している。f字形鏡板付轡と剣菱形杏葉の吊金具の形態は微妙に異なっている。

また、鉄製 f字形鏡板付轡、鉄製剣菱形杏葉を中心とするセットは、京都府宇治二子山南墳（30m円墳・図14-6）、長野県宮垣外遺跡 SX64（土坑墓）から出土している。いずれも鋲の規格は一定しており鋲の規格共有パターンでは第1類に分類できる。ただし、馬具に装着される吊金具等の形態は、金銅装のセットと同様に、馬装内で統一されていない。

第2期の f字形鏡板付轡、剣菱形杏葉を中心とする馬装は、鏡板と杏葉の法量などが対

応しない。また、鋲規格や繋に装着される金具形態が統一される例はほとんどない。さらには、金属素材が同一の馬装で統一されない事例もある。また、金属部品だけでなく、大阪府長持山古墳と福岡県塚堂古墳のように有機質の繋の幅が同一の馬装内で不統一な事例もある。以上の検討から、この時期のｆ字形鏡板付轡と剣菱形杏葉を中心として構成される馬装の多くは、生産組織の整備が進まないために三繋を構成する馬具類が緊密な関係下で製作される状況になかったか、もしくは製作者に、規格的な形態の馬具・鋲を組み合わせて馬装を構成させる意識が無かったと解釈できる。

（3）第3期（図15・表2）

第3期になると、ｆ字形鏡板付轡と剣菱形杏葉のセットが分布域を拡大する。そして、ｆ字形鏡板、剣菱形杏葉が共に大型化し、剣菱形杏葉の偏円部と菱形部を区画する界線がみられるようになる。このセットに付随し、主に胸繋に装着される花弁形杏葉がみられるようになるのもこの時期である。

鋲規格共有1類に分類される例として、東京都狛江亀塚古墳（41ｍ帆立貝式墳）、和歌山県大谷古墳、愛知県大須二子山古墳（75ｍ前方後円墳）、福岡県番塚古墳（50ｍ前方後円墳）、福岡県西堂古賀崎古墳が挙げられる[1]（表2）。

東京都狛江亀塚古墳出土馬具（図15-1）は、鏡板の方形吊金具、鏡板本体、杏葉の吊金具と環状雲珠吊金具に付随する責金具には鉄地銀被鋲ａ類が打たれるが、杏葉の方形吊金具、飾金具、環状雲珠脚金具には鉄地金銅被鋲ａ類が5点打たれる。鋲規格共有1類に分類されるが、頭繋と尻繋の馬具で鋲頭装飾の金属素材が異なる点が特徴的である。

奈良県石光山8号墳（35ｍ前方後円墳・図15-2）は、杏葉、環状雲珠の脚金具、そして繋に大量に装着される飾金具の外周部に、蹴彫で波状列点文が密に施されるのが特徴である。面繋が確認されていないため準1類に分類する。

大谷古墳は鋳造金銅製ｆ字形鏡板付轡及び鋳造金銅製剣菱形杏葉を中心として馬装が構成される（図16-1）。そして、馬冑も共伴する。鋲規格共有1類だが、成形技法が類例の乏しい資料であることから舶載品の可能性が高い。

熊本県江田船山古墳は鋳造金銅製で成形技法は大谷古墳と近似するが、類例のない型式の鏡板付轡である（図16-3）。大谷古墳と江田船山古墳出土馬具と共通する成形技法の金工品は、江田船山古墳出土帯金具や京都府穀塚古墳出土帯金具など、この時期に限定して事例が散見される。

愛知県大須二子山古墳出土馬具（図16-5）は、正式な発掘調査による出土品ではない
が、1セットとすると、剣菱形杏葉は尻繋に、心葉形杏葉は胸繋に装着されたと考えられ
る。鏡板、杏葉類と飾金具に斜格子文が施され、装飾意匠の共有が意識されて製作された
と考えられる。鋲の規格も共有される状況にある。

　福岡県番塚古墳出土馬具（図15-3）は、f字形鏡板付轡、剣菱形杏葉3点、方形金具
32点以上、爪形金具2点、爪形金具を留金具とする鉸具2点から三繋馬具が構成される。
これらの方形金具のほとんどが環状雲珠、環状辻金具の脚となると考えられる。鏡板、杏
葉の吊金具は方形で、これらの馬具に打たれる半球形の鉄地銀被鋲a類はすべて同規格で
鋲規格共有1類と考えられる。

　鋲規格共有2類に分類されるのは埼玉県埼玉稲荷山古墳（120m前方後円墳）と福岡県
山ノ神古墳（80m前方後円墳）出土馬具である。埼玉稲荷山古墳資料（図15-4）は、鏡板
には鉄地金銅張製の地板に鉄地銀張製の枠金が装着され、杏仁形の鉄地銀被鋲e類が打た
れるが、鏡板、杏葉の吊金具、辻金具と雲珠の脚金具に打たれる鋲は鋲頭径が等しい半球
形の鉄地銀被鋲a類である。枠金に刻まれる文様が朝鮮半島南部の加耶地域で出土する資
料と類似するため、舶載品である可能性が高い。山ノ神古墳出土資料（図16-2）はf字形
鏡板付轡、剣菱形杏葉3点、小型剣菱形杏葉3点からなる馬装が復元できる。f字形鏡板
付轡に打たれる半球系の鋲a類は鋲径がやや大きく、剣菱形杏葉に打たれる径の小さい鋲
a類と規格の異なる可能性が高い。

　このほか、参考となる資料に熊本県塚坊主古墳出土資料が挙げられる（図16-4・表2）。
同古墳は盗掘を被っているが、轡が2点出土している。そのうち1点は鉄地金銅張製f字
形鏡板付轡である。また、鉄地金銅張製剣菱形杏葉と鉄製剣菱形杏葉が1点ずつ出土して
いる。鉄地金銅張製f字形鏡板と同剣菱形杏葉の枠金は素材が共通し、そして両方とも蹴
彫の波状列点文が施されることから、同一セットの可能性が高い。しかし、鋲頭を比較
すると、f字形鏡板付轡の鋲は半球形の鉄地銀被鋲a類で、剣菱形杏葉の鋲は半球形の
鉄地金銅被鋲a類である。鋲の形状と鋲頭径は共通するが、貴金属素材は異なっている。
また、繋の責金具は金銅製である。このように、同一セットの可能性のある馬具でも貴金
属素材の使用方法が各部品によって不統一な点は、狛江亀塚古墳出土資料と共通する。

　上述のとおり、第3期のf字形鏡板と剣菱形杏葉を中心とする馬装は、セット内で鋲
の規格が共有される傾向が高まり、また、鏡板、杏葉の吊金具は方形に統一されるよう
になる。面繋に装着される組合式辻金具の脚金具は爪形が多いが、尻繋に装着される環

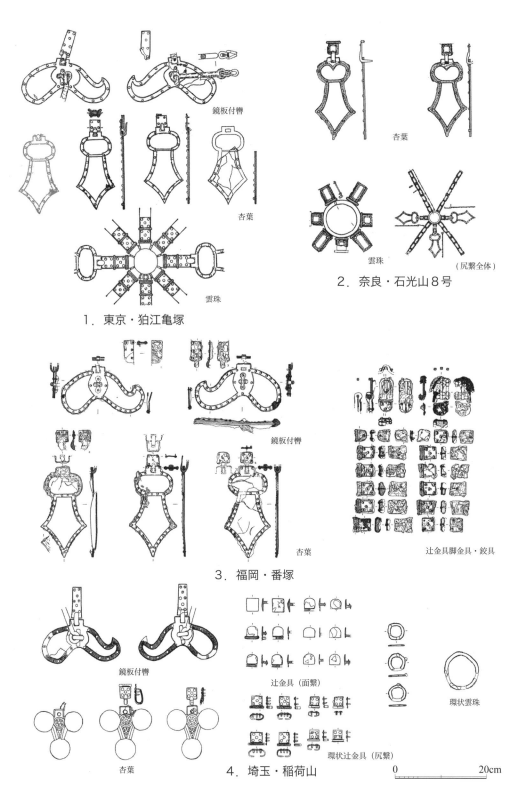

図15 f字形鏡板付轡・剣菱形杏葉のセット（第3期）①

第3章　装飾馬具生産の開始と確立

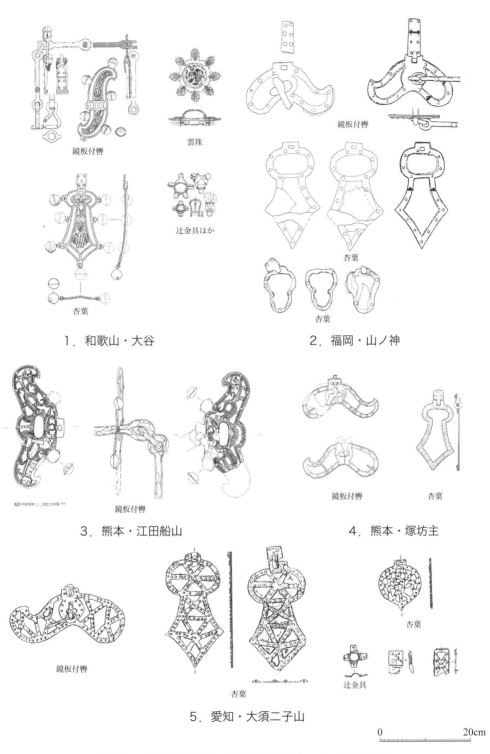

図16　f字形鏡板付轡・剣菱形杏葉のセット（第3期）②

状雲珠、環状辻金具の脚金具は方形のものがみられるようになることが、宮代栄一（宮代1986）によって既に指摘されている。すなわち、鏡板、杏葉の吊金具や辻金具、雲珠の脚金具など、繫に装着される部位の形状が馬具間で共有されるようになるのである。また、奈良県石光山8号墳と塚坊主古墳の出土例のように馬具に波状列点文が打たれる事例や、大須二子山古墳のように透彫の形状が共通する事例など、同一セット内で複数の馬具が装飾文様の意匠を統一的に共有する例がみられる。

この時期には、f字形鏡板を中心とする面繫と、剣菱形杏葉を中心とする尻繫が鋲規格を共有し、そして馬具間での意匠の共有が可能となることから、第2期以前と比較すると、個々の馬具が緊密な連携下で製作されるようになることが分かる。また、第2期まで、鏡板と杏葉は鉄製の文様板と地板に別々に金銅が被されていたが、第3期になると、列島独自とされる、文様板と地板を固定してから金銅板一枚を全体に被せる技法が出現する（小野山1966）。さらに、第2期まで近畿地方中央部、北部九州、吉備、そして馬産地となる中部山地に限定されていた装飾馬具の分布域が広がる。すなわち、装飾馬具を所有する階層が拡大するのである。第3期は、装飾馬具の組織的な生産が開始され、装飾馬具への高まる需要に応え始める時期と評価できる。

一方で、他の資料と比較して装飾性が高く、舶載品または特注の優品である可能性が高い埼玉稲荷山古墳や大谷古墳、大小2種類の杏葉を用いる山ノ神古墳の馬装は、馬具間で鋲規格あるいは金具形態や繫の幅を共有しない。また、鋲頭の装飾に注目すると、次の段階の第4期以降に主流となる鉄地銀被鋲がこの時期に登場し、第2期から存在した鉄地金銅被鋲と併存するようになる。特に狛江亀塚古墳、塚坊主古墳の例では鉄地銀被鋲と鉄地金銅被鋲が共存し、面繫に装着される馬具には鉄地銀被鋲、尻繫に装着される馬具には鉄地金銅被鋲のみを用いている。この二事例は第3期の装飾馬具生産体制を端的に示している。すなわち、同一の繫に装着される馬具は、馬具間で共通の部品である鋲の規格を共有した可能性が高い。ただし、面繫と尻繫の馬具間で鋲の素材が異なることから、面繫と尻繫は別個に製作された可能性が高く、この段階に至っても馬装全体で完全に金属素材を統一する規範の確定にはまだ至っていないことが分かるのである。

（4）小結

上記の検討から、初期馬具のみが存在する第1期からf字形鏡板付轡と剣菱形杏葉が登場する第2期まで、馬具に打たれる鋲の規格は同一馬装内で不統一な資料が多く、ま

第3章　装飾馬具生産の開始と確立

表2　f字形鏡板付轡・剣菱形杏葉のセット（第3期）

古墳名	鏡板				吊金具		杏葉				吊金具		辻金具		雲珠		飾金具		鋲規格
	型式	地板	枠文	鋲	金具	鋲	型式	地板	枠文	鋲	金具	鋲	金具	鋲	金具	鋲	金具	鋲	
京都・トヅカ	f字	鉄金		銀a	−	−	剣菱	鉄金		銀a	−	−	−	−	−	−	−	−	(1類)
静岡・石ノ形	f字	鉄金	鉄金	銀a	鉄金	銀a	剣菱	−		−	鉄金	−	鉄金	−	−	−	−	−	2類
埼玉稲荷山	f字	鉄金	銀	銀e	鉄金	銀a	鈴	青銅		−	鉄金	銀a	鉄金	鉄金	−	−	−	−	2類
東京・狛江亀塚	f字	鉄金		銀a	−	−	剣菱	鉄金		鉄金a	−	−	−	−	鉄金	−	鉄金	銀a	1類
奈良・石光山8号	−	−		−	−	−	剣菱	鉄金		鉄金a	−	−	−	−	鉄金	鉄金	鉄金	鉄金	準1類
熊本・塚坊主	f字	鉄金		銀a	−	−	剣菱	鉄金		鉄金a	−	−	−	−	−	−	−	−	1類
				銀a				鉄		鉄金a									
福岡・古賀崎	f字	鉄金		銀a	−	−	剣菱	鉄金		銀a	−	−	−	−	−	−	(鉄金)	(銀)	−
和歌山・大谷	f字	金銅		−	鉄金	銀a	双葉剣菱	金銅		−	鉄金	銀a	金銅	銀a	−	−	−	−	1類
愛知・大須二子山	f字	鉄金	鉄	銀a	鉄金	銀a	剣菱	鉄金		銀a	−	−	−	−	−	−	鉄金	銀	1類
大阪・南塚	f字	鉄金		銀	−	−	剣菱	鉄金		銀	−	−	−	−	−	−	−	−	−
群馬・保渡田八幡塚	f字	鉄金		鉄金	−	−	−	−		−	−	−	−	−	−	−	−	−	−
長野・若宮2号	f字	鉄金		銀a	−	−	心葉	鉄金		鉄金	−	−	−	−	−	−	−	−	−
福岡・山ノ神	f字	鉄金		銀a	鉄金	銀a	剣菱	鉄金		銀a	鉄金	銀a	鉄金	銀a	鉄金	銀a	−	−	2類
福岡・番塚	f字	鉄金		銀a	鉄金	銀a	剣菱	鉄金		銀a	鉄金	銀a	−	−	−	−	鉄金	銀a	1類
茨城・三昧塚	f字	鉄金		銀a	鉄金	銀a	−	−		−	−	−	−	−	−	−	鉄金	銀a	

た、金具の形態、金属素材もまだ統一されていないことが分かる。第2期には、日本列島で独自の組み合わせであるf字形鏡板付轡と剣菱形杏葉のセットが成立し、このセットは数世代に渡って生産が継続するが、出現段階の第2期は、未だ日本列島内で装飾馬具の生産組織が確立していない段階と評価できる。

　第3期になると装飾馬具の副葬数は増加し、f字形鏡板付轡と剣菱形杏葉のセットが登場した第2期と比べて、装飾馬具の出土量が飛躍的に増加することから、装飾馬具に対する需要と供給の増大が想定できる。日本列島製と考えられる通有の馬装では、鋲の規格が統一される馬装が多数を占めるようになる。そして、金具の形態も規格性が高まる。第2期と比べて、定型的な生産体制の整備が看取できるのである。一方で朝鮮半島の陝川玉田古墳群と近似する形態のf字形鏡板付轡が出土した埼玉稲荷山古墳や、鋳造金銅製鏡板付轡の出土した大谷古墳と江田船山古墳など、こうした規格性があてはまらず、日本列島における組織的な生産を想定しがたい装飾馬具の事例も存在する。これらは舶載品の可能性が高い資料である。上記の古墳では他にも舶載品と考えられる副葬品が共伴している。埼玉稲荷山古墳では鋳造金銅製帯金具、大谷古墳では日本列島でごく少数しか存在しない鉄製馬冑、江田船山古墳では鋳造金銅製帯金具や金銅製冠帽が共伴する。これらの古墳の被葬者が、朝鮮半島との独自の流通ルートから装飾馬具を含む金工品を入手した可能性も

十分に考えられる。

しかしこれらの古墳はあくまで例外的な存在である。大勢として、この時期は倭王権による装飾馬具生産体制の整備が次第に進行し、供給範囲が拡大する時期と位置付けられる。

第2節　4、5世紀の東アジア世界の金工品との対比

本節では、第2章第3節で触れた金工品に施されるタガネ彫の比較から、4、5世紀の東アジア世界の金工品を概観する。日本列島の装飾馬具生産を、より巨視的な視野から位置づけることを試みる。

(1) 日本列島

日本列島における金銅製品の彫金技術の本格的な導入は、研究史で述べたとおり、古墳時代中期の武装と連動する。この時期の古墳文化は武具と服飾品が分かちがたく結びついているのが特徴（小野山1975a）で、特に実年代で5世紀初頭頃から中葉頃に比定される古墳時代中期中葉から後葉の段階、本書の時期区分では第1、2期に並行する時期の金銅製品にタガネ彫が多用される。

①第1期から第2期

千葉県祇園大塚山古墳（110～115m前方後円墳）では、金銅製眉庇付冑（図17-1）と、日本列島では他に類例のない金銅製小札甲が出土したことで著名である。眉庇付冑の庇部、受鉢部には蹴彫で獣文、魚文、そして波状列点文が装飾性豊かに施される。

福岡県月岡古墳（約95m前方後円墳）では、1805（文化2）年に数多く出土した武器、武具、帯金具の中で、金銅装眉庇付冑（1号眉庇付冑・図17-2）、金銅製龍文帯金具、鉄地金銅張製すね当て、金銅装胡籙金具、さらに金銅製鞍金具や金銅製杏葉などの馬具に至るまで、多数の金銅装の製品に、蹴彫で波状列点文が施されている。特に眉庇付冑には金銅製胴巻板と伏鉢に魚形文、鳥形文及び心葉形文が蹴彫で描かれている。

前節で取り上げた伝誉田丸山古墳出土馬具（図17-3）は、双葉文方形鏡板付轡の鏡板と吊金具の周縁部に蹴彫（鈴木・松林1996）で波状列点文を施し、そして、1号、2号金銅製龍文透彫鞍金具の両方に、透彫に沿った細かい蹴彫が確認される。

奈良県五条猫塚古墳（吉澤・川畑ほか2014）は一辺約32mの方墳で、竪穴式石槨の内外

48

第3章 装飾馬具生産の開始と確立

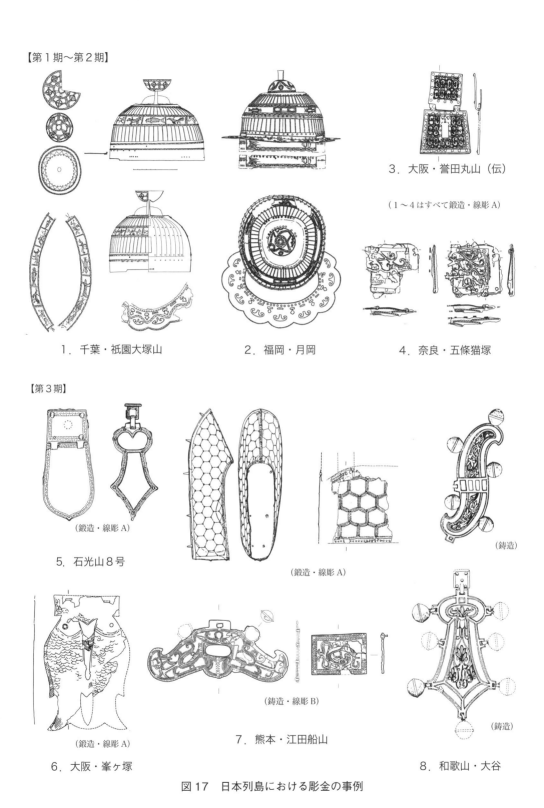

図17 日本列島における彫金の事例

から数多くの武器、武具、装身具、工具ほか鉄製品が出土している。金銅装眉庇付甲、金銅製龍文帯金具、金銅製草葉文帯金具、革製の部材に鋲留された金銅製飾金具にタガネ彫文様が施される。文様描線のタガネ彫は全て蹴彫である。そして、草葉文帯金具以外の金銅製品には波状列点文が施される。特に龍文帯金具（図17-4）は鉄製小札甲の小札と連接され、この時期の金銅製帯金具が武装の一部とみなされていたことを示す重要な資料である。

これらの資料は実年代では5世紀初頭から中葉頃に比定される。どの資料にも蹴彫が施される。すなわち、タガネ彫による線彫の技法は線彫Aのみである。武具、装身具など複数形式の金工品に蹴彫の波状列点文が多用されることは、後述するように、同時期の朝鮮半島南部や、少し遡る5世紀前葉以前の中国東北部の三燕における様相と近似する。末永雅雄は、眉庇付冑の文様構成から新羅の金工品との類似性に注目しており（末永1941）、朴天秀は、近年調査事例の増加した朝鮮半島の資料から、古墳時代中期中葉（本書の第1期）の出土品は新羅製が多いことを指摘した（朴2007a・2007b）。

②第3期

引き続き、第3期にも蹴彫を主体とする波状列点文の施文が継続する。奈良県石光山8号墳の装飾馬具は、剣菱形杏葉、居木金具、花弁形杏葉、飾金具、そして環状雲珠の脚金具の周縁部に蹴彫で波状列点文がめぐらされている（図15-2・図17-5）。繋に装着される金具だけでなく、鞍金具にも施されている。大阪府峯ヶ塚古墳（96m前方後円墳）では、武器、武具、馬具をはじめとして多数の金工品が出土し、線彫Aの波状列点文が施された双魚佩（図17-6）が含まれている。ただし、多数の金工品が副葬される事例は増加するが、第1期から第2期に顕著に認められたような、同一埋葬主体部に副葬される複数種類の製品に蹴彫の波状列点文が多用される事例は次第に認められなくなる。

第3期の熊本県江田船山古墳出土の金銅製帯金具（図17-7）は鋳造製で、埼玉県埼玉稲荷山古墳、和歌山県大谷古墳、京都府穀塚古墳出土帯金具も同系統とされる資料である（小林謙1982、藤井2014、高田2012・2014）。穀塚古墳資料は龍文の体躯の凹凸は鋳造成形で表現され、龍文の爪や金具外縁部の綾杉文はナメクリ打ちbの線彫Bで表現される。また、小林謙一が指摘したとおり（小林謙1982）、銅板にタガネ彫を施した後に水銀アマルガム鍍金が施される工程で製作されており、図17-1〜6の金銅製品が、鍛造成形－鍍金－蹴彫の順で、彫金が最後に施される工程で製作されるのと大きく異なる。穀塚古墳出土資料等と同様の製作工程が想定される鋳造帯金具には、長野県八丁鎧塚2号墳（25.5m円墳・積

50

石塚）出土資料に代表される獅噛文帯金具（山本孝 2014）も含まれる。ただし、第 3 期以降は、この系譜を含め帯金具自体の副葬事例が急速に減少することを考慮すると、鋳造帯金具は日本列島で組織的かつ継続的に生産されたとは考え難い。

第 3 期には、朝鮮半島に存在しない日本列島独自の意匠の金工品が出現し、蹴彫の波状列点文が施される。後述する第 5 期の鴨稲荷山古墳や第 6 期の藤ノ木古墳出土資料に代表される、倭装捩り環頭大刀の付属品である金銅製双魚佩及び金銅製三輪玉、そして装身具では金銅製飾履（図 17-7）や二山広帯式冠（図 17-7）が挙げられる。二山広帯式冠は古墳時代後期の全期間、すなわち本書では第 3 期から第 7 期まで存続する冠（中村潤 1983）であるが、亀甲繋文や波頭状文の使用（毛利光 1995、吉井 2011）から、百済の冠を源流とすることが判明している。また、江田船山古墳では、広帯二山式冠に金銅製の半筒形金具が共伴している。両方に蝶形の飾金具が装着されることから、半筒形金具が広帯二山式冠とセットである美豆良飾りととらえる考えが優勢である（森下・吉井 1995、町田章 1997 など）。広帯二山式冠は日本列島以外に出土例が存在せず、美豆良が日本列島で独自の髪形であることから、このセットは百済の冠の製作技術を応用して日本列島で創出されたようで、森下章司は在来の植物性の冠と美豆良装飾品の形状を模倣したものと推測している（森下 2010）。

日本列島では、広帯二山式冠と飾履が、実年代では 7 世紀初頭に比定される古墳時代後期末まで継続的に生産され、そして表面には波状列点文等が蹴彫で彫金される。この様相は、故地である百済でこの種の冠、飾履が、熊津期（475-538 年）にいち早く姿を消すこととは対照的である。朝鮮半島から渡来し列島に定着した工人が、故地では既に廃れた金工品製作技術の伝統を世代を越えて独自に保持した可能性が高い。

装身具と同様に、半島から渡来した金工技術者が日本列島で独自に製作したと考えられるのが、倭装大刀の金銅装部品である。上述の大阪府峯ヶ塚古墳出土品（図 17-6）のような倭装大刀の付属品である金銅製双魚佩には、蹴彫による波状列点文が多用される。そして、古墳時代後期後葉の第 6 期まで、この種の伝統的な倭系装飾付大刀が最上位階層の古墳に副葬される。

上記の検討から、第 1 期から第 3 期にかけて、日本列島の金工品に施されるタガネ彫は、蹴彫が主体で、通有の文様として波状列点文が存在することが分かる。この一群には波状列点文の圏線などに部分的にナメクリ打ち a が施される事例も含まれる。すなわち、この群の線彫技法は線彫 A で統一されているのである。そして、この一群のもう一つの特

徴は、鍛造成形－鍍金－タガネ彫という工程で製作されることである。一方で、第3期の金銅製帯金具や装飾馬具には、穀塚古墳、埼玉稲荷山古墳例のように、鋳造成形－タガネ彫－鍍金で製作される別の一群があるが、定着せずに短期間で姿を消す。この一群のタガネ彫はナメクリ打ちbの線彫Bで統一されている。朝鮮半島南部の陜川玉田古墳群など加耶の領域で類例があることから、加耶製の舶載品である可能性が高い。朴天秀も、第3期になると、代わって大加耶との関係が強くなることを指摘している（朴2007a・2007b）。

　また、第3期には、双魚佩や二山広帯式冠など朝鮮半島南部の金工品を参考に日本列島で独自に製作される金工品が出現する。これらの資料は、第1期から第2期の金工品と同様に、鍛造成形－鍍金－タガネ彫の工程で製作される。前代以来の技術系譜を組む工人集団が列島内で組織化されて考案したものであろうか。そして、列島独自の金工品の登場は、前節で検討した装飾馬具を新たに含む金工品全般に対する需要が、この段階に日本列島内で高まったことの反映とも評価できる。

(2)　中国大陸

①西晋

　中野徹（中野2015）によると、中国では、既に戦国時代から金属製品の切削加工による毛彫が実施され、定着していた。そして、蹴彫が導入されるのは前漢代とされる。西晋の金工品は、洛陽西郊24号晋墓出土品、京都大学総合博物館、天理参考館蔵金銅製帯金具（図18-1）などが挙げられる。

②五胡十六国・南北朝時代

　4世紀代の中国大陸では、鮮卑や匈奴など周辺異民族の侵攻によって弱体化した西晋が滅亡し、異民族が華北に造った王朝と江南の漢民族系の王朝に分裂する。この時期の金工品生産状況を端的に示すのは、仏教の隆盛に伴って製作された金銅仏である。表3は、写真の公開されている五胡十六国時代から隋代の金銅仏に施されるタガネ彫の種別と数量である。五胡十六国時代の数例にのみ蹴彫の施文が認められ線彫Aがわずかに存在するが、南北朝時代以降の資料は全て毛彫またはナメクリ打ちbで、線彫Bに統一されることに注目したい。

　金銅仏で蹴彫が施される事例は、故宮博物院収蔵品（図18-2）、河北省石家荘市出土品（図18-3）、甘粛省涇川県出土品（図18-4）や東京芸術大学所蔵品などの、両脇に獅子を従える小型の如来坐像に限定的に認められる。この型式の金銅仏は「古式金銅仏」と称

第3章　装飾馬具生産の開始と確立

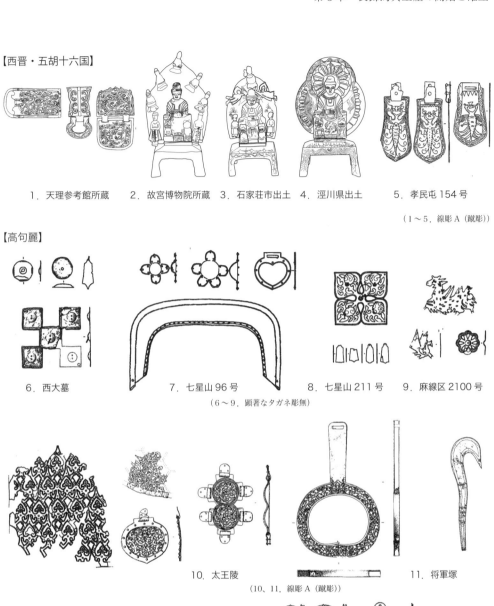

図18　中国大陸・高句麗における彫金の事例

される一群で、中原より北方で製作された、現存する最も古い型式の仏像とされる（三宮2008）。そして南北朝時代以降は継承されない型式であることも知られる（松原1995）。このような資料的性格を有する「古式金銅仏」にだけ限定的に蹴彫が施されることを考慮すると、五胡十六国時代の「古式金銅仏」製作活動には、蹴彫の技法を身に着けた工人が関与したことがまず分かる。しかし、続く北魏代以降の金銅仏の彫金には、毛彫すなわち線彫Bのみが用いられ、蹴彫すなわち線彫Aの技法は、少なくとも造仏活動から除外されたことが推定できる。換言すれば、五胡十六国時代までは線彫AとBの両技法が並立していたが、線彫Aの技術系譜が消滅し、線彫Bだけが存在するようになるのである。

　五胡十六国時代の中国東北部に騎馬民族の慕容鮮卑が建国した前燕、南燕、後燕は三燕と総称され、多くの金工品が出土している（遼寧省文物考古研究所2002）。三燕の金工品の特徴は、彫金に蹴彫が多用されること、そして装飾馬具を中心に鉄地金銅張製の製品が多くみられることである。遼寧省北票市喇嘛洞墓群では、2M101、266号墓で蹴彫の施された龍文透彫鞍金具が出土した。2M266号墓出土例は、三燕に特有の鉄地金銅張製品である。安陽孝民屯154号墓では、鳳凰文及び波状列点文が蹴彫された花弁形杏葉（図18-5）を含む金銅装馬具一式が出土した。また、十二台郷磚床88M1号墓では透彫鞍金具が出土している。諫早直人の馬具編年（諫早2012a）では、上記の蹴彫が施される馬具は前燕（337～370年）の範囲に収まるとされる。

　そして、金銅製の帯金具にも多数の出土資料がある。代表事例として、遼寧省朝陽市袁台子壁画墓、十二台郷磚床88M1号墓、奉車都尉墓、王子墳山腰而営子M9001墓、北票市章吉営子西溝村墓、喇嘛洞2M101、196、275号墓が挙げられる。藤井康隆の研究（藤井2014）では、三燕出土の帯金具は晋式帯金具の舶載品と模倣品とされる。タガネ彫に注目すると、獣文の形骸化とともに蹴彫が粗雑になり、最終段階の喇嘛洞2M196号墓、王子墳山腰而営子M9001墓の段階には、タガネ彫は外周部に簡素に施されるか、または無文である。藤井の編年では、蹴彫が多用される帯金具の実年代の下限は4世紀後葉とされ、諫早の馬具編年

表3　中国大陸の金銅仏に施される線彫の比率

	線彫A（蹴彫）		線彫B（毛彫）		合計
	点数	比率	点数	比率	
五胡十六国 （304～439）	6	11.1%	48	88.9%	54
北魏 （439～534）	0	0.0%	245	100.0%	245
東魏 （534～550）	0	0.0%	57	100.0%	57
西魏 （535～556）	0	0.0%	5	100.0%	5
北周 （556～581）	0	0.0%	12	100.0%	12
北斉 （550～577）	0	0.0%	88	100.0%	88
隋 （581～618）	0	0.0%	66	100.0%	66

※「線彫A」は、線彫A、Bを併用する資料を含む。
※和泉市久保惣記念美術館1985・1991、大阪大学大学院文学研究科2015、松原1995、常2016、中国国家文物鑑定委員会編2014ほかを参照して作成。

と同様の年代観を示す。

　上述の検討及び先行研究の照会から、以下の論述が可能である。4世紀代には、華北地方の広域で出土する「古式金銅仏」に蹴彫が施され、同時期の東北部の三燕の領域でも、帯金具や装飾馬具に蹴彫が施されていた。しかし、5世紀初頭の段階には少なくとも華北の蹴彫は消滅する。被葬者が判明した墳墓の事例として著名な馮素弗墓（412年・遼寧省博物館2015）には、北燕の宰相である被葬者にふさわしく、多くの金工品が副葬されていた。しかし馮素弗墓出土の金工品には、蹴彫は一切施されていない。馮素弗墓の時期は、「古式金銅仏」以降の金銅仏に蹴彫が施されなくなるのと同時期である。したがって、華北では、造仏活動だけでなく金工品全般から、蹴彫すなわち線彫Aが消滅したと考えられる。

　こうした技術系譜の断絶の背景として、華北の王朝交代に伴う動乱による旧来の金工品生産体制の解体や、西方からの影響による新たな金工品生産体制の構築が想定される。

（3）中国東北部・朝鮮半島

①高句麗

　朝鮮半島北西部から中国東北部を勢力圏とした高句麗は紀元3（漢元始3）年から427（北魏始光4）年まで、鴨緑江右岸の国内城（中国吉林省集安）を本拠地としていた。そして、鴨緑江の支流である通溝河と麻線河の流域では多くの高句麗墳墓が発掘調査されている。ここでは王陵と位置づけられる西大墓、千秋墓、太王陵を含む、集安市に所在する代表的な墳墓の金工品出土事例を紹介する。麻線区西大墓（図18-6）は、2点の五連方形飾に裏面から点打ちの打ち出しが施され、飾り金具、歩揺などの金銅製品8点は無文である。七星山96号墓（図18-7）では、良好な残存状況の金銅製馬具が1セット出土している。4世紀後葉から5世紀前葉に比定される。馬具の総数は57点で前輪と後輪の鞍金具も含まれているが、タガネ彫は施されていない。

　ほかに4世紀前葉から後葉の金工品出土墓として七星山211号墓（図18-8）、千秋墓、麻線区2100号墓（図18-9）などが挙げられるが、同様の傾向を示す。このように、通常、高句麗墳墓から出土する金工品にはタガネ彫がほとんど施されないことが特徴である。

　有名な好太王碑の南西に位置する太王陵は、被葬者が故国壌王（391年没）と広開土王（412年没）のいずれかで研究者の見解が分かれる[2]が、いずれにせよ4世紀末から5世紀初頭に収まるであろう。太王陵には、装飾馬具をはじめ、前段階と比較して格段に装飾

性の高い金銅製品が多く副葬される（図18-10）。そして、装飾馬具では心葉形杏葉や歩揺付菊形飾金具など、この時期以降の高句麗製馬具を特徴づける馬具が出土している（諫早2012a）。さらに太王陵では、他の高句麗墳墓と比較すると格段に多くの金工品に蹴彫が認められ、際立った特徴を示す。

　しかし、太王陵に次ぐ王陵と考えられる将軍塚には、ナメクリ打ちａの線彫Ａが施される金工品は出土するものの（図18-11）、太王陵と比較すると明らかに簡素な文様表現である。また、5世紀前葉頃に比定される万宝汀78号墓では龍文透彫鞍金具を含む金銅製馬具が2セット（図18-12）出土しているが、馬具は無文の製品が多数で、タガネ彫自体が少ない。太王陵以前の高句麗墳墓と同様の傾向を示す資料である。

　このように、集安の高句麗墳墓出土金工品で、蹴彫が多く施されるのは太王陵出土品のみである。そして太王陵に副葬される金工品の質、量は、他の王陵級墳墓と比較しても突出している。高句麗の墳墓は、王陵級墳墓の被葬者を文献史料に登場するどの人物に比定するのか、研究者によって見解が異なり、実年代観はまだ定まっていない。ただし、少なくとも4世紀から5世紀前葉の高句麗墳墓出土金工品群には、例外的な存在である太王陵を除外すると、蹴彫だけではなくタガネ彫自体が稀であることは確実であろう。また、中国東北部の三燕の領域及び朝鮮半島南部の金工品に通有にみられる波状列点文も、高句麗墳墓では極端に少ない。管見では、5世紀前半頃に比定される禹山540号墓（吉林省文物考古研究所2009）出土の帯金具が認められるのみである。さらに、金工品の材質に注目すると、高句麗は金銅製品が多く、三燕や朝鮮半島南部、日本列島で多く出土する鉄地金銅張製品がほとんど存在しない（吉林省文物考古研究所・集安市博物館2004、吉林省文物考古研究所2009）ことも特徴として挙げられる。したがって、中国大陸から朝鮮半島への、蹴彫を含む金工製品の加工技術及び鉄地金銅張製品の伝播は、高句麗経由の経路を完全には否定しないが、むしろ、中国東北部から朝鮮半島南部へのより直接的な伝播経路を想定すべきであろう。

　②百済

　百済は4世紀代半ばから後半に朝鮮半島南西部の京畿道、忠清道を勢力圏に置いた勢力で、各地の有力者の墳墓から東晋製の青磁、熨斗などが出土している。金銅製品はその次の段階の5世紀代に出現するが、冠帽、飾履、耳飾などの金工品は、当時の百済王権の本拠地である漢城の近辺では出土せず、多くは忠清南道で出土している。新規に勢力圏に加わり、王権の影響力がまだ限定的な地域に中央で製作した金工品を賜与したと考えられて

56

第3章 装飾馬具生産の開始と確立

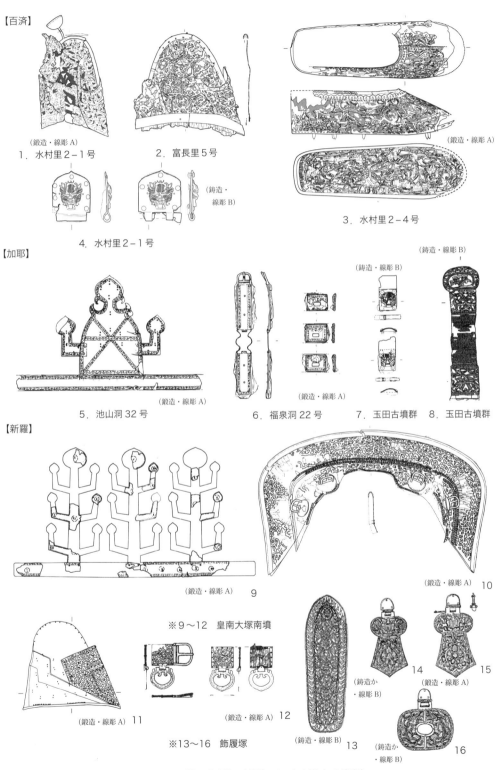

図19 百済・加耶・新羅における彫金の事例

いる（李 2011・姜 2011）。

　初期の資料として、公州水村里 2-1 号墓が挙げられる。金銅製冠帽（図 19-1）は龍文、火炎文が透彫され、透彫の内部では蹴彫が密に施され龍の体躯などが表現されている。次の段階には、公州水村里 2-4 号墓、瑞山富長里 5、6、8 号墳、高敞雁洞里古墳などが挙げられる。水村里 2-4 号墓は 2-1 号墓と同様に、冠帽には龍文、火炎文が透彫され、透彫の内部では蹴彫が施される。また、共伴する飾履にも龍文透彫および、蹴彫が施される（図 19-3）。富長里古墳群では 5 号墳に金銅製冠帽、6、8 号墳に金銅製飾履が副葬されていた（忠清南道歴史文化研究院 2008）。5 号墳金銅製冠帽（図 19-2）は亀甲紋透彫の内部に龍文、鳳凰文が透彫され、主文様の内部は蹴彫が密に施され、各区画の縁部に波状列点文が施される。

　百済では水村里 2-1 号墓で、これまで紹介した鍛造および蹴彫の金工品と成形技法を異にする、鋳造の金銅製獣文帯金具（図 19-4）が出土している。この種の帯金具は 5 世紀代の百済、そして加耶地域でも一定量出土する。すなわち、5 世紀後葉以前の百済の金工品には、鍛造成形－鍍金－蹴彫（線彫 A）、そして鋳造成形－ナメクリ打ち b（線彫 B）－鍍金の二系譜が共存するのである。

　上述のように、4 世紀後葉から 5 世紀代の百済では、装身具を中心に複雑な透彫、密な蹴彫が施され、高い彫金技術を必要とする金工品が製作される。また、三燕と共通する波状列点文、波状文を施す資料も一定量含まれ、蹴彫の波状列点文が百済で定着していたことが分かる。実年代観の整理は今後の資料の増加を待って改めて検討する必要があるが、370 年の前燕滅亡後に、前燕の金工品工人集団が百済に流入した可能性も想定し得る。

③加耶諸国

　加耶諸国では百済とほぼ同時期に金工品が登場するが、特に西部では、全般に百済と良く似た変遷過程をたどる。大加耶、多羅加耶の領域では、金工品の製作そのものに百済の影響が現れることが複数の研究者によって指摘されている（高田 2014 ほか）が、タガネ彫の手法でも当然のことながらよく似た様相を呈する。大加耶の王陵と考えられる高霊池山洞 30 号墳、32 号墳の金銅製冠（図 19-5）は、帯部、立飾部に線彫 A の蹴彫で波状列点文が施される。冠の形状は大加耶に特有のものだが、タガネ彫の導入には百済との密接な関係を考慮すべきであろう。また、東部の洛東江東岸河口部の金官加耶地域でも、釜山広域市福泉洞 1、11 号墳の金銅製冠、22 号墳の胡籙金具（図 19-6）には、線彫 A のナメクリ打ち a と蹴彫で、波状列点文が施されている。このように、加耶諸国の広い地域でタガネ

彫が共有され、線彫には蹴彫やナメクリ打ちaの線彫Aが専ら使用されていたことが分かる。

5世紀後葉になると、多羅加耶の王陵と考えられる陝川玉田古墳群では、鋳造の帯金具（図19-7）や、環頭を鋳造する金銅装龍鳳環頭大刀（図19-8）が副葬される。多羅加耶、大加耶一帯の龍鳳環頭大刀の登場は百済より遅れることから、百済の影響を強く受けていることが判明している（金2017）。日本列島でも出土するこの種の金銅製帯金具は、小林謙一（小林謙1982）が、蹴彫で波状列点文を多用する帯金具とは異なるもう一つの系譜として注目した資料群で、現在の研究状況では百済製または加耶製とされる（高田2014）。また玉田M3号墳の段階から出現する龍鳳環頭大刀は以降、加耶で製作が継続されるが、この段階での突如の出現について、千賀久（千賀2004）は475年に高句麗の攻撃によって百済が漢城を失った際に、工人集団が百済から亡命し、加耶に定着した可能性を示唆している。十分に成立可能な見解であろう。

④新羅

洛東江東岸の新羅の領域では、5世紀前葉に冠、帯金具などの金工品の副葬が開始されるが、本格的に多量の金工品が副葬されるのは、402年没の奈勿王または458年没の訥祇王の墳墓に比定される慶州市皇南大塚南墳からである。金銅装馬具の文様表現などから、5世紀中葉頃に比定する説が有力である。そして、同墳に副葬される金工品の多くには、蹴彫で波状列点文（図19-9〜12）が施されていた。特に金銅装馬具には、高句麗と共通する玉虫装飾が用いられる一方、タガネ彫については、百済、あるいは加耶諸国との交流が想定できる。新羅はこの時期まで高句麗との関係が強いが、一方で高句麗南下の圧力を受けており、433年に百済と同盟（いわゆる「羅済同盟」）を結んでいる。また、朴天秀（朴2007ほか）は、滋賀県新開1号墳出土馬具など、同時期の日本列島出土の金工品が新羅と共通することや、新羅の王陵に日本列島産の硬玉勾玉が副葬されることから、5世紀前葉から中葉の新羅地域と日本列島との積極的な交流を想定している。皇南大塚南墳の副葬品は、このような当時の新羅を取り巻く国際関係を端的に示すのである。

なお、5世紀末ごろに比定される慶州飾履塚では、金銅製飾履（図19-13）、楕円形鏡板付轡（図19-16）と、扁円魚尾形杏葉（図19-14・15）、鞍金具が共伴する。墳墓名の由来となっている優品の鋳造飾履は、主に百済で出土する型式である。扁円魚尾形杏葉は鋳造成形後に線彫Bのナメクリ打ちbあるいは毛彫が施される優品（図19-14）1点と、鍛造の平板な造りで線彫Aの蹴彫とナメクリ打ちaを施す製品（図19-15）4点が出土してい

る。より拙い技術で製作された後者は、前者の模倣製作品と位置づけられる（馬目 1980）。優品で鋳造成形、そして線彫Ｂが施される飾履、心葉形鏡板、扁円魚尾形杏葉は、飾履の型式も踏まえると、同時期にこの種の鋳造で線彫Ｂの金工品を生産可能な百済または加耶製の搬入品と考えられる。また、飾履塚では龍鳳環頭大刀も共伴するが、大加耶製とされる（金 2017）。

　飾履塚出土金工品が示すのは、新羅を取り巻く国際関係と当時の新羅の技術力である。新羅は百済、大加耶と交流を持続し、先進地である両地域から優品の金工品を入手できる環境であったが、一方で、自前では同等品を製作するような高度な技術力を有していなかったと推測できる。

　⑤小結

　日本列島の古墳時代中期から後期前葉に並行する時期に、朝鮮半島では、高句麗、百済、新羅及び加耶諸国が存在した。金工品および製作技術の導入は、中国の統一王朝、西晋の滅亡と中国大陸の王朝の分裂と混乱に端を発したもので、上述のとおり、各地域で特色ある展開を示す。ここで再度整理しておく。

　高句麗では、金工品製作技術について西に隣接する三燕の直接的影響を受けず、玉虫装飾の使用といった独自色の強い装飾技法を確立し、新羅の皇南大塚南墳副葬馬具や、後代の日本の玉虫厨子に影響を与えた。こうした独自性の高さは、高句麗が三燕の軍事的圧力を跳ね返し、さらに朝鮮半島を南下し百済を一時的に滅亡させるほどの強国であったことと、そして地理的にも、華北の動乱を逃れて移住する先進的な漢人集団を主体的に受け入れやすい環境であったことに起因するものと考えられる。金工品の製作技術を受動的に全て受容するのではなく、むしろ能動的な技術受容の取捨選択が想定されるのである。

　百済では、上述のとおり、５世紀初頭の段階から、鍛造－鍍金－蹴彫（線彫Ａ）と鋳造－毛彫またはナメクリ打ちｂ（線彫Ｂ）－鍍金という、金工品製作工程の２系譜が共存する。生産組織も二分されていたのであろう。波状列点文が前者の製品にだけ施文されることもその証左となるだろう。波状列点文の施文には三燕の影響が看取され、そして鋳造技法の採用には南朝との関係（藤井 2014）が推測される。宋書や日本書紀に記述されるように、南朝へ朝貢し、そして日本列島の倭国とも友好的な関係を保持し、多方面の勢力との外交バランスの中で国家を存続した百済の特性が反映されているのであろう。独自色の強い高句麗とは対照的である。

　加耶では、冠の型式などに独自性が認められるが、金工品製作技術については、蹴彫に

よる波状列点文の多用など、百済の強い影響を受けている。また、5世紀後葉には百済から伝来した鋳造技術による龍鳳環頭大刀の独自製作を遂行しており、技術力が向上していたことが分かる。

　朝鮮半島南東部に位置した新羅は、金銀などの金属資源に恵まれるが、一方で、地理的には中国大陸から遠く、軍事的にも5世紀前葉まで高句麗の影響下にあった。朝鮮半島に割拠した他の勢力より遅れ、5世紀中頃に入ってから百済あるいは加耶から彫金技術が伝来する。皇南大塚南墳では、高句麗の技術である玉虫装と百済、加耶伝来の波状列点文が施文された金銅装製品が共存して出土しており、この時期の新羅の対外関係を反映する資料と位置付けられる。ただし、新羅では、百済と加耶が保有した2系統の金工品製作技法のうち、鍛造－鍍金－蹴彫（線彫A）の技法のみが定着した。もう一つの系統である鋳造－毛彫またはナメクリb（線彫B）－鍍金の技法は伝播せず、あくまで百済あるいは加耶で製作された優品の鋳造製品が搬入され、王陵級の墳墓に副葬されるのみである。

　このように、タガネ彫が端的に示す当時の最先端技術である金工技術の導入及び発展は、朝鮮半島各地域で様相に差異がある。朝鮮半島では随一の強国であった高句麗では、中国大陸から彫金を施した製品が搬入されても彫金技法は定着しない。一方、国力の劣る百済では中国大陸由来の金工技術がそのまま定着、発展する。その過程で彫金技術も積極的に活用されるようになり、加耶及び新羅にも影響を与えるようになる。朝鮮半島では最も周縁的な位置にあたる新羅の金工技術の水準は、先進的な百済、加耶には劣る。

　そして、日本列島の倭の様相も新羅とよく似ている。蹴彫、ナメクリ打ちaといった線彫Aによる簡素な彫金と鍛造の金工品が定着するが、より複雑な文様表現や線彫Bを用いる鋳造の金工品は、自力では生産できない。したがって、各地域の金工技術力は、端的に表現すれば、東アジア世界の中心である中国大陸との政治的、地理的な距離を反映していることが分かる。

　また蹴彫の波状列点文は、中国東北部の三燕に端を発すると考えられるが、三燕の滅亡後は朝鮮半島南部の百済、加耶、新羅の各地域に定着し、存続する。そして、日本列島にも伝播する。ただし、各地域において独自の形態の金工品が製作され、そして重視される器種にも地域色がある。蹴彫の波状列点文を共通して使用することは技術体系の源流を共有しているとみなしうるが、工人集団の出自が完全に同一とはみなし難い。地域ごとに独立した工人集団による生産を推定するべきであろう。

第3節　まとめ

　本章第1節の検討から、第1期の日本列島は、中国大陸の三燕地域や朝鮮半島南部から金銅装馬具を直接搬入したか、もしくは列島内で製作したとしても、組織的な生産体制が確立していない段階であることを確認した（図20）。

　そして第2節で、古墳時代中期中葉に相当する第1期には、古墳の同一埋葬施設内に副葬される複数型式の金工品に、共通して蹴彫の波状列点文が施されることを確認した。実年代では5世紀初頭から前葉に相当する。この時期に至る東アジア世界では、316年の西晋の滅亡に端を発する五胡十六国時代の中国大陸の政治的混乱と社会全体の流動化を受けて、三燕または南朝の金工品製作技術が、5世紀初頭頃に百済を経由して加耶諸国、新羅まで伝播し、定着する。朝鮮半島南部の諸地域は、墓に副葬する金工品の組成に地域色があり、同一器種の金工品であっても地域によって形状に違いがある。諸地域の有力者の要請に応じて、地域ごとに異なる形態及び材質の金工品が生産されたのである。一方、多くの金工品に蹴彫の波状列点文が施されることは、各地域で共通する。同時期の日本で出土する金工品も三燕と朝鮮半島南部の影響を強く受けており、波状列点文を施す資料が多い。ただし、この時期の装飾馬具は貴金属の材質が不統一で、繋の幅も一定していない。

　古墳時代中期後葉に相当する第2期になると、日本列島の装飾馬具ではf字形鏡板付轡と剣菱形杏葉を中心とする馬装セットが確立する。第1期に存在した初期馬具とは異なる系譜の馬具で、百済または伽耶諸国に系譜が求められる（千賀1988）。ただし、当初の段階では、鋲の規格や部品の形状、そして馬具部品の素材は、同一馬装内でも不統一である（図20）。また、馬具が装着される繋の横幅も決して一定ではない。生産体制の整備途上の段階と評価できるだろう。こうした様相は、定型的な生産体制の確立に至らなかった第1期の初期馬具と似る。実際、第2期のf字形鏡板付轡と剣菱形杏葉出土例は、第3期以降と比較すると少数で、この時期の装飾馬具の供給量自体が少ないことが想定される。一方で、第2期には、合笵鋳造成形の青銅製鈴付馬具（内山1996・片山2016）や、鉄製内彎楕円形鏡板付轡を中心とする馬装も出現する。既往の研究では、馬具が副葬される古墳の墳形、規模から、金銅装f字形鏡板付轡と剣菱形杏葉が階層の最上位に位置し、青銅製鈴付馬具と、鉄製f字形鏡板付轡及び剣菱形杏葉が次の階層、さらに鉄製内彎楕円形鏡板付轡、といった順に、階層が下がることが判明している（植田1999・片山2016）。こうし

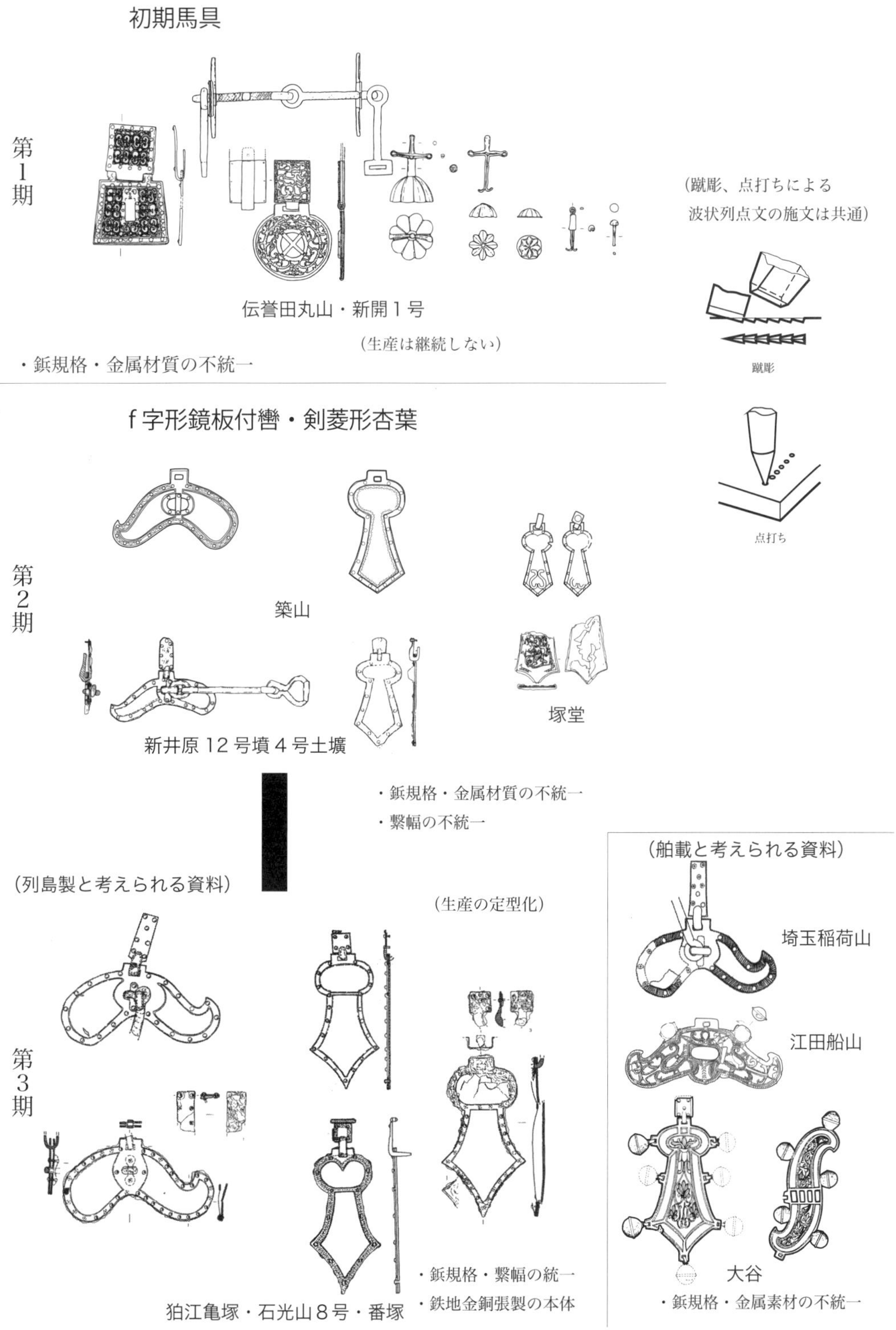

第3章　装飾馬具生産の開始と確立

初期馬具

第1期

（蹴彫、点打ちによる
波状列点文の施文は共通）

蹴彫

点打ち

伝誉田丸山・新開1号

（生産は継続しない）

・鋲規格・金属材質の不統一

f字形鏡板付轡・剣菱形杏葉

第2期

築山

塚堂

新井原12号墳4号土壙

・鋲規格・金属材質の不統一
・繋幅の不統一

（列島製と考えられる資料）

（生産の定型化）

（舶載と考えられる資料）

埼玉稲荷山

江田船山

第3期

狛江亀塚・石光山8号・番塚

・鋲規格・繋幅の統一
・鉄地金銅張製の本体

大谷

・鋲規格・金属素材の不統一

図20　第1～3期の装飾馬具生産体制の変遷

た馬具による階層差の明示は、見方を変えれば、各階層構成員からの馬具の需要が、絶対量は少ないとはいえ確実に存在し、そして、供給する倭王権の側が、賜与する馬具を対象者の階層に応じて選別していたことを示すのである。

　ところで、日本列島で生産されたことが確実な金工品は、日本独自の型式の甲冑である金銅装眉庇付冑と鋲留短甲、そして装飾馬具では f 字形鏡板付轡と剣菱形杏葉のセットである。北野耕平は、鋲留甲冑と装飾馬具との関係について、装飾馬具の鋲留手法の共通性より、装飾馬具から鋲留甲冑への鋲留技法の応用を想定した（北野 1963）。しかし、その後の研究の進展によって（高橋 1995、内山 1998、阪口 2008 など）、鋲留技法は朝鮮半島から日本列島に渡来した甲冑工人によってもたらされたとする見解が、現在は有力である。したがって、甲冑生産と馬具生産には、技術的には直接的な接点は見出し難い。

　ただしその一方で、装飾馬具生産組織が甲冑の生産に関与した可能性は指摘されている。内山敏行は、古墳時代中期後葉すなわち本書の第 2 期に、革を鋲で留める装飾馬具や胡籙金具の製作と似た工程をもつ短甲の鉄地金銅張蝶番金具の製作を、装飾馬具工人または胡籙工人が担当した可能性を指摘した（内山 2008）。また、鈴木一有は蝶番金具が短甲本体の製作工房から離れた場所で為され、その場所は馬具製作工房であった可能性が高いと解釈している（鈴木 2012）。第 2 期には装飾馬具は f 字形鏡板付轡と剣菱形杏葉のセットが登場し、列島での生産が開始される時期であるため、この時期に出現した装飾馬具生産組織が、甲冑生産にも部分的に関与した可能性はある。

　ただし、装飾馬具と甲冑との間では生産体制に大きな違いがあるのも確かであろう。というのも、金銅製品と鉄製品が併存する点で甲冑と装飾馬具は共通するが、金銅装製品の位置付けには違いが存在するのである。本書の第 1 期に相当する古墳時代中期中葉に登場する金銅装甲冑について、川畑純（川畑 2015）は、鋲留短甲と眉庇付冑では鉄製品が先に出現し、複数の系統が並立するなかでいくつかの特定系統のみ、後から金銅装製品が出現することを明らかにした。すなわち、既存の鉄製甲冑生産体制における一部の特定製作工房に、第 1 期並行期に後から金工工人が追加で参入し帰属したことが想定されるのである。ただし、眉庇付冑では、祇園大塚山古墳例（図 17-1）を含む葉文系 A 類の資料は全て金銅装だが、葉文系 A 類から派生する他の系統では、総鉄製と金銅装の製品が混在する。さらに、短甲においても、金銅装製品が含まれる方形 3 鋲、4 鋲の蝶番金具は、大部分の資料が鉄製で、一部に金銅装製品が含まれる程度の関与に留まっている。すなわち、甲冑における主体はあくまで鉄製品である。金銅装製品は鉄製品の供給先よりも高い階層に供

第3章 装飾馬具生産の開始と確立

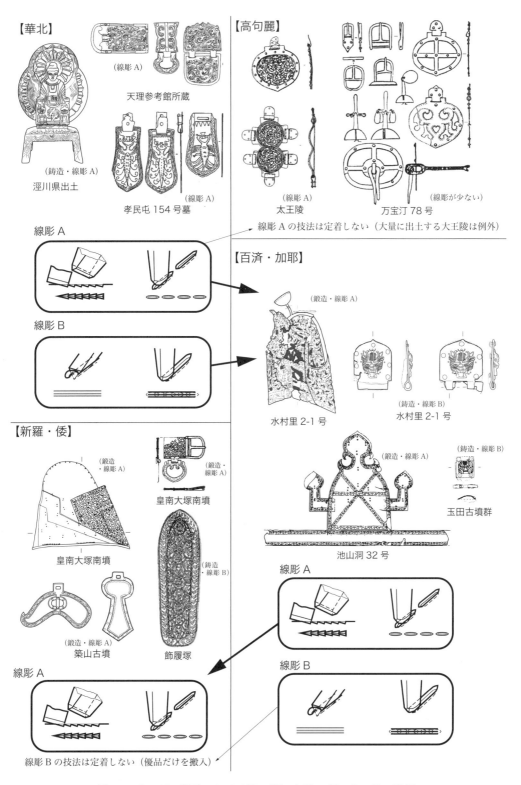

図21 東アジア世界における第1期から第3期の金工品の様相

給される特別な製品であるが、生産量は極めて少ない。一方で、装飾馬具では第2期に登場するf字形鏡板付轡と剣菱形杏葉は、鉄製品も存在するものの当初から金銅装製品を安定的に一定量製作し、そして第4期になると鉄製品が消滅し金銅装製品が主体となる。金銅装製品が特殊な位置づけのままだった甲冑生産の様相とは大きく異なる。

近畿中央部の中期古墳に大量に副葬される鉄製品の存在から、鉄製甲冑の眉庇付冑及び鋲留短甲については、セットの充実や保有量が階層性の表象であったと考えられる。そのため、総鉄製甲冑が大部分を占め、その上位型式として金銅装部品を付加した程度であった。一方、第2期に整備が開始される装飾馬具の生産体制では、金銅装f字形鏡板付轡、剣菱形杏葉と同時に鈴杏葉などの鋳銅馬具及び内彎楕円形鏡板付轡を中心とする鉄製馬具が登場し、当初から材質および形態差による階層差の表象が顕著である。したがって、甲冑と装飾馬具では、器物の性格の差に起因し、生産体制が大きく異なっていたと考えられる。そして、古墳時代中期を代表する器物である眉庇付冑と鋲留短甲は第3期を最後に生産が終了するのに対し、遅れて第2期に登場したf字形鏡板付轡と剣菱形杏葉のセットは第4期以降まで存続することとなる。

第3期になると、装飾馬具生産組織は大きな変化を迎える。第1節で述べたように、鋲規格は統一され、そして使用される部品の形状に一定の規則性が認められるようになる。さらに、鏡板と杏葉本体の材質に注目すると、第2期までは鉄地金銅張製と金銅製の部品が混在する状況にあったが、この時期以降、鉄地金銅張製に統一されるようになる。第2期と比較すると組織的な生産体制の確立が看取できる。ただし、鋲の素材では鉄地金銅被鋲と鉄地銀被鋲がまだ並存している。鉄地銀被鋲に統一されるのは次の第4期になってからである。また、奈良県石光山8号墳、熊本県塚坊主古墳のように、枠金に全周して蹴彫の波状列点文が施される資料が存在する。鏡板、杏葉の周縁部に波状列点文が施文される事例は第2期の岡山県築山古墳、第3期の茨城県三昧塚古墳（宮代2017・85m前方後円墳）にも認められるが、第4期に鋲を隙間なく打つ型式の鏡板、杏葉が主体を占めると、姿を消す装飾技法である。このように、第3期の装飾馬具は第2期と比べて出土例が増加することから、量産化の始まりと量産化を可能とする生産体制の整備が想定されるが、単一の製品にかける作業量の多さでは、まだ第2期以前の様相も残っている。

第3期までは、第2節で述べたように、装飾馬具や装飾付大刀の付属品等の複数形式の金工品に、蹴彫で波状列点文が施文される。金工品への波状列点文の施文は第1期から継続するが、例えば第2期の月岡古墳の例のように、同一主体部に副葬される複数の金工品

第3章　装飾馬具生産の開始と確立

に例外なく横断的に施される事例は第3期以降は次第に無くなる。朝鮮半島南部の、時期のやや下る事例と比較すると、武寧王陵（523年）では副葬された金工品に占めるタガネ彫の割合が低下しており、日本列島と同じ様相を呈する。ただし、武寧王陵の金工品は、前段階の漢城期の金工品と比較すると非常に簡素な形状に変わっており、新たな国家体制の構築を志向した百済における服飾制度の刷新を示す。対して、日本列島の金工品は、透彫文様の形骸化と金工品が出土する古墳の分布の拡大を考慮すると、量産化の圧力によって製作工程が省力化されタガネ彫が少なくなった、と解釈するほうが実状に近いであろう。

　このように、第3期は装飾馬具の生産組織が次第に整備され、そして金工品生産への省力化が始まる時期と位置付けられる。そして、古墳時代後期を通じて特徴的にみられる、日本列島独自の金銅製広帯二山式冠が登場することも示唆的である（中村潤1983）。古墳時代中期を代表した帯金式短甲、眉庇付冑、そして金銅製帯金具はまだこの段階には残っているが、同時に古墳時代後期を彩る新形式の金工品が登場し、金工品需要の高まりに応えるべく供給体制が整えられた時期でもある。

　一方、第3期に並行する時期の百済、加耶では龍鳳環頭大刀等の鋳造成形の金工品が生産される。そして両地域からの搬入品と考えられる鋳造金銅製帯金具が日本列島にも舶載されるが、列島では鋳造成形で線彫Bを施す金工品はまだ生産が開始されない。このような日本列島における金工品製作技術の後進性は、朝鮮半島南東部の新羅と全く同じ様相を示す。新羅でも、鍛造成形技法で線彫Aを施す金工品の生産だけが定着し、鋳造成形で線彫Bを施す金工品の組織的な生産は確認されていない。こうした日本列島と新羅の示す後発性は、先進地である中国大陸との地理的、政治的距離の遠さを反映しているのであろう。

　　註
（1）西堂古賀崎古墳出土資料は、中期末と後期後葉のf字形鏡板付轡が出土しているが、共伴する剣菱形杏葉は中期末に比定される。
（2）415年没の北燕馮素弗墓出土の金工品に蹴彫が一切確認されていない点を考慮すると、蹴彫を施した金工品の多い太王陵は馮素弗墓より一段階遡る可能性がある。

67

第4章　装飾馬具生産の展開

第1節　装飾馬具生産の拡大

　本章では、第4期から第6期の様相を検討する。実年代では概ね6世紀代に相当する期間である。

　第4期には、第3期に引き続き、ｆ字形鏡板付轡と剣菱形杏葉のセットが主体的であるが、新たに楕円形意匠の馬具のセットが加わるようになる。第2期から第3期にかけて、装飾馬具の頂点に位置したのはｆ字形鏡板付轡と剣菱形杏葉のセットだけであったため、第4期における新規意匠の登場は、装飾馬具生産体制に大きな影響を与えることになる。以下、第4期から第5期の様相を概観する。

（1）ｆ字形鏡板付轡と剣菱形杏葉のセット（表4・表5）

　第4期には、ｆ字形鏡板付轡と剣菱形杏葉の出土例はさらに増加するが、横穴式石室出土品が占める割合が高くなり、後世の追葬や盗掘等によって出土状況の乱れる事例が多くなるため、出土例が多い割には、馬装を復原できるような良好な出土例は少ない。鋲規格共有1類に分類できる資料として千葉県江子田金環塚古墳（47ｍ前方後円墳）、大阪府長原七ノ坪古墳（25ｍ前方後円墳）があり、1類になる可能性がある資料として岡山県四ツ塚1号墳（27ｍ円墳）、千葉県禅昌寺山古墳（約60ｍ前方後円墳）が挙げられる。このうち、江子田金環塚古墳（図22-1）はｆ字形鏡板付轡と鐘形杏葉を中心に構成されるセットであるが、この資料の鐘形杏葉は、後述する鐘形意匠の馬具とは内部の文様構成が一致せず、他に類例のない型式である。他の資料は全てｆ字形鏡板付轡と剣菱形杏葉がセットになっている。全て半球形鉄地銀被鋲ａ類が打たれ、鉄地銀張製責金具が装着される。なお、例外的に鋲規格共有2類の資料として、三重県井田川茶臼山古墳（規模不明前方後円墳）が挙げられる。

　第5期には、ｆ字形鏡板と剣菱形杏葉の大型化がさらに顕著となり、また、派生型式である子持ｆ字形鏡板付轡、子持剣菱形杏葉が新たに登場する。しかし、ｆ字形鏡板付轡

と剣菱形杏葉は、この時期以降、忽然と姿を消す。鋲規格共有1類の可能性のあるセットとして京都府物集女車塚古墳（45m前方後円墳・図22-2）があり、鋲規格共有パターン1類の確実な事例としては、京都府鹿谷5号墳（38m円墳または前方後円墳・表5）、子持f字形鏡板付轡、同剣菱形杏葉がセットになる福岡県寿命王塚古墳[1]（86m前方後円墳・図22-3）、静岡県崇信寺10号墳（22m円墳・図22-4）、大分県飛山7号横穴が挙げられる。鋲規格共有準1類として、子持f字形鏡板付轡と剣菱形杏葉がセットになる大阪府愛宕塚古墳（約25m円墳・表5）が挙げられる。

表4　f字形鏡板付轡と剣菱形杏葉のセット（第4期）

古墳名	鏡板				吊金具		杏葉				吊金具		辻金具		雲珠		飾金具		鋲規格
	型式	地板	枠文	鋲	金具	鋲	型式	地板	枠文	鋲	金具	鋲	金具	鋲	金具	鋲	金具	鋲	
大阪・七ノ坪	f字	鉄金		銀a	–	–	剣菱	鉄金		銀a	–	–	–	–	–	–	–	–	1類
静岡・甑塚	f字	鉄金		銀a	–	–													–
島根・めんぐろ	f字	鉄金		銀a															–
千葉・江子田金環塚	f字	鉄金		銀a	–	–	X字鑣	鉄金		銀a	鉄金	銀a	鉄金	銀a	鉄金	銀a			1類
千葉・禅昌寺山	f字	鉄金		銀a	鉄金	銀a													(1類)
三重・井田川茶臼山	f字	鉄金		銀a	鉄金	銀a	剣菱	鉄金		銀a			鉄金	銀a					2類

表5　f字形鏡板付轡と剣菱形杏葉のセット（第5期）

古墳名	鏡板				吊金具		杏葉				吊金具		辻金具		雲珠		飾金具		鋲規格
	型式	地板	枠文	鋲	金具	鋲	型式	地板	枠文	鋲	金具	鋲	金具	鋲	金具	鋲	金具	鋲	
京都・物集女車塚	f字	鉄金		銀a	–	–	剣菱	–	–	–	鉄金	銀a	–	–	–	–	–	–	(1類)
京都・鹿谷5号	f字	鉄金		銀a	–	–	剣菱	鉄金		銀a	–	–	鉄金	銀a	鉄金	銀a			1類
奈良・新沢178号	f字	鉄金		銀a	鉄金	銀a	剣菱	鉄金		銀a			鉄金	銀a	鉄金	銀a			1類
奈良・割塚	f字	鉄金		銀a															–
愛媛・経ヶ岡	f字	鉄金		銀a															1類
大分・飛山7号	f字	鉄金	銀	銀a	–	–	心葉	鉄金	銀	銀a	–	–	鉄金	銀a					–
岡山・中宮1号	f字	鉄金		–															–
大阪・青松塚	f字	鉄金		銀a	–	–	剣菱	鉄金											–
佐賀・潮見A	f字	鉄金		銀a															–
静岡・翁山6号	f字	鉄金		銀a	–	–	剣菱	鉄金		銀a									–
奈良・芝塚2号	f字	鉄金		銀a	–	–	剣菱	鉄金		銀a									–
静岡・大門大塚	f字	鉄金		銀a	–	–	剣菱	鉄金		銀a	–	–	鉄金						1類か
静岡・崇信寺10号	f字	鉄金		銀a	鉄金	銀a	鈴	–	–	–	–	–	鉄金	銀a					1類
群馬・藤岡市付近	f字	鉄金		銀a	鉄金	銀a	鐘	鉄金		銀a	–	–	鉄金	銀a					2類
佐賀・潮見B	f字	鉄金		銀a	–	–									鉄金	銀			–
福岡・寿命王塚	子持f字	鉄金		銀a	–	–	子持剣菱	鉄金		銀a	–	–	鉄金	銀a					1類
大阪・愛宕塚	子持f字	鉄金		銀a	–	–	子持剣菱	鉄金		銀a	–	–	鉄金	銀a			鉄金	銀a	準1類
福岡・沖ノ島7号	–	–					子持剣菱	鉄金		銀a			鉄金	銀a	鉄金	銀a	鉄金	銀a	
島根・上島	f字	鉄金		銀a	–	–		鉄金		銀a	–	–	鉄金	銀a	鉄金	銀a	–	–	準1類

第4章 装飾馬具生産の展開

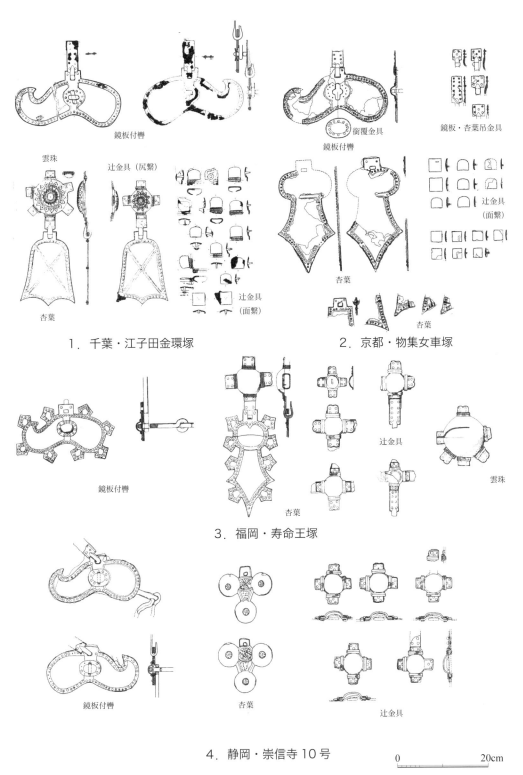

図22　f字形鏡板付轡と剣菱形杏葉のセット（第5期）

第4期になると、f字形鏡板付轡は鋲規格共有1類が主体となり、鋲も鉄地銀被鋲に統一される。生産体制のさらなる整備が想定される。f字形鏡板付轡と剣菱形杏葉は、第2期の登場から第5期まで生産が継続され、日本列島で生産される装飾馬具の中心的位置を占めるが、第5期以降は出土量が急激に減少する。

（2）楕円形意匠の馬具のセット（図23・表6・表7）

外形が楕円形を呈する馬具は古墳時代後期のほぼ全期間にわたって存在するが、ここで取り扱うのは、そのうち第4期から第6期まで存続し、楕円形の鏡板と杏葉が明確なセット関係を有する、十字文楕円形鏡板付轡と三葉文楕円形杏葉、忍冬文楕円形杏葉を中心とする馬装である。

楕円形意匠の馬具の出現期における良好なセットは、滋賀県鴨稲荷山古墳（約50m前方後円墳・図23-1）出土品である。楕円形鏡板、楕円形杏葉の本体には同規格の杏仁形の鉄地銀被鋲e類が打たれ、立聞部には半球形の鉄地銀被鋲a類が打たれる。対して、杏葉の吊金具と辻金具、雲珠に打たれる鋲は扁平な鉄地銀被鋲c類で、規格が異なる。鋲規格共有2類である。また、通常、この時期の鉢状辻金具、雲珠の脚金具は、杏葉と鏡板の吊金具の形態に呼応して方形となるが、この資料は、杏葉の吊金具が方形であるのに対し雲珠、辻金具の脚金具は半円形となり、統一されていない。さらに、枠金と地板に別々に金銅板が張られており、枠金と地板に金銅板一枚だけをまとめて被せる技法が定着したf字形鏡板付轡、剣菱形杏葉とは製作工程が異なる。以上の特徴から、日本列島内で定型的に生産された馬具とは考えがたい。陝川玉田古墳群などで類例が確認されていることから、朝鮮半島南部の加耶の製品であろう。ところで、片山健太郎（片山2016）は、鴨稲荷山古墳出土馬具の金具裏側に残存する繋の構造が同時期のf字形鏡板付轡と異なる型式であることを明らかにした。すなわち、繋も従来から存在するf字形鏡板付轡、剣菱形杏葉のセットとは、異なる材料調達ルートで生産された可能性が高いということになる。片山の見解も、筆者と同様にこの段階の楕円形意匠の馬具が独自の生産組織を有したことを示唆する。

なお、鴨稲荷山古墳以外にも、第4期の楕円形意匠のセット（表6）では、地板と枠金に別々に金銅張ないし銀張される馬具がこの時期には複数みられる。長野県竹原笹塚古墳（26m円墳・積石塚）出土馬具Aセットは地板と文様板に銀張が各々施され、長野県久保田1号墳（61m前方後円墳）は地板と文様板に金銅張が各々施される。この2資料も独特の

第 4 章　装飾馬具生産の展開

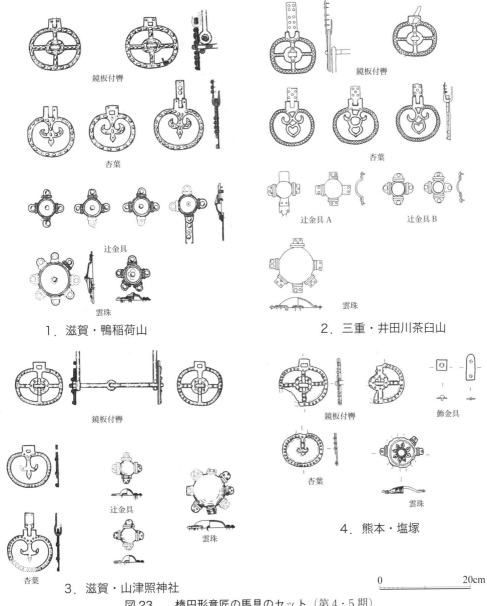

図23　楕円形意匠の馬具のセット（第4・5期）

文様や銀の多用、金銅張あるいは銀張の工程が二段階に及ぶことから、定型的に列島で生産された資料とはみなし難い。

　鴨稲荷山古墳にやや後出する三重県井田川茶臼山古墳出土馬具（図23-2）は、楕円形鏡板付轡、楕円形杏葉5点、辻金具8点（A類2点、B類6点）、雲珠1点からなる馬装である。半球形の鉄地銀被鋲 a 類が打たれるが、辻金具B類と雲珠の脚には他の馬具より鋲頭径の大きい、規格の異なる鋲が打たれ鋲規格共有2類に分類される。この資料は金銅板が地板には張られず枠金の装着後に全体を覆って1枚だけ張られる列島独自の技法によって

73

表6　楕円形意匠の馬具のセット（第4期）

古墳名	鏡板				吊金具		杏葉				吊金具		辻金具		雲珠		飾金具		鋲規格
	型式	地板	枠文	鋲	金具	鋲	型式	地板	枠文	鋲	金具	鋲	金具	鋲	金具	鋲	金具	鋲	
滋賀・鴨稲荷山	十字楕円	鉄金	鉄金	銀e	鉄金	銀e	三葉楕円	鉄金	鉄金	銀e	鉄金	銀a	鉄金	銀a	鉄金	銀a	–	–	2類
三重・井田川茶臼山	十字楕円	鉄金		銀a	鉄金	銀a	忍冬楕円	鉄金	–	銀a	鉄金	銀a	鉄金	銀a	鉄金	銀a	–	–	2類
長野・有明山	鉄製楕円	鉄		–	–	–	三葉楕円	鉄金	–	銀a	–	–	鉄金	銀a	鉄金	銀a	–	–	–
兵庫・園田大塚	十字楕円	鉄金		銀a	鉄金	銀a	三葉楕円	鉄金	–	銀a	–	銀a	鉄金	銀a	鉄金	銀a	–	–	–
長野・竹原笹塚A	十字楕円	銀	銀	銀a	–	–	楕円	銀	銀	銀a	–	–	(鉄金)	銀a	(鉄金)	銀a	–	–	–
長野・竹原笹塚B	十字楕円	鉄金	鉄金	銀a	–	–	楕円	鉄金	–	銀a	–	–	(鉄金)	銀a	(鉄金)	銀a	–	–	–
長野・久保田1号	内湾楕円	鉄金	鉄金	銀a	–	–	三葉楕円	鉄金	鉄金	銀a	–	–	–	–	–	–	–	–	–

装飾されることから、鴨稲荷山古墳出土資料とは異なり確実に列島製と考えられるが、鋲の規格は共有されていない。

　このほか、楕円形意匠の馬具は、鏡板付轡の引手が鏡板の内側に装着される独自の構造を持ち、ｆ字形鏡板付轡と剣菱形杏葉のセットに含まれる板状辻金具や環状雲珠とは組み合わされないという特徴を有する。このように、第4期段階の楕円形意匠の馬具は独自色が強く、既に定型化したｆ字形鏡板付轡と剣菱形杏葉のセットとは異なる生産組織が想定されよう。

　しかし、第5期になると、楕円形意匠の馬具は大きく変容する。この時期の鋲規格（表7）は、鋲規格共有1類が滋賀県山津照神社古墳出土馬具（46ｍ前方後円墳・図23-3）ほか滋賀県和田11号墳（約10ｍ円墳）、福岡県寿命王塚古墳、大阪府新芦屋古墳出土馬具（20ｍ方墳）の4例に及ぶ。対して、鋲規格共有準1類になる可能性があるのが大阪府梶原D-1号墳（25ｍ円墳）、熊本県塩塚古墳出土馬具（25ｍ円墳・図23-4）である。このうち、塩塚古墳例は雲珠の鉢部に蹴彫で花文が施文され、ｆ字形鏡板付轡と剣菱形杏葉のセット及び鐘形意匠の馬具のセットと共通する。ところで、岐阜県大牧1号墳出土馬具（38ｍ円墳）は鋲規格共有3類であるが、この資料は鉄製瓢形鏡板付轡と鉄地金銅張製楕円形杏葉という、通常では、セットにならない意匠の鏡板付轡と杏葉から構成されるセットである。すなわち、楕円形意匠の馬具でも特に、十字文楕円形鏡板付轡と三葉文楕円形杏葉のセットは、三繋馬具間で鋲規格が共有される例が多数を占めることが分かる。このセットは馬具工人間の緊密な連携下で生産されたことが推察される。

　以上、第4期から第5期の楕円形意匠の馬具の様相を概観した。楕円形意匠の馬具の出

表7 楕円形意匠の馬具のセット（第5期）

古墳名	鏡板				吊金具		杏葉				吊金具		辻金具		雲珠		飾金具		鋲規格
	型式	地板	枠文	鋲	金具	鋲	型式	地板	枠文	鋲	金具	鋲	金具	鋲	金具	鋲	金具	鋲	
埼玉・一夜塚	十字楕円	鉄金		銀a	–	–	三葉楕円	鉄金		–	–	–	–	–	–	–	–	–	–
静岡・三方原学園内	十字楕円	鉄金		銀a	–	–	–			–	–	–	–	–	–	–	–	–	–
静岡・吉影D3号	十字楕円	鉄金		銀a	鉄金	銀a	三葉楕円	鉄金		銀a	–	–	–	–	–	–	–	–	–
岡山・弥上	十字楕円	鉄金		銀a	–	–	三葉楕円	鉄金		銀a	–	–	–	–	鉄金	銀a	–	–	–
京都・物集女車塚	–							鉄金		銀a			鉄金	銀a	鉄金	銀a	–	–	–
大阪・新芦屋	十字楕円	鉄金		銀a	鉄金	銀a	三葉楕円	鉄金		銀a	鉄金	銀a	鉄金	銀a	鉄金	銀a	–	–	1類
熊本・塩塚	十字楕円	鉄金		銀a	鉄金	銀a	三葉楕円	鉄金		銀a	–	–	–	–	鉄金	銀a	–	–	準1類
福岡・寿命王塚	十字楕円	鉄金		銀a	鉄金	銀a	三葉楕円	鉄金		銀a	–	–	–	–	鉄金	銀a	–	–	1類
滋賀・山津照神社	十字楕円	鉄金		銀a	鉄金	銀a	三葉楕円	鉄金		銀a	鉄金	銀a	鉄金	銀a	鉄金	銀a	–	–	1類
滋賀・和田山11号	十字楕円	鉄金		銀a	鉄金	銀a	忍冬楕円	鉄金		銀a	鉄金	銀a	鉄金	銀a	鉄金	銀a	–	–	1類

現期である第4期の鴨稲荷山古墳出土馬具は、明らかに鋲規格の共有を意識せず3種類の鋲が用いられ、そして竹原笹塚古墳出土馬具では鉄地銀張製の鏡板及び杏葉が含まれるなど、ｆ字形鏡板付轡と剣菱形杏葉のセットとは異なる様相を示す。しかし、こうした事例は第4期に限定され、第5期にはみられなくなる。そして、第5期になると、ｆ字形鏡板及び剣菱形杏葉と同様に、金銅板一枚被せと規格の統一した半球形の鉄地銀被鋲ａ類が使用され、そして逆に楕円形意匠で用いられた鏡板の内側に引手を連接する技法（小野山1990）や、鉢状辻金具と同雲珠の使用が、第5期のｆ字形鏡板付轡、剣菱形杏葉のセットにも採用されるようになる。また、塩塚古墳出土馬具（図23）に伴う蹴彫とナメクリ打ちａ、すなわち線彫Ａで花文が施文される雲珠も、剣菱形杏葉や後述する鐘形杏葉を含むセットでも共通して使用される。したがって、第5期になると楕円形意匠の馬具のセットは、ｆ字形鏡板付轡、剣菱形杏葉のセットと同様の生産組織が構築され、そして新たに成立した生産組織は、既存のｆ字形鏡板付轡と剣菱形杏葉の生産組織と交流を有していた蓋然性が高い。

（3）鏡板と杏葉が通有の組み合わせではないセット（図24・表8）

第4期になると、装飾馬具の流通量の増加、意匠の多様化と呼応するかのように、馬装の中心となる鏡板と杏葉との意匠の対応関係が第3期以前と比べて弱くなり、前段階まで

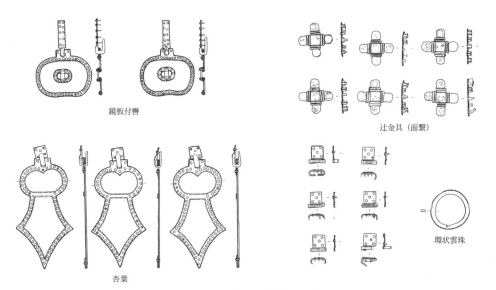

1. 奈良・巨勢山75号

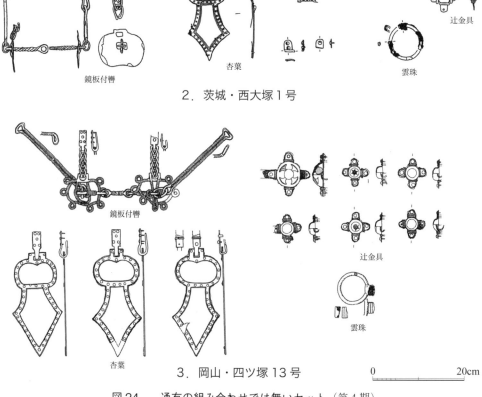

2. 茨城・西大塚1号

3. 岡山・四ツ塚13号

図24　通有の組み合わせでは無いセット（第4期）

第4章　装飾馬具生産の展開

表8　鏡板と杏葉が通有の組み合わせではないセット（第4期～第5期）

古墳名	鏡板				吊金具		杏葉				吊金具		辻金具		雲珠		飾金具		鋲規格
	型式	地板	枠文	鋲	金具	鋲	型式	地板	枠文	鋲	金具	鋲	金具	鋲	金具	鋲	金具	鋲	
奈良・巨勢山75号	内彎楕円	鉄金		銀a	鉄金	銀a	剣菱	鉄金		銀a	鉄金	銀a	鉄金	銀a	鉄金	銀a	–	–	1類
茨城・西大塚1号	内彎楕円	鉄		–	–	–	剣菱	鉄金		銀a	鉄金	銀a	鉄金	銀a	鉄金	銀a	–	–	準2類
岡山・四ツ塚13号	複環	鉄		–	–	–	剣菱	鉄金		銀a	鉄金	銀a	鉄金	銀a	鉄金	銀a	–	–	3類

存在が確認されていなかった組み合わせがみられるようになる。馬装を復原できる資料として以下の3例が確認できる。

奈良県巨勢山75号墳出土馬具（11m円墳・図24-1）は、鉄地金銅張製内彎楕円形鏡板付轡と組合式辻金具6点から面繋が構成され、環状雲珠と剣菱形杏葉3点から尻繋が構成される。組合式辻金具を除く、全ての三繋馬具に同じ規格の半球形の鉄地銀被鋲a類が打たれ、鋲規格共有1類に分類される。しかし、ここで注目されるのは、面繋を構成する馬具の金具幅と尻繋を構成する馬具の金具幅が明らかに異なることである。すなわち、面繋と尻繋で幅の異なる繋を用いることを示しており、面繋と尻繋とが別個に製作された可能性が高い。

茨城県西大塚1号墳出土馬具（規模不明円墳・図24-2）は鉄製内彎楕円形鏡板付轡、鉄地金銅張製剣菱形杏葉2点、組合式辻金具、環状雲珠、辻金具、爪形金具で構成される。環状雲珠、辻金具と剣菱形杏葉によって尻繋を構成すると考えられるが、馬具間では鋲の規格がほとんど共有されない。鋲規格共有準2類に相当する。

岡山県四ツ塚13号墳出土馬具（23m帆立貝式前方後円墳・図24-3）は鉄製複環式鏡板付轡、鉄地金銅張製剣菱形杏葉3点、辻金具6点、環状雲珠の可能性が高い馬具1点、鉸具2点からなる三繋がほぼ完全な状況で検出されている。複環式鏡板付轡の吊金具は、左右で鋲数が異なり、その規格も異なる。剣菱形杏葉も同様に鋲数が異なる吊金具があり、鋲規格が異なる。辻金具、雲珠、鉸具に用いられる鋲の規格は一定するが、鏡板、杏葉の吊金具に用いられる鋲は別規格であり、鋲規格共有準2類に分類される。

第4期になると、装飾馬具の馬装全体が華美化し、第3期まで多くみられた板状辻金具、環状雲珠に加えて鉢状の雲珠及び辻金具が出現し、特に尻繋構成馬具に多く用いられるようになる。そして、鉢状雲珠、辻金具にも装飾が施される例（例えば図22-1）や、尻繋に吊られる杏葉の数が3枚から5枚へと増えるセットもみられる。そして、鉄製馬具を含む馬具全体の流通量も増加する。生産、流通量の増加の反面、第3期まで存在したf字

形鏡板付轡と剣菱形杏葉の厳密なセット関係は崩れる傾向があり、内彎楕円形鏡板付轡と剣菱形杏葉のセットなどがみられるようになる。ただし、上述のとおり、ｆ字形鏡板付轡と剣菱形杏葉、そして楕円形意匠の鏡板付轡と杏葉が組み合わされる場合、面繋と尻繋で鋲頭の規格が共有される例が多数である。

　一方で、本来、強固なセット関係を構成しない意匠の鏡板と杏葉が、何らかの要因で組み合わされ馬装を構成する場合、同一セット内で使用される鋲の規格は一致しない。または、繋に装着される金具の横幅が鏡板と杏葉、その他の金具で一致せず、面繋と尻繋が別個に供給された蓋然性が高い。なお、内彎楕円形鏡板付轡は、本来ｆ字形鏡板付轡よりも階層が下位に属し、杏葉を装着しない馬装（白澤1999）であるが、植田隆司（植田1999）によると、この種の轡の中では、特定の型式に剣菱形杏葉を伴うものがある。面繋と尻繋は製作後の使用段階に、使用者によって組み合わせが変えられた可能性もあるが、鏡板付轡が特定の型式に限定されることから、当初から組み合わされることを前提に製作された可能性もある。ただし、巨勢山75号墳、西大塚1号墳もこの形態の轡ではあるが、前者は面繋と尻繋の金具幅が対応せず、後者は鋲規格が三繋内で共有されていない。内彎楕円形鏡板付轡を中心とする面繋の馬具を製作する工人と、剣菱形杏葉を中心とする尻繋の馬具を製作する工人が緊密な意思疎通や部品共有の関係を持たない状態で、個別に馬具を製作する状況が看取できよう。このような現象は、ｆ字形鏡板付轡と剣菱形杏葉のような通有の組み合わせにはみられない。したがって、強固なセット関係を形成しない鏡付轡と杏葉は、たとえ変則的に組み合わされたとしても、製作者間や馬具製作工房間の関係が希薄であるために、金属素材、有機質素材の調達方法や製作方法に関する情報伝達に差異が生じ、その結果が部品同士の不統一性に反映されたと評価できるのである。

（4）鐘形意匠の馬具のセット（図25・表9）

　第5期に新たに登場する鐘形意匠の馬具は、小野山節の定義（小野山1979）によると同意匠の鐘形鏡板付轡と鐘形杏葉が1セットとなる、斜格子文ないしその変形と認められる文様をもつものに限定される。

　第5期の出現期の鐘形鏡板付轡と鐘形杏葉のセット（図25）は、滋賀県甲山古墳（約30ｍ円墳）、大阪府南塚古墳（約50ｍ前方後円墳）、愛媛県川上神社古墳（40ｍ方墳）から出土している。3資料は、鏡板もしくは杏葉が地板と文様板で別々に金銅張が施されることから、古相と判断されるが、この中では、特に甲山古墳が列島で出土する初期の資料と

第4章　装飾馬具生産の展開

考えられ、他の二例が後続する。

　甲山古墳出土馬具（図25-1）は、鐘形鏡板付轡を中心とするセットで、杏葉は出土していない。鏡板本体に打たれるのは花形の鋲d類で、鏡板吊金具および飾金具に打たれる半球形鋲a類と異なるため、鋲規格共有2類に分類される。また、甲塚古墳の鏡板吊金具および飾金具の材質は金銅製であるが、鏡板本体は鉄地金銅張製である。この貴金属使用の不統一は、同時期のf字形鏡板付轡等の他の意匠の装飾馬具だけでなく、次の段階の鐘形鏡板付轡、同杏葉とも異なる。これに続く南塚古墳出土馬具（図25-2）は、出土状況が不明であるが、鐘形鏡板付轡、大型鐘形杏葉、小型鐘形杏葉、脚付花文円形飾金具等から構成される可能性が高い。少なくとも3種類の規格の鋲が用いられている。愛媛県川上神社古墳は飛鳥時代の方墳だが、横穴式石室から出土した馬具（図25-3）は、金銅板一枚被せの鐘形鏡板付轡が、形態と構造から第7期に比定されるのに対し、鐘形杏葉は文様板と地板に個別に金銅板が張られるなど古相を呈し、第5期に比定される資料である。1セット内の馬具間に時期差が存在し、副葬される古墳の時期はさらに下る資料である。鋲規格に注目すると、杏葉の吊金具の半球形鋲と、辻金具、雲珠の脚金具に打たれる半球形鋲の鋲頭径は近似し、規格が共有される。宮代栄一の編年（宮代1993）によると、帯の固定に責金具2本を装着する鉢状の辻金具と雲珠は第7期までに姿を消すことから、尻繋の辻金具、雲珠も杏葉と共に第5期に製作され、伝世された可能性が高い。換言すれば、尻繋そのものが伝世されたと解釈できる。鋲規格は鏡板と杏葉の本体では一致するが、杏葉吊金具と辻金具、そして雲珠に打たれる鋲の頭径は鏡板、杏葉本体に打たれる鋲の頭径と明らかに異なり、鋲規格共有2類に分類される。

　この3例は鐘形意匠の馬具の列島における出現期の資料であるが、鋲規格は不統一で、最も古い甲山古墳出土馬具は、貴金属の使用方法でさえ他の意匠の装飾馬具と大きく異なっている。第4期における楕円形意匠の馬具の出現期段階の資料と同じく、非定型的な製作環境が想定される。

　ただし、楕円形意匠の杏葉がf字形鏡板付轡とセットとならないのとは対照的に、伝群馬県藤岡市馬具（図25-4）では、f字形鏡板付轡と鐘形杏葉がセットとなる。同資料は、鐘形杏葉に金銅板が一枚だけ被せられることから、出現期よりはやや時期が下るようで、定型的な生産段階の資料と考えられる。f字形鏡板付轡、鐘形杏葉と各々の鉤金具には、ほぼ同径の鉄地銀被半球形鋲a類が打たれるが、辻金具、無脚雲珠の鉄地銀被半球形鋲a類は径が大きく、馬具の種類ごとに頭径の異なる鋲を使用している。意匠の異なる鏡板

79

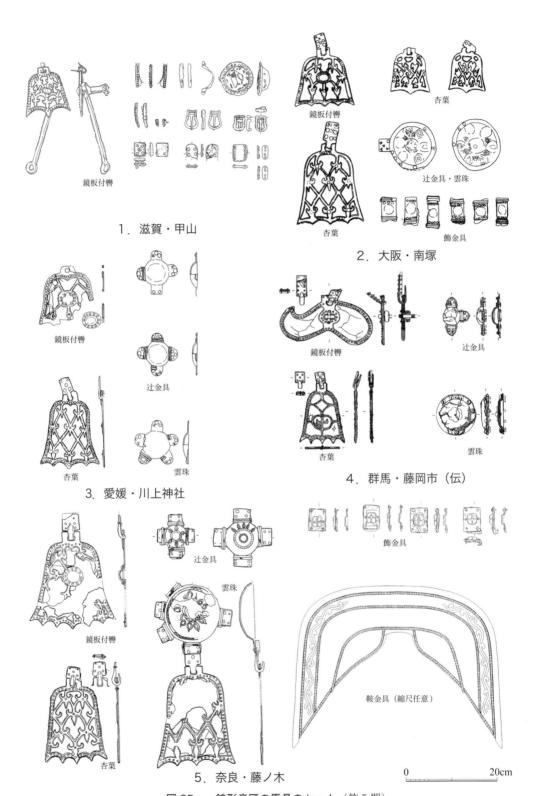

図25　鐘形意匠の馬具のセット（第5期）

表9　鐘形意匠の馬具のセット（第5期）

古墳名	鏡板				吊金具		杏葉				吊金具		辻金具		雲珠		飾金具		鋲規格
	型式	地板	枠文	鋲	金具	鋲	型式	地板	枠文	鋲	金具	鋲	金具	鋲	金具	鋲	金具	鋲	
滋賀・甲山	鐘形	鉄金	鉄金	金銅a,d	金銅	金銅a	–				–		–		–		不明	銀a	2類
大阪・南塚	鐘形	鉄金	鉄金	銀a	鉄金	銀a	鐘形	鉄金	鉄金	銀a	鉄金	銀a	鉄金	銀a	鉄金	銀a	鉄金	銀a	3類
大阪・山畑33号	鐘形	–	–	–	–	–	鐘形	鉄金		銀a	–		–		–		–		
福井・丸山塚	–	–	–	–	–	–	鐘形	鉄金		銀a	–		–		–		–		
群馬・伝藤岡市出土	f字	鉄金		銀a	鉄金	銀a	鐘形	鉄金		銀a	鉄金	銀a	鉄金	銀a	鉄金	銀a	鉄金	銀a	2類
愛媛・川上神社	鐘形	鉄金	鉄金	銀a	鉄金	銀a	鐘形	鉄金		銀a	鉄金	銀a	鉄金	銀a	鉄金	銀a	–		2類
奈良・藤ノ木	鐘形	鉄金		銀a	鉄金	銀a	鐘形	鉄金		銀a	鉄金	銀a	鉄金	銀a	鉄金	銀a	鉄金	銀a	1類

付轡と杏葉が組み合わされたために鋲頭径が統一されていない可能性がある。

　第5期から第6期にかけて、鐘形意匠の馬具の生産体制は次第に変化する。藤ノ木古墳（約48m円墳・図25-5）からは馬具が数セット出土しているが、そのうち鐘形意匠の馬具のセットは、鐘形鏡板付轡と大型、小型鐘形杏葉を中心に構成される。辻金具は鉢部に連続珠文、波状列点文、そして花文が同心円上に配置される点で雲珠と共通する。鏡板と杏葉は金銅板一枚被せで、同径の半球形鉄地銀被鋲a類が打たれ鋲規格共有1類に分類できる。この資料は花文付辻金具と雲珠がセットになる点で、同時期のf字形鏡板付轡など他の意匠の馬具と共通する。

　鐘形意匠の馬具は、鐘形鏡板付轡と鐘形杏葉が組み合わされて単一の馬装を形成することは少なく、逆に他の意匠の鏡板付轡と鐘形杏葉が組み合わされる例が比較的多い。ただし、出現期の甲山古墳例と南塚古墳例や、時期の異なる鏡板と杏葉が組み合わされる川上神社古墳例を除き、藤ノ木古墳例以降は、鐘形鏡板付轡と鐘形杏葉のセットには鋲規格の共有関係が明確に成立するようになる。そして一方で、伝群馬県藤岡市出土例のように、他の鏡板と鐘形杏葉が組み合わされた場合は、鋲の不一致が生じる。すなわち、セット関係が崩されて製作、使用されることはあったにせよ、鐘形鏡板付轡と同杏葉の組合せが本来的なセットとして認識され、製作されていたと推定できる。また、鐘形意匠の馬具の特徴は、鏡板と衔先環の連結部分に半球状覆金具を装着することである。この特徴は早い段階の南塚古墳例に既に認められる（図25-2）が、同時期の第5期のf字形鏡板付轡（図22-2・3）、十字文楕円形鏡板付轡にも同種の金具が装着されるようになることから、各意匠の馬具を製作した工人集団間の関係の近さが想定される。

（5）小結

　第4期から第5期の装飾馬具の特徴は、第3期まで多く確認された金銅装鋲の利用がほ
ぼ終了し、代わって鉄地銀被鋲が主流となることである。そして、強固なセット関係を形
成するf字形鏡板付轡と剣菱形杏葉は、鉄地金銅張の鏡板、杏葉、辻金具、雲珠の本体に
鉄地銀被鋲、鉄地銀張責金具を組み合わせて使用される。楕円形意匠の馬具についても同
様で、出現期の鴨稲荷山古墳を含め、ほぼ一貫して鉄地金銅張製馬具本体と鉄地銀被鋲、
同責金具の組み合わせがみられる。第4期以降のA群馬具に、鉄地銀被鋲の使用が普及し
た理由を考える上で示唆的なのは、朝鮮半島南部における馬具との対比である。朝鮮半島
南部で装飾馬具の副葬が盛んな地域は新羅、加耶である。新羅では、金銅装と銀装の部品
から構成される馬具の副葬は、王陵級の墳墓にみられるが、日本列島において斉一的に
みられるような、鉄地金銅張製の馬具本体に鉄地銀被鋲を組み合わせる例は存在しない。
一方、加耶では日本と同様の金銅、銀の利用区分が、同時期の大加耶中心部の池山洞44
号墳出土馬具（慶北大学校博物館2009・内山2009）に認められる。すなわち、第4期に普
遍化する、鉄地金銅張製馬具と繁打される鉄地銀被鋲の組み合わせは、加耶の影響を受け
て馬具の生産体制が整備された日本列島で開始されたと考えられる。この種の貴金属使用
が加耶もしくは百済に系譜が求められるA群馬具に通有に認められることも、この見解を
補強する。

　そして、装飾馬具の鋲の規格の共有も、この時期のA群馬具にみられる共通の現象であ
る。前章で述べたとおり、f字形鏡板付轡と剣菱形杏葉の出現期である第2期には、鋲規
格の不一致がみられた。この現象は、楕円形意匠の馬具と鐘形意匠の馬具の出現期にも同
様に認められる。したがって、新規意匠の馬具の導入段階における、生産組織の非定型性
を示す現象と考えられる。そして、その次の段階、すなわち日本列島で定着し定型的な生
産組織が整備され装飾馬具が量産される段階には、各意匠に共通して、鋲規格が共有され
るようになる。一方、別意匠の鏡板と杏葉が組み合わされる場合は、鋲規格が共有され
ず、また、面繋を構成する馬具と尻繋を構成する馬具で、繋に固定される金具の横幅が一
致しない例が多いことが判明した。このような組成のセットは、出土例が少なからず認め
られるとはいえ、組織的な装飾馬具生産体制から外れた状況下で製作された馬装であるこ
とが推測される。鋲頭の規格の不一致は個々の馬具の製作から最終的な馬装の完成に至る
まで同一規格の鋲が安定的に供給されていないことを示し、また、面繋と尻繋との金具幅

の不一致は、繋がそれぞれ別の経路から入手されたことを示唆するからである。

　また、この時期の装飾馬具は、鋲頭直径約2〜5mmの半球形の鉄地銀被鋲a類を「繁打」することも共通する。金色の本体に銀色の鋲を多数打ち込むことで、色調のコントラストが際立つこととなる。この生産上の規範は、第4期のf字形鏡板付轡と剣菱形杏葉のセットに先行してみられる。第4期に出現する楕円形意匠の馬具、そして第5期に出現する鐘形意匠の馬具も、出現期から一段階あとの定型的な生産段階に移行すると、この規範を共有するようになる。

　第4期から第5期には、装飾馬具生産における鏡板と杏葉の数量増加と大型化、そして鋲の繁打の一般化によって、馬具1セットに使用される鋲の数量は優に数千個を数える。すなわち金銅装馬具の生産及び流通量増加の反面で、馬具に打たれる鋲の量は飛躍的に増加することとなる。さらに、鋲は全て鉄地銀被鋲となる。装飾に用いる貴金属素材、そして馬具本体を構成する鉄素材の安定した供給が見込まれないと、こうした装飾馬具生産における規範は成立しがたい。

　第1期から第5期に並行する時期の古墳造営の動向と比較すると、装飾馬具生産が未だ定型化されていない第1、2期に該当する古墳時代中期中葉から中期後葉まで、列島の各地域には近畿地方中央部と遜色のない大型古墳が築造されたが、装飾馬具が定型化する第3期以降に該当する古墳時代後期になると、近畿地方中央部の前方後円墳の規模が隔絶して突出するようになり、倭王権のさらなる強大化が想定される。朝鮮半島南部から引き続き装飾馬具生産組織に供給された貴金属及び鉄資源も、近畿地方中央部の王権が一元的に確保したのであろう。こうした動向を背景にして、第3期から第4期にかけて定型的な装飾馬具生産体制が確立したと想定される。そして、最初に生産組織が完成したのは第2期から存続するf字形鏡板付轡と剣菱形杏葉のセットを生産した組織であったこともまた確かである。他の新出意匠の馬具が列島での生産組織を確定する過程は、f字形鏡板付轡と剣菱形杏葉のセットが経た過程を後から追随するものであった。

第2節　A群馬具とB群馬具の並立

　第5期から第6期にかけて、装飾馬具生産の様相は大きく変化する。棘葉形意匠、心葉形意匠、花形意匠等の複数系統の馬具が新たに登場するが、一方で第6期を最後に、楕円形意匠の馬具、そして第2期以来存続したf字形鏡板付轡と剣菱形杏葉のセットが姿を消

す。このように、多くの意匠の馬具が盛衰を示しながら並立するのが、第5期から第6期にかけての特徴である。

装飾馬具の各意匠の系統は、大きく二分される。第一の系統は、f字形鏡板付轡と剣菱形杏葉、楕円形意匠、鐘形意匠、十字文透心葉形鏡板付轡、花形意匠、車輪文・放射文意匠の馬具のセットから構成される。大加耶、百済、あるいは日本列島などに系譜が求められるA群馬具である。第二の系統は、棘葉形杏葉を中心とするセット及び心葉形意匠の馬具のセットから構成され、新羅と加耶に系譜が求められるB群馬具である。

A群馬具とB群馬具の生産組織のありようは大きく異なる。まずは、A群馬具から取り上げる。なお、福岡県西堂古賀崎古墳出土馬具のように、この時期までf字形鏡板付轡と剣菱形杏葉のセットの生産が継続した可能性はあるが、事例が極めて少ないため、確実に生産が継続する鐘形意匠等の馬具を取り上げることとする。

(1) 鐘形意匠の馬具のセット（図26・表10）

A群馬具である鐘形意匠の馬具は、前段階と比べると文様表現が退化するが、生産は継続される。第6期の奈良県三里古墳出土馬具（22m円墳または35m前方後円墳・図26）は鏡形鏡板付轡、鐘形杏葉、辻金具、雲珠からなる馬装が復元でき、ほぼ完全な三繋馬具が

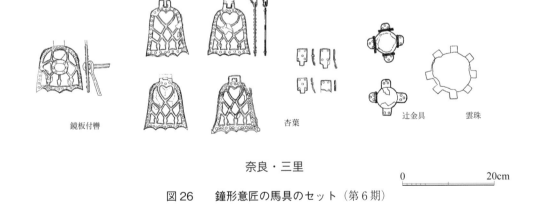

奈良・三里

図26　鐘形意匠の馬具のセット（第6期）

表10　鐘形意匠の馬具のセット（第6期）

古墳名	鏡板					吊金具		杏葉					吊金具		辻金具		雲珠		飾金具		鋲規格
	型式	地板	枠文	鋲	金具	鋲	型式	地板	枠文	鋲	金具	鋲	金具	鋲	金具	鋲	金具	鋲	
埼玉・伝宮西塚	鐘形	鉄金		銀a	金具	銀a	−	−		−	−	−	−	−	−	−	−	−	−
奈良・三里	鐘形	鉄金		銀a	金具	銀a	鐘形	鉄金		銀a	金具	銀a	−	−	鉄金		−	−	1類
神奈川・室ノ木	鐘形	鉄金		銀a	−	−	−	−		−	−	−	−	−	−	−	−	−	−

遺存する。鉄地銀被半球形鋲 a 類の規格が共有され、鋲規格は1類に分類される。同時期の資料は、ほかには埼玉県伝宮西塚古墳（規模不明）、神奈川県室ノ木古墳（約 30m 円墳）出土馬具が挙げられる。鋲規格を復元できるような資料ではないが、鉄地金銅張製本体に鉄地銀被鋲が打たれる点で、同時期のA群馬具と共通している。

（2）十字文透心葉形鏡板付轡を中心とするセット（図 27・表 11）

十字文透心葉形鏡板付轡は鉄製地板と金銅板を被せた文様板が同形であり、中央の十字文と縁の間隙が空白になる鏡板である。第6期から第7期までの比較的短い期間に存続する型式で、松尾充晶の詳細な編年案（松尾 1999）がある。松尾の編年案に従い、馬装のセット関係が明らかである資料を検討する。

第6期における十字文透心葉形鏡板付轡出現期の資料として、奈良県三里古墳出土資料（図 27）が挙げられる。十字文心葉形鏡板付轡、辻金具4点、雲珠1点からなる。辻金具と雲珠は製作技法が類似する。心葉形鏡板と衝覆金具には鉄地銀被花形鋲 d 類が打たれるのに対し辻金具、雲珠には、鉄地銀被紡錘形鋲 b 類が打たれ、鋲規格共有2類に分類される。

ところで、「心葉形意匠」の馬具は外形が心葉形であることだけが共通し、文様構成、

図 27　十字文心葉形鏡板付轡を中心とする馬具のセット（第6期）

表 11　十字文透心葉形鏡板付轡を中心とするセット（第6期）

古墳名	鏡板					吊金具		杏葉					吊金具		辻金具		雲珠		飾金具		鋲規格
	型式	地板	枠文	鋲	金具	鋲	型式	地板	枠文	鋲	金具	鋲	金具	鋲	金具	鋲	金具	鋲	
三里	十字透心葉	鉄金	鉄金	銀 d	−	−	−	−	−	−	−	−	鉄金	銀 b	鉄金	銀 b	−	−	2類

あるいはセット関係は単独の系統ではない。したがって、必ずしもこれら全ての系統を同一の系譜上には扱えないが、第6期に外形が心葉形の馬具が一斉に盛行することは特筆される。十字文心葉形透鏡板付轡は、鏡板及び杏葉に装着される吊金具の形状からA群馬具に分類される。

（3）放射文・車輪文意匠の馬具のセット（図28・表12）

第6期から出現する意匠の馬具である。出現期の資料として、千葉県城山1号墳出土馬具（68m前方後円墳・図28-1・表12）が挙げられる。鏡板1点、杏葉3点、辻金具2点、雲珠1点が確認されている。鏡板及び杏葉本体の鋲と、鏡板及び杏葉の吊金具、辻金具、雲珠の鋲の規格が異なり、2類に分類される。また、貴金属素材を検討すると、鏡板及び杏葉本体の鋲が鉄地金銅被鋲a類であるのに対し、吊金具、辻金具、雲珠に打たれる鋲は鉄地銀被鋲b類である。鋲を製作した工人が、鏡板、杏葉と、繋で異なる可能性が高い。

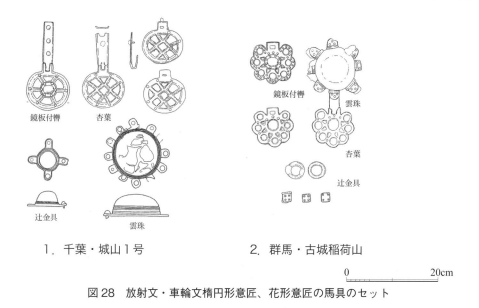

1．千葉・城山1号　　　　　2．群馬・古城稲荷山

図28　放射文・車輪文楕円形意匠、花形意匠の馬具のセット

表12　放射文・車輪文意匠の馬具のセット（第6期）

古墳名	鏡板				吊金具		杏葉				吊金具		辻金具		雲珠		飾金具		鋲規格
	型式	地板	枠文	鋲	金具	鋲	型式	地板	枠文	鋲	金具	鋲	金具	鋲	金具	鋲	金具	鋲	
千葉・城山1号	車輪楕円	鉄金		鉄金a	鉄金	銀b	斜格子楕円	鉄金		鉄金a	鉄金	銀b	鉄金	銀b	鉄金	銀b	－	－	2類

表13　花形意匠のセット（第6期）

古墳名	鏡板				吊金具		杏葉				吊金具		辻金具		雲珠		飾金具		鋲規格
	型式	地板	枠文	鋲	金具	鋲	型式	地板	枠文	鋲	金具	鋲	金具	鋲	金具	鋲	金具	鋲	
群馬・古城稲荷山	－	－	－	－	－	－	花形	鉄金		銀a	鉄金	銀a	鉄金	銀a	鉄金	銀a	－	－	

第 4 章　装飾馬具生産の展開

（4）花形意匠の馬具のセット（図 28・表 13）

　花形意匠の馬具は第 6 期に登場し、小野山節（小野山 1983）が仏像光背との関係を想定した意匠の馬具である。桃崎祐輔（桃崎 2002）と花谷浩（花谷 2012）の集成で 32 例が知られ、第 8 期までの資料が確認されている。

　花形意匠の馬具の出現期の資料は、第 6 期に比定される、群馬県古城稲荷山古墳（55m前方後円墳・図 28-2・表 13）が古くから知られる。花形鏡板付轡 1 点、花形杏葉 3 点から構成される。鏡板本体及び衛覆金具、杏葉本体に打たれる鉄地銀被半球形鋲 a 類は規格が等しく、鋲規格共有 1 類に分類される可能性がある。ただし、鏡板と杏葉は鋲の配置が異なり、鏡板の鋲は密に打たれるが、杏葉の鋲の間隔は疎らである。

　花形意匠の馬具は、古城稲荷山古墳の資料の特徴から、A 群馬具に分類される。同資料の鏡板には、第 5 期の A 群馬具と共通する半球形衛覆金具が装着される。また、馬具本体に打たれる鋲の頭は、他の A 群馬具と同様に銀被である。そして、杏葉が垂下される雲珠の型式は宮代栄一の分類で偏在配置扁平無稜鉢系（宮代 1996a）に区分される。この型式の雲珠と組み合う杏葉は、他の例では剣菱形杏葉と組み合わされる奈良県珠城山 1 号墳や、楕円形杏葉または剣菱形杏葉と組み合わされる三重県井田川茶臼山古墳、さらに鐘形杏葉と組み合わされる岡山県岩田 1 号墳が挙げられ、いずれも A 群馬具である。そして、偏在配置扁平無稜鉢系雲珠は、B 群馬具とは組み合わされない型式の雲珠である。したがって、花形意匠の馬具は A 群馬具に分類できる。

　なお、花形意匠の馬具は、現在のところ朝鮮半島に類例の無い資料であるため、列島内で考案された可能性がある。出現期の資料の鋲規格が一定していることも、これまで紹介した他の意匠の馬具とは異なっている。

（5）棘葉形杏葉を中心とするセット（図 29・表 14）

　棘葉形意匠の馬具は、第 5 期から第 8 期に至るまで、長期間にわたって存続する B 群馬具である。桃崎祐輔の詳細な集成と研究成果（桃崎 2001・2002・2004・2012）があり、仏教意匠との関連性の考察など射程の長い視野からの検討が為されている。桃崎の分析によって、鏡板と杏葉の外形と内部の文様構成が同規格の棘葉形意匠の馬具が、第 7 期から第 8 期にかけて存続することが判明しているが、本節では、それ以前の第 5 期から第 6 期の資料を対象とする。このセットを Ba 群馬具とも呼称することとする。

87

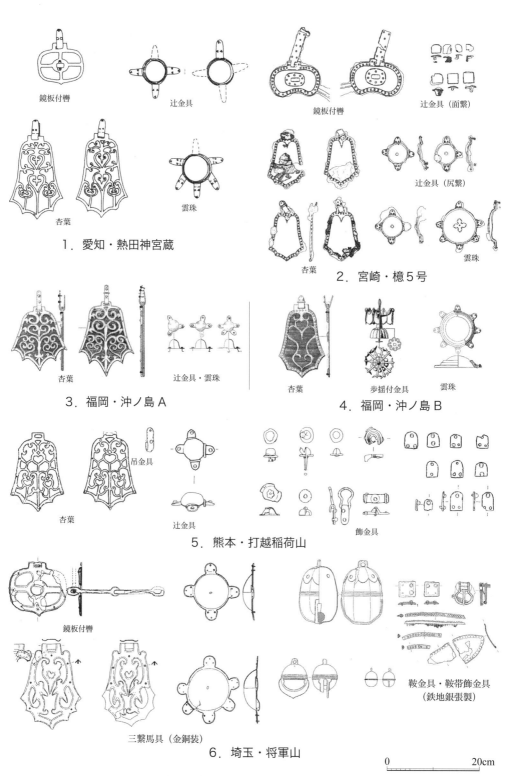

図29　棘葉形杏葉を中心とする馬具のセット（第6期）

表14　棘葉形杏葉を中心とするセット（第5期～第6期）

古墳名	鏡板				吊金具		杏葉				吊金具		辻金具		雲珠		飾金具		鋲規格
	型式	地板	枠文	鋲	金具	鋲	型式	地板	枠文	鋲	金具	鋲	金具	鋲	金具	鋲	金具	鋲	
宮崎・檍5号	内湾楕円	鉄金		銀a	鉄金	銀a	棘葉	鉄金		銀a	鉄金	銀a	鉄金	銀a	鉄金	銀a	–	–	1類
愛知・熱田神宮	十字心葉	–	金銅	金銅a	金銅	金銅a	棘葉	–	金銅	金銅a	金銅	金銅a	金銅		金銅		–	–	2類
福岡・沖ノ島7号-A	–	–	–	–	–	–	棘葉	鉄金	金銅	金銅d	金銅	金銅d	金銅	金銅d	金銅	金銅d			1類
福岡・沖ノ島7号-B	–						棘葉	鉄金	金銅	金銅a	金銅	金銅a	金銅	金銅a	金銅	金銅a			1類
大分・朝日天神山1号	楕円	銀		銀a	銀	鉄	棘葉	鉄金	金銅	金銅a	金銅	金銅a	鉄金・銀	鉄金・銀a	–	–	–		1類
三重・伊勢神宮	–	–	–	–	–	–	棘葉	鉄金		銀	–	–	–	–	–	–			–
埼玉・将軍山	十字心葉	鉄金	金銅	金銅a	–	–	棘葉	鉄金	金銅	金銅a	金銅	金銅a	金銅	金銅a	金銅	金銅a	金銅・銀	金銅・銀	1類
熊本・打越稲荷山	–				金銅	金銅	棘葉	鉄金	金銅	金銅a	金銅	金銅d	鉄金	金銅b			鉄金・金銅	金銅b	3類

　日本列島における出現期の愛知県熱田神宮蔵馬具（図29-1）は、鏡板と杏葉は金銅製文様板だけが残存するため、吊金具、辻金具、雲珠に打たれる鋲との比較が不可能である。ただし、心葉形鏡板、棘葉形杏葉の両吊金具に打たれる鋲径は明らかに異なる。辻金具、雲珠の鋲は残らないが、鋲孔が大きく、杏葉の吊金具と同じ頭径の鋲では留まらない。したがって、尻繋を構成する馬具は個別の型式によって鋲規格の異なる2類と考えられる。

　宮崎県檍5号墳馬殉葬土坑（図29-2）では、各馬具に同規格の鉄地銀被半球形鋲が打たれ、鋲規格共有1類に分類される。先に検討した巨勢山75号墳と同様、内彎楕円形鏡板付轡を中心に面繋が構成される資料である。面繋と尻繋で繋に装着される金具類の幅値が異なり、面繋の繋が尻繋より倍近い幅に復原される。さらに、内彎楕円形鏡板付轡の吊金具が方形なのに対し、尻繋の棘葉形杏葉の吊金具や、辻金具と雲珠の脚金具は半円形を呈することから、面繋と尻繋では馬装の設計原理が異なると考えられる。また、檍5号墳の馬具は、棘葉形杏葉の中では唯一、ｆ字形鏡板付轡や剣菱形杏葉と同様に、鉄地金銅張製の本体と鉄地銀被の鋲が組み合わされる馬具である。舶載品の棘葉形杏葉を模倣生産した日本列島製の可能性が高いと判断する。あるいは仮に舶載品であるとしても、製作当初のセットが、最終的に馬の埋葬に至るまでの過程のどこかで改変されているのであろう。

　福岡県沖ノ島7号遺跡（図29-3、4）では、Ｄ号巨岩の岩陰から、棘葉形杏葉を含む馬具のセットが複数出土している。馬具は散乱した状態で出土しており、原位置を保っていないためにセット関係を把握するのは困難であるが、報告（鏡山・原田・坂本ほか1958）では出土状況や馬具の作りの共通性から、馬具のセット関係の復元が試みられている。

Aセット（図29-3）は、大小の棘葉形杏葉に金銅製で鋲頭の形態が花形の鋲d類が打たれ、薄肉彫りの文様構成が相似形であるため、同一セットと考えられる。さらに、同じ規格の花形鋲を打つ辻金具、雲珠が近隣で出土することから、これらの馬具が1つのセットを構成し、奉納されていたことが推測される。Bセット（図29-4）は、棘葉形杏葉2点を中心とするセットである。近隣に別セットの杏葉が混在するため、セット関係は不明瞭である。ところで、7号遺跡では、このほかに歩揺付金銅製飾金具やイモガイ装雲珠が数点出土しており、棘葉形杏葉とセットであった可能性がある。

大分県朝日天神山1号墳出土馬具（33m前方後円墳・表14）は鉄地銀張製楕円形鏡板付轡、鉄地銀張製貝装辻金具1点、鉄地金銅張製棘葉形杏葉1点、鉄地金銅張製貝装辻金具1点、鉄地金銅張製鉢状辻金具1点等から構成される馬装である。鋲規格は1類であるが、鋲頭の装飾は個々の馬具本体と同素材となっており、鉄地金銅被鋲と鉄地銀被鋲が共存する。鏡板が鉄地銀張製、杏葉が鉄地金銅張製で、辻金具と雲珠も同様に2種類の貴金属素材に分かれることから、面繋と尻繋を構成する馬具間で金属素材が異なっていた可能性がある。

第6期の熊本県打越稲荷山古墳（直径30m円墳・図29-5）出土馬具は、棘葉形杏葉2、辻金具1点、イモ貝装金具を含む各種飾金具類、鉸具から三繋が構成される。辻金具は脚の配置がX字形を呈することから面繋に装着されたと考えられるが、他の馬具の装着位置は不明である。棘葉形杏葉には金銅製で鋲頭形態が花形のd類鋲を打った帯金具が装着され、本体と鋲の型式が異なる。花形鋲は爪形飾金具にも打たれるが、鋲頭径が明らかに異なる。馬具の型式ごとに異なる規格の鋲が用いられ、飾金具も鉄地金銅張製及び金銅製があり、材質が不統一である。鋲規格共有3類に分類される。

第6期の埼玉将軍山古墳（90m前方後円墳・図29-6）では、後円部横穴式石室から2セットの馬具が出土している。馬具の遺存状況はきわめて良好であり、馬装の復原が可能である。十字文心葉形鏡板付轡と棘葉形杏葉は中空の金銅板を打ち出して鉄地金銅張製の地板に被せる点で共通し、鋲規格も共有することから、同じ工房での製作が想定される。金銅製の雲珠、辻金具にも同じ規格の金銅製半球鋲a類が打たれる。鋲規格共有形態は1類である。鉄地銀張製の飾金具類も同じ馬装の中に含まれるが、大型であることから幅の広い帯に装着されたことが見込まれる。共伴する鞍金具が同じく鉄地銀張製であることも考慮すると、鞍の腹帯に伴う可能性が高い。

棘葉形杏葉と十字文心葉形鏡板付轡は、強固なセット関係を構成することが指摘されて

おり（宮代2002）、定型的な生産体制の存在が想定される。しかし、このセットにおいて
は、鋲規格の共有関係、あるいは金具形態の対応関係などが必ずしも遵守されない傾向が
ある。また、生産体制が確立したＡ群馬具は、前節で述べたとおり、鉄地金銅張製の馬具
本体と鉄地銀被鋲及び責金具が組み合わされるのに対し、棘葉形杏葉を中心とするセット
の馬具で使用される金属素材は多様である（表14）。鉄地金銅張製、金銅製、あるいは鉄
地銀張製の部品で本体を成形し、金銅装の本体には金銅装の鋲、銀装の本体には銀装の鋲
を組み合わせ、統一的な色彩を呈する。また、意匠の文様構成が全く異なる。したがって
同時期のＡ群馬具とは異なる規範の下での生産が想定される。そして、棘葉形杏葉を中心
とするセットは、Ａ群馬具と比べると出土例は少なく、盛行時期は鐘形意匠の馬具と重複
するが、鐘形鏡板付轡とセットになる組合せが全くない。こうした状況から、当時通有で
あった、他のＡ群馬具と全く異なる状況下での排他的な生産と流通が想定される。

（6）心葉形透彫・棘葉形透彫意匠の馬具のセット（図30・表15）

　第６期に出現するＢ群馬具で、外形は上述の棘葉形杏葉や心葉形意匠と同系統に当たる
が、金銅製文様板に透彫、薄肉彫、毛彫を施すという独特の個性を有する。日本列島に出
土資料が集中する一群である。このセットをBb群馬具とも呼称することとする。

　第６期の奈良県藤ノ木古墳出土資料（図30-1）は、金銅製唐草文透彫十字文心葉形鏡
板、金銅製鳳凰文透彫棘葉形杏葉17点をそれぞれ中心として面繋と尻繋を構成する。鏡
板と杏葉は鋲規格を共有し、吊金具と飾金具及び鉸具にも心葉形透孔と外形の縁に同意匠
の毛彫を施す。しかし、面繋に装着される辻金具は脚が無文の花弁形であるのに対し、尻
繋に装着される歩揺付辻金具の脚金具は鳳凰の尾をあしらうような意匠が施される。この
辻金具の鉢部周囲には魚々子文が施され、竜文飾金具や馬の鬣を通したと想定される筒状
飾金具と共通する。鏡板、杏葉の帯金具と同じ意匠は一部の鉸具留金具に施されるもの
の、他の飾金具、鉸具留金具などは多様な形態である。以上の状況から、藤ノ木古墳の三
繋馬具の製作には複数系統の馬具製作技術を持つ工人集団が関与しているようである。た
だし、ほぼ全ての三繋馬具に同規格の金銅製半球形鋲ａ類が打たれ、鋲規格共有１類に分
類される。鏡板、杏葉の地板は鉄地金銅張製であるが、この他の金属製部品はほぼ全て金
銅製である。なお、藤ノ木古墳の装飾馬具のセットの中でも特に著名な資料が金銅製鞍金
具であるが、磯金具と州浜金具は一体成形されており、Ｂ群馬具の特徴をよく表している。

　群馬県綿貫観音山古墳出土馬具（97ｍ前方後円墳・図30-2）は、十字文心葉形鏡板付轡

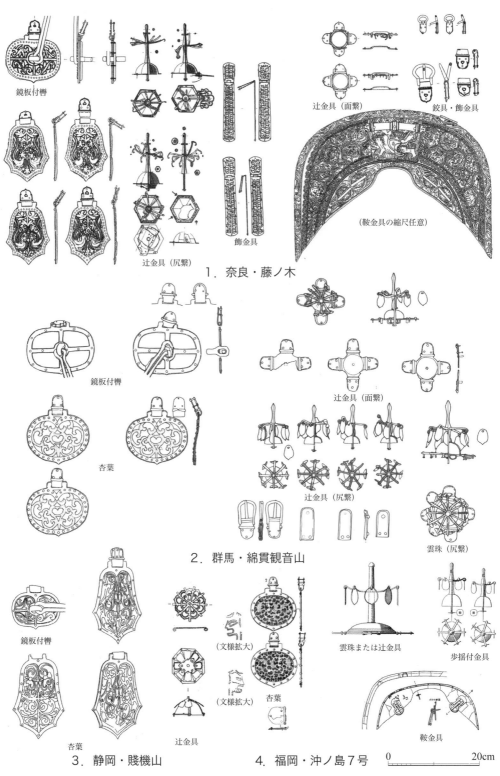

図30　心葉形透彫・棘葉形透彫意匠の馬具のセット（第6期）

表15　心葉形透彫意匠、棘葉形透彫意匠の馬具のセット（第6期）

古墳・遺跡名	鏡板				吊金具		杏葉				吊金具		辻金具		雲珠		飾金具		鋲規格
	型式	地板	枠文	鋲	金具	鋲	型式	地板	枠文	鋲	金具	鋲	金具	鋲	金具	鋲	金具	鋲	
奈良・藤ノ木	唐草心葉	鉄金	金銅	金銅a	金銅	金銅a	鳳凰棘葉	鉄金	金銅	金銅a	金銅	金銅a	金銅	金銅a	金銅	金銅a	金銅	金銅a	1類
福岡・沖ノ島	–	–	–	–	–	–	鳥人心葉	鉄金	金銅	金銅a	金銅	金銅a	–	–	–	–	–	–	–
群馬・綿貫観音山	十字心葉	鉄金	金銅	金銅a	金銅	金銅a	唐草心葉	鉄金	金銅	金銅a	金銅	金銅a	金銅	金銅a	金銅	金銅a	金銅	金銅a	1類
静岡・賤機山	唐草心葉	鉄金	金銅	金銅a	金銅	–	唐草棘葉	鉄金	金銅	金銅a	金銅	金銅a	金銅	金銅a	–	–	金銅	金銅a	1類

と唐草文心葉形透彫杏葉を中心とするセットである。辻金具と雲珠には、歩揺が装着され、藤ノ木古墳ほどではないにせよ、装飾性の高い馬具である。鋲の規格は馬具のセット内でほぼ統一される。鋲規格共有1類に分類される。

静岡県賤機山古墳出土資料（図30-3）は、藤ノ木古墳と同程度の優品である唐草文透彫十字文心葉形鏡板付轡1点、唐草文透彫棘葉形杏葉3点、歩揺付辻金具を中心に構成される。金属製部品の組成も、藤ノ木古墳と同様に金銅製品が多用されている。

沖ノ島7号遺跡出土資料（図30-4）は、図29掲載の棘葉形杏葉に近接して出土した資料で、鳥人と唐草文が融合した文様を透彫し、蹴彫と点打ちが文様板に施された心葉形杏葉が5点出土している。線彫Aの蹴彫が施されるが、鍍金前に施文されている。この心葉形杏葉と造りの共通する金具の存在から、歩揺付金具とセットであった可能性が報告（鏡山・原田・坂本ほか1958）では指摘されている。また、隣接して鉄製鞍金具が出土しており、この鞍金具とも組み合わされていた可能性がある。鞍金具の構造は州浜と磯が一体成形されており、B群馬具の特徴を呈する。

Bb群馬具である心葉形透彫意匠、同棘葉形意匠の馬具は金銅製部品と同鋲を多用する傾向が強く、鉄地金銅張製部品と鉄地銀被鋲が使用されるA群馬具とは対照的である。そして彫金による流麗な施文も考慮すると、A群、Ba群馬具を問わず、他の装飾馬具と一線を画する存在であるといえる。そして、この種の装飾馬具が出土する古墳や遺跡は、馬具以外の副葬品も優品や貴重な資料が目立つ。また、彫金の手法や部品形状の個体差から、複数の工房による合作が想定されるにも関わらず、出現期の段階から既に鋲の規格が統一されている。この出現期の様相は、他の多くの装飾馬具と異なる。しかし、今後の新資料の登場によって、実際に出現した時期が、既知の資料よりもさらに遡ることが判明する可能性があるため、現段階での評価は避けておく。

(7) 心葉形意匠の馬具のセット（図31・表16）

　心葉形鏡板付轡と心葉形杏葉がセットになる馬具である。第5期に出現する。最古級の資料は、大阪府南塚古墳出土品である。鏡板と杏葉本体は、地板が鉄地銀張製、文様板と鋲は金銅装である。大阪府海北塚古墳出土馬具（墳丘規模不明・図31-1）は十字文心葉形鏡板と三葉文心葉形杏葉のセットである。心葉形鏡板、心葉形杏葉の枠金には同規格の半球形鋲a類がめぐり、文様部と帯金具、そして辻金具、雲珠に鋲頭径が等しい金銅製花形鋲d類が打たれる。帯金具、辻金具と雲珠の脚は全て半円形となっており、鋲規格共有形態は2類に分類される。馬具本体は地板が鉄地金銅張製で、文様板は金銅製である。文様板は断面形態が丸みを帯び（千賀2003c）、鋳造の可能性がある。A群馬具が鍛造成形の鉄地金銅張製で、断面形態が板状であるのと大きく異なる特徴を有する。このセットは毛彫・半肉彫などの彫金が確認されていないことから、Ba群馬具に含むこととする。

　宮崎県持田56号墳は忍冬文心葉形杏葉の出現期の資料（図31-2）である。鉄製の地板

図31　心葉形意匠の馬具のセット（第6期）

表16　心葉形意匠の馬具のセット（第5期〜第6期）

古墳名	鏡板 型式	鏡板 地板	鏡板 枠文	鏡板 鋲	吊金具 金具	吊金具 鋲	杏葉 型式	杏葉 地板	杏葉 枠文	杏葉 鋲	吊金具 金具	吊金具 鋲	辻金具 金具	辻金具 鋲	雲珠 金具	雲珠 鋲	飾金具 金具	飾金具 鋲	鋲規格
大阪・南塚	十字心葉	銀	金銅	金銅	−	−	十字心葉	銀	金銅	金銅	−	−	−	−	−	−	−	−	−
大阪・海北塚	十字心葉	金銅	金銅	金銅d	金銅	−	三葉心葉	金銅	金銅	金銅d	金銅	金銅d	金銅	金銅d	金銅	金銅d	金銅	金銅d	2類
宮崎・持田56号	十字心葉	金銅	金銅	金銅d	金銅	金銅d	唐草心葉	金銅	金銅	金銅d	−	−	−	−	金銅	金銅d	金銅	金銅d	2類

と枠金に、金銅板のみが一枚被せられ、列島で製作された可能性がある。海北塚古墳に似た形態の十字文心葉形鏡板、忍冬文心葉形杏葉3点、雲珠2点から三繋が構成される。鏡板、杏葉の本体に打たれる鉄地銀被花形鋲d類は頭径が等しく、規格が共有される。対して、鏡板と杏葉の帯金具と雲珠の脚に打たれる鉄地銀被花形鋲d類は頭径が若干大きく、鋲規格共有2類に分類される。

　海北塚古墳、持田56号墳はこの種の意匠の馬具の出現期の資料で、装飾効果を高めるために花形鋲d類を含む2種類の鋲を用いたのであろう。ただし、海北塚古墳、持田56号墳は、二条線引手が鏡板の外側に装着される他のB群馬具と異なり、一条線引手が鏡板の内側に装着され、銜覆金具が装着されるなど、A群馬具との親縁性を出現段階から有することも注目される。

（8）小結

　第5期に出現し第6期に出土数が増加する、棘葉形杏葉、心葉形意匠の馬具を中心とするB群馬具は、第4期から第5期のA群馬具に存在する、鉄地銀被鋲の繁打、同一規格の鋲頭の使用、金具形態の一致といった規範が認められず、むしろ、同系統の貴金属を組み合わせる傾向が強い。具体例として、埼玉県将軍山古墳と大分県朝日天神山1号墳出土馬具は、金銅と銀の両方が単一セットの中で用いられるが、部位の異なる馬具によって明確に使い分けられ、A群馬具のように異なる色彩が単一の馬具内で接することはない。したがって、仮に複数の工房による分業的な製作であったとすれば、各工房にもたらされる貴金属の素材が異なっていたと考えられる。また、特に薄肉彫を駆使して文様が表現される心葉形透彫、棘葉形透彫意匠のBb群馬具は、美術工芸品としても傑出したものである。簡素で単純な形状と構造のA群馬具とは異質の存在である。

　そして、第6期にはf字形鏡板付轡を中心とする馬具が生産を終了し、十字文楕円形鏡板付轡を中心とする楕円形意匠の馬具も同様に生産をほぼ終了する。これに対し、心葉形、棘葉形意匠の馬具が新たに出現し、その後、第8期まで存続することになる。

　装飾馬具の生産体制は、第4期以降、f字形鏡板付轡、剣菱形杏葉を含む複数意匠から構成される、A群馬具の製作方法や部品の調達ルートを整備した。この生産体制は、第6期のf字形鏡板付轡と剣菱形杏葉のセットと、楕円形意匠の馬具の生産終了と、心葉形、棘葉形意匠に代表されるB群馬具の導入によって、以降、大きく変化することとなる。そして、第6期段階以降の装飾馬具生産体制が新たに成立するものと考えられる。A群馬具

もこの新たな生産体制に組み込まれることとなる。

第3節　6世紀の東アジア世界の金工品との対比

第1節では第4期から第5期における装飾馬具生産の発展を示し、第2節では第5期から第6期にかけて進展する、A群馬具とB群馬具の並立を示した。そして、B群馬具の導入が影響を与えた装飾馬具生産体制の変化を論じた。この期間は、概ね実年代では6世紀代の100年間に相当する。本節ではこの期間の東アジア世界の金工品とタガネ彫について検討し、日本列島の装飾馬具との対比を行う。

(1) 日本列島（倭）

第4期から第6期に並行する時期の金工品のタガネ彫は、第一に、中期以来存続する鍍金後の線彫Aと、第二に、鍍金前の線彫Bに二分される。前者は、鍛造成形される鉄地金銅張製品に施され、後者は、主に鋳造成形される金銅製品に施される傾向がみられる。

第5期から第6期の藤ノ木古墳は、両系列の金工品が共伴する事例（図32）である。藤ノ木古墳では、A群馬具である鐘形意匠の馬具のセット、金銅装倭系装飾付大刀、金銅製二山広帯式冠、同飾履、同美豆良飾金具に鍍金後の蹴彫とナメクリ打ちaの線彫Aが施される。そして、Bb群馬具である十字文心葉形透彫鏡板付轡と棘葉形透彫杏葉のセットには、三繋馬具以外にも、著名な文様透彫金銅製鞍金具を含め、鍍金前に毛彫、ナメクリ打ちbの線彫Bが施され、ごく一部に線彫Aが施される。

このうち、服飾品である二山広帯式冠と美豆良飾、飾履には蹴彫の亀甲繋文など共通の装飾が施され、セットとして製作された可能性が高い。また、蹴彫の波状列点文も施される。ところで、鐘形意匠の馬具のセットは、組み合わされる雲珠、辻金具に線彫Aで火炎文、波状列点文が施される。そして、倭装大刀の装具である金銅製三輪玉、金銅製双魚佩にも蹴彫で波状列点文ほかの文様が施される。このように、藤ノ木古墳の金工品の大部分には鍍金後の線彫Aが施され、共通の文様として、古墳時代中期中葉以来存在する、波状列点文が施文されている。

鍍金前の毛彫、ナメクリ打ちbの線彫Bを施す資料は、藤ノ木古墳をはじめとする透彫文様のBb群馬具以外にも、第6期から第7期並行期にかけて日本列島での製作が開始される龍鳳環頭大刀が挙げられる。第6期並行期以前に日本列島で出土する龍鳳環頭大刀は

第4章　装飾馬具生産の展開

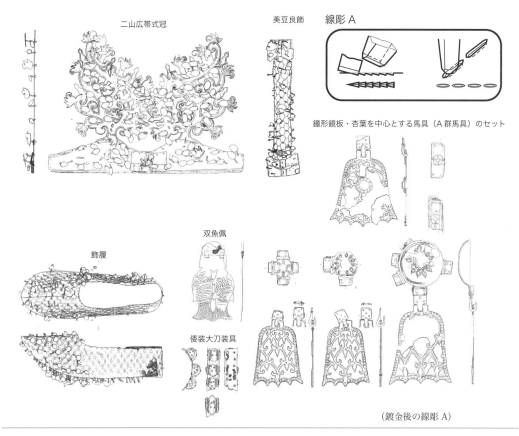

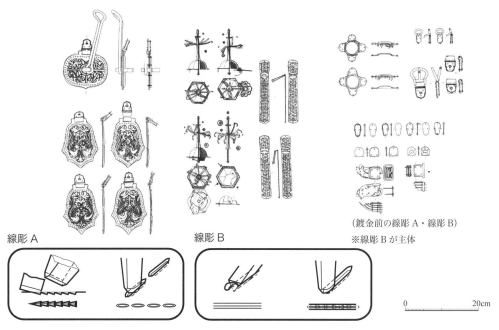

図32　藤ノ木古墳出土　線彫A・Bの金工品

単龍鳳環頭大刀が多く、直接的には韓国の武寧王陵出土大刀（図33-8）に系譜が求められる、百済あるいは加耶製の舶載品と考えられる。装飾付大刀の研究では、列島内での龍鳳環頭大刀の生産が開始されるのは、第6期とする見解で概ね一致している（大谷1999、金2017など）。そして、列島で生産された可能性のある初期の資料は、故地である朝鮮半島南部と同様に鋳造成形され、毛彫またはナメクリ打ちbによる鍍金前の線彫Bが施される。

　この点は、装飾馬具生産体制でA群馬具とB群馬具が併存するのと似た構造である。ただし、新規の系列の系譜を明らかにするためには、東アジアの他領域を同じ視点で検討する必要があるだろう。

(2) 中国大陸

　6世紀代の中国大陸は、隋による589年の再統一まで、南北朝時代が継続していた。南北朝時代の金工品として、前章で既に触れた金銅仏以外では、墓の副葬品と窖蔵の出土事例が少しずつ増加している。中国大陸北部の著名な例として、甘粛省靖遠出土東ローマ帝国製鍍金銀盤（初師賓1990）、山西省大同市北魏封和突墓ササン朝ペルシア製鍍金銀盤（501年・夏鼐1983、馬雍1983）、新疆伊犁昭蘇県古墓出土紅瑪瑙象嵌虎柄金盃（図33-1）、山西省太原市北斉徐顕秀墓金製指輪（571年・図33-2）、陝西省咸陽市・北周若干云墓出土銀製鉢（578年・図33-3）、同北周武帝墓銅製帯金具（578年・図33-4）が挙げられる。この中で伊犁昭蘇県古墓出土金製品の宝石象嵌は西方起源の手法である。そして、封和突墓例など東ローマ帝国及びササン朝ペルシア製の金銀器も、当然のことながら西方からの搬入品である。上記の資料では、タガネ彫を施す資料は、北魏封和突墓、北斉徐顕秀墓、新疆伊犁昭蘇県古墓が挙げられるが、いずれも毛彫またはナメクリ打ちbの線彫Bに限定される。前章で触れた金銅仏の様相も踏まえると、北朝の領域を含む中国大陸北部の金銀器は西方の影響が顕著な一方、前段階の五胡十六国時代まで存在した蹴彫を主体とする線彫Aは認められない。

　長江流域の江南地域を本拠地とした南朝の様相は、この地域をフィールドとする藤井康隆の研究（藤井2014）を参照する。藤井によると、西晋・東晋代に製作された「晋式帯金具」は、立刀山晋墓（324年）をはじめ、長江中・下流域の出土例が比較的多い。そして、劉宋代には金銅仏の登場とともに鋳造技法及び毛彫が登場し、南斉代に普遍化するとされる。その一方で、南斉代の広東省遂渓県辺湾村窖蔵出土銀製盒子（図33-5）及び金銅製鉢

（図33-6）は、繊細かつ流麗な文様が蹴彫で表現されている。同時期の類例が存在しないため製作地は確定しないが、少なくとも、線彫Bに限定される北朝の金工品とは一線を画する独自の存在であることは確実である。

（3）朝鮮半島

①高句麗

高句麗は、5世紀代に本拠地を集安から現朝鮮民主主義人民共和国の平壌に移している。この段階の金工品では真坡里7号墳出土金銅装飾が代表例として挙げられる。薄肉彫が施され、Bb群馬具の一群と技法が共通する（鈴木勉2014）とされる。6世紀代の高句麗では独自に高度な彫金技術が発展していた可能性があるが、様相はほとんど分かっていない。

②百済

百済は475年に漢城を失陥するが、その後、一時的に本拠地を熊津（現在の公州）に置く。熊津期は短く、この期間の金工品を副葬する墳墓は少ないが、武寧王陵出土承台付有蓋銅盞（「銅托銀盞」・図33-7）のように、鋳造ロクロ挽きで成形され、ナメクリ打ちbの線彫Bで文様が表現される製品（鈴木勉2014）が出現する。一方、同帯金具（図33-9）は新羅墳墓の出土品と共通する型式で線彫Aが施されることから、李漢祥は、この種の線彫Aを施す金工品の背景に百済と新羅の友好関係を指摘している（李2009）。また、前段階の金工品副葬例よりも、副葬品に占めるタガネ彫金工品の比率が小さくなる。この背景として、咸舜燮は、熊津期の百済における新たな冠制、服制の施行と関連付けている（咸2007）。ところで、武寧王陵出土の龍鳳環頭大刀（図33-8）の金銅製環頭は蠟型鋳造技術で成形されることが以前から注目されてきた。同資料の製作地についてはこれまで盛んに議論されているが[3]、まだ結論が出ていない。本書の視点からは、漢城期まで優勢だった、鍛造成形で線彫Aの波状列点文を施す金工品に対し、この時期から武寧王陵出土品（図33-7、8）や宋山里3号墳帯金具（図33-10）のように、鋳造−線彫Bの金工品が優勢になる兆しをみせることを重視したい。

③加耶

加耶では、鋳造の龍鳳文環頭大刀が前段階に引き続き活発に製作され、製作地と想定される大加耶、多羅加耶の領域だけでなく、新羅、日本列島にも多く搬出される。共伴遺物の年代比定から、562年の大加耶滅亡まで、鋳造成形と線彫Bを特徴とする環頭大刀の生

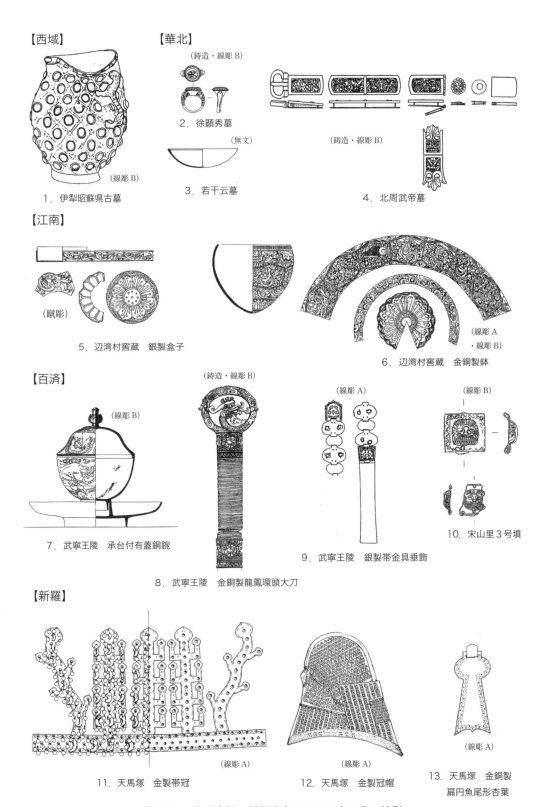

図33　中国大陸・朝鮮半島における金工品の線彫

産組織が保たれていた可能性が高い（金2017）。一方で、前段階以来の線彫Aで波状列点文を施す金工品は、6世紀初頭に比定される玉田M4号墳出土胡籙などに限られる。

また、陝川玉田M6号墳では新羅系の出字形冠が出土している。この時期に新羅との交流が活発化していることを示す資料である。

④新羅

新羅では、慶州の王陵と目される墳墓の実態が判明している。6世紀初頭に比定される天馬塚では、金製の帯冠（図33-11）、冠帽（図33-12）および装飾馬具の金銅製鞍、扁円魚尾形杏葉（図33-13）、そして金銅製容器に、蹴彫など線彫Aによる波状列点文の施文が認められる。このほか、鋳造の大加耶系単龍鳳環頭大刀が出土している。そして、新羅の王陵と目される墳墓では、壺杆塚でも線彫Aで文様を施す鞍金具と、鋳造の大加耶系単龍環頭大刀が共伴して出土している。金宇大によると、6世紀初頭以降、新羅では装飾付大刀の製作が急激に衰退し、その背景には505年の州郡制施行が挙げられている（金2017）。また、新羅に特徴的な出字形冠を検討した李漢祥の研究では、6世紀代の冠のタガネ打ちは点打ちが主流となることが指摘されている（李2006）。蹴彫、ナメクリ打ちaといった線彫Aが主流であった段階と比較すると、点打ちで波状列点文を描くこの段階の事例は少数で、5世紀代まで通有の文様であった波状列点文が次第に姿を消していくことが分かる。

一方で、新羅の墳墓では、前の段階から外来系の金工品の副葬も多く認められる特徴がある。朝鮮半島南部の百済、大加耶系製品に限らず、皇南大塚北墳金製腕輪や鶏林路14号墓宝石象嵌の金銅装大刀のように、西域に端を発して北朝を経由した伝播ルートが想定される金工品が出土しているのである。また、皇南大塚南墳、瑞鳳塚、天馬塚などで、百済、高句麗では確認されていないササン朝ペルシア製のガラス製品が出土しており、多様なルートから文物がもたらされたことが判明している（国立慶州博物館2015ほか）。

資料数がきわめて少ない朝鮮半島北部の高句麗以外の朝鮮半島南部諸地域を概観すると、百済と、特に新羅との様相の違いが明瞭になる。百済では、前段階で萌芽のみられた切削加工の毛彫とナメクリ打ちb技法、すなわち線彫Bへの志向が認められる。加耶の金工品に関連する資料として、6世紀後葉の日本列島では、龍鳳環頭大刀や装飾馬具のBb群馬具など大加耶製の可能性が指摘される金工品が多く出土する（千賀2004・内山2012・金2017ほか）。いずれも鋳造で毛彫、薄肉彫が施される。様相としては、百済の金工品に近い。ちなみに、6世紀の加耶地域は新羅の圧力を受け、百済及び日本列島と政治的、軍

事的にさらなる緊密な関係を志向したことが指摘されている（高田2014ほか）。一方で、新羅では、天馬塚の段階で一時的に龍鳳環頭大刀を製作した可能性があるが、それ以外には、前段階に引き続き、タガネ彫は蹴彫とナメクリ打ちaといった線彫Aが継続しており、百済、加耶で定着していた鋳造－線彫Bを積極的に吸収しようとした形跡は、5世紀末の飾履塚段階に引き続き、依然として認められない。

　こうした朝鮮半島南部の状況から、本書における第6期並行期に日本列島で新たに一定数が出土するようになる鋳造で薄肉彫と毛彫を施す金工品の製作技術の故地は、加耶あるいは百済と考えられる。藤ノ木古墳出土馬具に代表される心葉形透彫意匠及び棘葉形透彫意匠のBb群馬具は、特に外形が新羅の馬具を踏襲するが、新羅の在来の技術力では製作が不可能とみなさざるを得ない。この種の馬具が盛行する背景に、562年の新羅の攻撃による大加耶の滅亡を契機として、大加耶の工人集団が新羅に吸収されたことを想定する見解（千賀2003a・2004）が発表され、近年、同意を表明する研究者もみられる（諫早2012b・金2017）。本書での検討も、こうした見解を補強するものとなるだろう。ただし、大加耶の金工品生産体制が存続して生産された製品が日本列島に搬入されたのか、または国家の滅亡に伴って大加耶から日本列島に流入した集団が生産した製品なのかを明らかにするには、さらに次の段階の第7期以降の様相を検討する必要がある。

第4節　まとめ

　本章では、第1節では第4期から第5期の装飾馬具を検討し、第3期にその萌芽がみられた生産組織の整備が、第4期に完成されることを示した（図34）。具体的には、まず、第4期になると、鉄地金銅張製の馬具本体に鉄地銀被鋲が大量に打たれるようになることが挙げられる。そして、鋲の規格は一律であるため、生産組織内で鋲が共有された可能性が高い。さらに、第4期から第5期の段階には、小野山節（小野山1990）と松尾充晶（松尾1999）が指摘したように、轡の引手が鏡板の内側で連結されるように構造が変化する。さらに、f字形鏡板と剣菱形杏葉の大型化が進行する。銀象嵌技法を用いた花文付辻金具及び雲珠が出現するのもこの頃である。馬装全体の華美化と製作技法の単純化、そして鉄地金銅張製の馬具本体と鉄地銀被鋲及び同責金具の組み合わせの普遍化という一連の動向は、第4期から第5期にかけてA群馬具全体にみられる。このような装飾馬具製作技法の確立は、装飾馬具保有階層の拡大と同時に進行する。筆者はこの段階を列島内での装飾馬

具生産組織の確立、いうなれば「国産化」の段階と考えている。

この時期の馬具の出土数の増加と、馬具本体に打たれる鋲の使用数の飛躍的増加は、大規模な工房の出現と、鉄地金銅張製馬具と鉄地銀被鋲の材料となる鉄、金、銅、銀、水銀の安定的な供給を示す。そして、第4期に確立した生産体制は、その後の新出意匠を継続的に受容することをも可能としたようである。第4期の楕円形意匠、第5期の鐘形意匠及び花形意匠の馬具（桃崎2012ほか）の導入とその後の継続的な生産は、意匠毎の装飾馬具生産組織が定着し、存続したことを示している。そして定着の道程はA群馬具間で概ね共通している。

第4期以降に日本列島で出現するA群馬具の中で、Aa群馬具である楕円形意匠、鐘形意匠の馬具は朝鮮半島南部にも類例が求められることから、出現段階の資料は舶載品と考えられる。実際、列島での出現段階に比定される資料をみると、セット内では鋲の規格が共有されない。そして、用いられる鋲が鉄地銀被鋲ではなく、金銅装鋲である。先行して日本列島に定着したf字形鏡板付轡と剣菱形杏葉の出現期とよく似ている。そして、列島での生産が定着する次の段階では、f字形鏡板付轡及び剣菱形杏葉を中心とするセットと同様に、馬具本体の金銅装は金銅板一枚被せ（小野山1966）となり、そして、規格的な鉄地銀被鋲が用いられるようになる。このような過程を経て日本列島で生産が定着する背景は、新出の装飾馬具の「国産化」が、f字形鏡板付轡と剣菱形杏葉のセットの生産組織をはじめとする、既存の装飾馬具生産体制への編入によって達成されたことが想定される。

しかし一方で、新たな意匠の馬具の導入後、すみやかに鏡板と杏葉の文様は形骸化が進行する。すなわち、定着期の「国産」段階の技術水準は、出現期の舶載段階と比べると大きく劣るものであった。とはいえ、装飾馬具に対する社会的な需要の高まりに応え、古墳の副葬品の定番に装飾馬具を加えたことには大きな意義がある。

田中由理は、古墳時代中、後期のf字形鏡板と剣菱形杏葉の平面形態を分析し、第4期の段階で、馬具製作における型の導入が開始されたことを指摘した。そして、この背景に、鉄器や金属製品にとどまらない手工業生産全体の変革・管理を主張する（田中由2004）。本書で取り上げる鋲の規格化、そして貴金属使用の規範確立も、こうした組織的な装飾馬具生産体制の整備を示すものである。そして、意匠の差異を越えて同時期の装飾馬具に打たれる鉄地銀被鋲の規格は「国産」段階には概ね一定しており、鋲の規格が意匠間、すなわち生産組織間で共有されたと考えられる。また、轡の引手を鏡板の内側に取り付ける構造や、半球形の衙先覆金具の使用が各意匠[4]で共通して認められることは、製作技術に

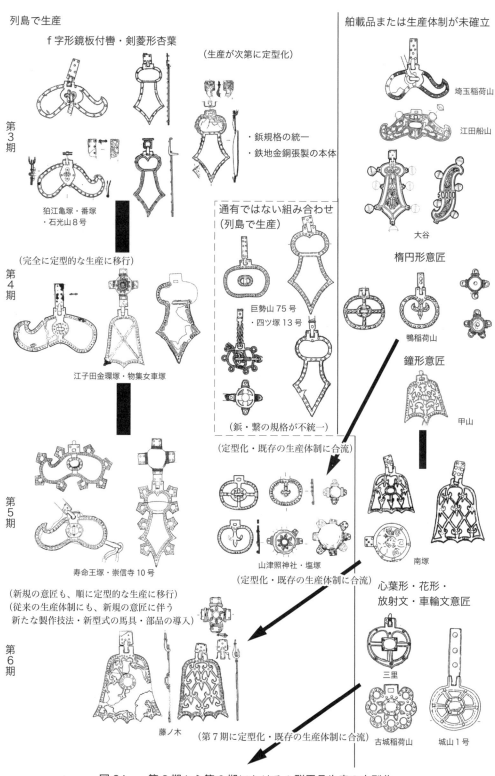

図34　第3期から第6期におけるA群馬具生産の定型化

関する情報共有が生産組織間で行われていたことを示す。さらに、花文付辻金具と同雲珠など同型式の馬具が各意匠のセットで共通して用いられることは、部品共有がなされたことを示唆している。

その一方で、複数の意匠の鏡板と杏葉が並存し、個別意匠の形態を保ちながら生産が継続されることは、鏡板と杏葉の意匠毎に生産組織が存在した可能性を示唆する。そして、意匠毎に独自の特徴があることが注目される。例えばf字形鏡板付轡と剣菱形杏葉は大型化の一途をたどり、鐘形意匠の馬具も追随するが、楕円形意匠の馬具は時期が下っても大きさは一定している（図34）。また、組合式板状辻金具や環状雲珠はf字形鏡板付轡と剣菱形杏葉と組み合わされる事例（図22-1・3）が多くみられ、他には内彎楕円形鏡板付轡（図24-1・2）や三鈴杏葉などの青銅製馬具と組み合わされる。換言すれば、第2期から継続的に存在する形式の鏡板、杏葉と組み合わされるのである。特にこれらの意匠の馬具は、鉄地金銅張製、青銅製、鉄製の順に階層が存在することは前章で述べたとおりで、単一の生産組織の中で作り分けられた可能性がある。一方、第4期以降に登場する楕円形意匠と鐘形意匠の馬具の組成に含まれるのは、鉢状辻金具と雲珠だけで、組合式板状辻金具及び環状雲珠と組み合わされることは無い（図23・図25）。このように各意匠の特色も強くみられることから、意匠毎に生産組織が存在し、そして各生産組織の独立性は相対的に高かったと考えられる。

この段階の馬具について、大和を中心に分布するf字形鏡板・剣菱形杏葉のセットと、淀川水系を中心に分布する楕円形意匠のセットの分布差を示し、系譜の違いを強調した松浦宇哲（松浦2005）の論がある。この分布傾向は、冠等の他の考古資料とも呼応することから、継体朝期の地域の政治動向と結びつける論考がその後、輩出された（高松雅2007など）。他に特徴的な分布を示す馬具として、関東地方や東海地方に集中して出土する鋳銅製の鈴杏葉が挙げられるが、この分布について、例えば永沼律朗は舎人制度の整備を背景に挙げている（永沼1983）。鈴杏葉の分布は鈴鏡の分布とも呼応することから、東海、関東地方の首長達が鈴付の鋳造製品を好んだと考えられる。

とはいえ、上述の多くの共通点の存在も鑑みると、各意匠の装飾馬具生産組織は、特にA群馬具は、Aa群とAb群を問わず意匠毎に一定の独自性を保ちながらも、一つの大きな生産体制に帰属しているとするのが妥当であろう。

さらに、倭装大刀との蹴彫の花文の共有は、A群馬具の各意匠の生産組織と倭装大刀生産組織との親縁性を示すものである。また、装飾馬具にみられる貴金属の使用方法は同時

期の金銅装胡籙にも共通する。土屋隆史の胡籙の集成（土屋2012）から、A群馬具と共通する鉄地金銅張製の本体と鉄地銀被鋲の強固な組み合わせが、第3期になると胡籙でも出現し、第4期に定着することが分かる。なお、胡籙の系譜は、大加耶、百済に求められることでA群馬具と共通し、さらに、宮代栄一（宮代1996c）によると、鞍金具に装着される織物の残欠が、共伴する胡籙にも用いられる事例がある。したがって、A群馬具と胡籙の工人集団は近い関係であることが推定される。金銅装胡籙の生産がf字形鏡板付轡と同時期の第6期並行期に終了するのも示唆的である。また、装身具である金銅製二山広帯式冠、美豆良飾、飾履も、装飾馬具生産体制と同時期に生産体制が確立（高橋2007b）され、波状列点文の施文がA群馬具と共通する。この種の装身具が6世紀代には故地である百済、加耶で姿を消すにも関わらず、日本列島で生産が継続することは、製品の搬入や工人の渡来に頼らない、日本列島独自の金工品生産体制の存在を示すのである。装飾馬具を含む金工品全般の生産体制は、前章で述べたとおり、第3期には既にほぼ成立しているが、第4期にはさらに完成度が高まったと考えられる。

　ところで、第5期に登場し第6期に展開する、心葉形意匠及び棘葉形意匠の馬具から構成されるB群馬具は、f字形鏡板付轡を中心とするA群馬具と様相が大きく異なる。Bb群馬具である心葉形透彫意匠と棘葉形透彫意匠の馬具のセットでは、例外的に鋲規格が共有される事例が多数であるが、Ba群馬具では鋲の規格は異なる事例が散見される。また、B群馬具の鏡板と杏葉は、文様板と枠金が金銅製である事例が多数であることが特徴である。ただし、全く銀を使用しないわけではない。B群馬具の特徴は、近接する部品間で単一の貴金属を使用するという、A群馬具とは一線を画す独自の規範の存在である。さらに、成形技法を比較すると、A群馬具は鉄製本体を鍛造で成形した後に金銅板が被せられるのに対し、B群馬具には、鏡板、杏葉、鞍金具の文様板や鞍金具の覆輪などが金銅製で、鋳造成形されるBb群馬具が含まれる。また既往の研究では、Bb群馬具の鞍の構造が州浜と磯金具が一体成形で、辻金具及び雲珠の脚金具の形状がA群馬具と異なる花弁形を呈すること（千賀2003a）、そして衝先に装着される引手が二条線の構造で鏡板の外側に装着される特徴（桃崎2001）も注目されている。Ba群馬具の心葉形意匠のセットという一部の例外を除くと、A群馬具との共通部品の使用、そして製作技法の情報共有は認められないのである。

　日本列島でB群馬具の副葬が盛行する第5期から第6期は、実年代では6世紀中葉から後葉に比定される。諫早直人の研究によると、同時期の新羅では、装飾馬具の副葬が低調

第4章　装飾馬具生産の展開

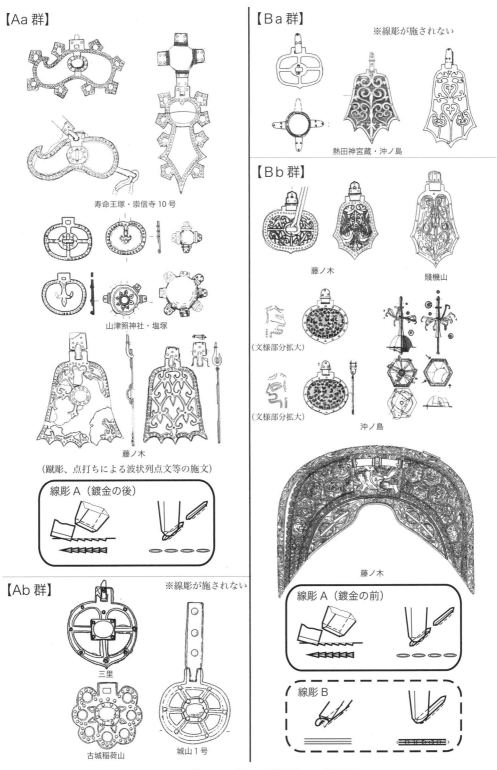

図35　第5、6期のA群馬具とB群馬具

107

となり、終焉する時期（諫早 2012b）とされる。B群馬具でも、特にBb群馬具である心葉形透彫意匠、棘葉形透彫意匠の馬具は、日本列島にのみ存在し、朝鮮半島では類例が未確認であることから、列島内での生産の可能性が指摘されている[5]。一時的なプロジェクトチームの結成による「製作」ではなく、組織的な「生産」とみなせば、線彫Bと蝋型鋳造技法がBb群馬具の生産と共に日本列島に根付いたことになるが、その想定が可能か検討が必要となる。また、心葉形透彫意匠、棘葉形透彫意匠の馬具は出土例が限られ、遺物自体の文様構成が複雑かつ優美であること、出現段階の第5期から第6期にかけて、複雑な形状を保ち続けることが特徴として挙げられる。複雑な造形の透彫で表現される写実的な文様は、仏教美術にみられるような画工の関与（廣岡 2011）も想定すべきだろう。

　B群馬具の心葉形意匠、棘葉形意匠の鏡板および杏葉とセットになる辻金具、雲珠には、脚金具の先端部を尖らせた半円形を呈し、鉢部に花形座を取り付ける特徴があり、A群馬具のf字形鏡板付轡等とセットとなる辻金具、雲珠とは大きな差異がある。最近この種の馬具を検討した堀哲郎の指摘するとおり（堀 2012）、辻金具と雲珠の鉢部が「花」、脚が「葉」を表現するとすれば、鏡板と杏葉が植物意匠を意識した外形や透彫文様を用いることと整合的である。ちなみに、この特徴は装飾馬具に留まることなく、新羅では装飾付大刀に三葉文が多用され（大谷 2006）、帯金具は唐草文や三葉文、忍冬文の透彫銙板と心葉形垂飾から構成され、冠には樹枝状立飾が付属すること（奈良国立博物館・韓国国立慶州博物館 2004）から、新羅系の金工品全般にわたって、植物意匠が重視されていたようである[6]。

　もう一つ、新羅系と考えられる重要な馬具に、南島産のイモガイの頂部を雲珠、辻金具の頂部に嵌めこんだり、飾り金具にする「イモガイ装馬具」が挙げられる。イモガイ装馬具は中央部に花形座を持ち、その点で上述の辻金具、雲珠と共通する。また、5世紀後半から6世紀前半にかけて新羅の王陵に副葬される例が多い（高久 2002）。日本列島では九州地方と関東地方に偏在することが宮代栄一の研究で知られているが、九州地方はイモガイの原産地であり、やや特殊な型式の馬具が多いことから、一部の製品は地方生産の可能性が示唆されている（宮代 1989）。近年、イモガイ装馬具について九州地方の出土品を中心に検討した中村友昭の研究（中村友 2010）を参照すると、朝鮮半島でイモガイ装馬具が盛行する時期には、日本列島にこの種の馬具は存在しない。その代わりに、有明海周辺、筑後川流域及び南部九州内陸部を中心に貝釧が分布しており、南島産貝の朝鮮半島への交易ルートを示している。日本列島では第5期から出現するが、第6期までは九州地方を

第4章 装飾馬具生産の展開

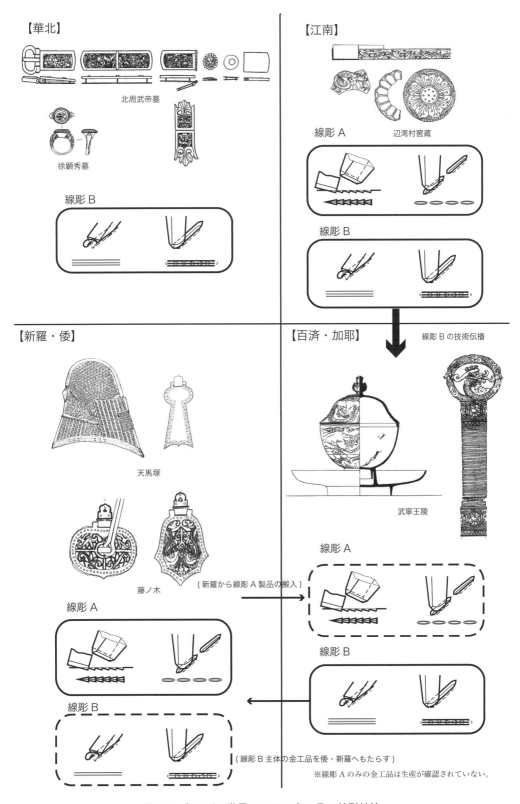

図36 東アジア世界における金工品の線彫技法

中心とする西日本に分布する。分布が広域化し、関東と九州で出土する資料の時期は、第
7期である。日本列島出土のイモガイ装馬具は鉄製の簡素な造りの馬具との共伴例が多い
が、数少ない装飾馬具との共伴例を参照すると、ｆ字形鏡板付轡との明確なセット例は存
在せず、対照的に、Ｂ群馬具である棘葉形意匠や心葉形意匠の馬具とセットとなる例がみ
られる。こうした特徴から、イモガイ装馬具もＢ群馬具の一部を構成するものと考えられ
る。そしてＢ群馬具が装飾馬具の主流に合流する第6期から第7期にかけて、イモガイ装
馬具の分布圏が拡大し事例数が増加するのは、Ｂ群馬具とイモガイ装馬具が定型的な馬具
生産体制に、同時期に新しく組み込まれたことを示す。

　Ｂ群馬具のうち、日本列島の装飾馬具生産体制に組み込まれるのはＢa群が先行し、そ
れまで主流であったＡ群馬具の生産組織にも影響を与えることとなる。この影響が顕著と
なるのは第7期以降であるが、第6期段階にも既に影響が現れる。Ａ群馬具は、第6期段
階まで鉄地金銅張製の本体に鉄地銀被鋲が組み合わされるが、このうちＡb群馬具では、
Ｂ群馬具と同様の鋲の少数化が既に第6期に認められる。鋲を繁打するＡa群馬具とは対
照的である。

　第6期になると、ｆ字形鏡板付轡と剣菱形杏葉、楕円形意匠の馬具の生産が終了し、第
5期まで主流を占めていたＡa群馬具は減少する。さらに、同時期には、第2期以来存在
した鋳銅馬具の製作も終了する。すなわち、第2期から存続し主流を占めた装飾馬具の構
成が大きく変動することから、第6期に装飾馬具生産体制が変容したことが分かる。Ｂ群
馬具が盛行することも重要である。

　さらに、同時期の東アジア世界の金工品と比較すると、日本列島では古墳時代中期すな
わち5世紀代以来の金工品生産体制が発展、継続して独自の生産体制が確立するのに対
し、中国大陸北部及び朝鮮半島南部の百済と加耶では、6世紀代になって、鋳造製、線彫
Ｂの金工品が優勢になる新たな金工品生産体制へと移行する。このような先進地帯での変
化は、6世紀中葉以降の日本列島出土の金工品にもやや遅れて影響が波及しＢb群馬具や
龍鳳環頭大刀が登場することとなる。

　註
　（1）　本資料の馬装復元には、田中-1997、宮代2003を参考にした。
　（2）　ここで述べる「金工品生産組織」とは、装飾馬具生産組織、冠や飾履などの服飾品の生産組織、
　　　　胡籙や装飾付大刀などの金銅装の武器、武具の生産組織を包含する、金工品全般の生産組織を意
　　　　図している。

第4章　装飾馬具生産の展開

(3) この経緯は（金宇大 2017）に詳述されている。

(4) 松尾充晶（松尾 1999）によると、銜先覆金具の使用は f 字形鏡板付轡、鐘形鏡板付轡、十字文楕
円形鏡板付轡、内彎楕円形鏡板付轡、花形轡、十字文透心葉形鏡板付轡に認められる。全て A 群
馬具である。

(5) 諌早以外にも千賀　久が日本列島での製作の可能性を指摘している。千賀は、藤ノ木古墳出土馬
具について、中国、朝鮮半島からの渡来系工人が組織されて特別に製作された可能性を想定してい
る（千賀 2003a）。

(6) 上野祥史は、慶州皇南大塚南墳を契機として、新羅の領域では龍文透彫文様の帯金具の製作が次
第に消失し、新羅で独自の葉文に特化することに注目し、龍文を重視した百済や大加耶との違
いを強調している（上野 2014）。十字文心葉形鏡板付轡と棘葉形杏葉といった植物意匠の馬具も、
同じ背景から 6 世紀代に創出された可能性が高い。

また、山本孝文は百済系の金工品には動物、特に牙を持つ肉食獣や龍などの想像上の神獣を表現
するのに対し、新羅では植物文様が多く見られることから、両国におけるアイデンティティーを
反映していた可能性を指摘している（山本 2018）。

第5章　装飾馬具生産の変質と初期造仏活動

　前章では、第4期にA群馬具から構成される装飾馬具の生産体制が確立し、第6期になるとB群馬具を含む新たな生産組織が確立することを述べた。第6期の段階で、A群馬具はB群馬具の影響を受け、生産組織の変容が開始されるが、第7期になると、装飾馬具生産体制は全体的にさらに大きな変化を迎えることとなる。

第1節　A群・B群馬具の変容と統合

　第7期になると、多くの意匠の装飾馬具で、鏡板と杏葉の外形が一致するようになる。桃崎祐輔はこの現象を「ともづくり」と呼称した。その定義は、鏡板と杏葉が全く同じ意匠で、かつ外形および内部の文様まで統一されることである（桃崎2012）。すなわち、この種の、形態が共通する鏡板と杏葉の製作にあたっては、型（標）が共有されたことが想定される。

　なお、第6期以前にも楕円形意匠、鐘形意匠、花形意匠のように鏡板と杏葉が同意匠となる組み合わせは存在するが、鏡板と杏葉の形態及び法量は異なっている。また、鏡板と杏葉の外形が同形同大である車輪文・放射文意匠のセットでも、第6期の城山1号墳では、内部の文様割付が鏡板と杏葉で微妙に異なる。したがって、「ともづくり」は第7期になってから成立する技法と考えられる。この時期に製作される全ての装飾馬具が「ともづくり」に移行するわけではないが、複数の意匠に共通して認められることは、鏡板、杏葉製作の規範がA群馬具、B群馬具を問わず、複数の意匠の装飾馬具生産組織で共有されたことを示唆するものである。

（1）鐘形意匠の馬具のセット（図37・表17）

　鐘形意匠の馬具のセットは、第6期以降に出土数量が減少するが、第7期の岡山県岩田14号墳（図37-1）からは横穴式石室奥壁付近より馬具が2セット出土している。追葬に伴う片づけ行為を受け、本来の馬装を完全に復元することは不可能であるが、鉄地金銅張製

113

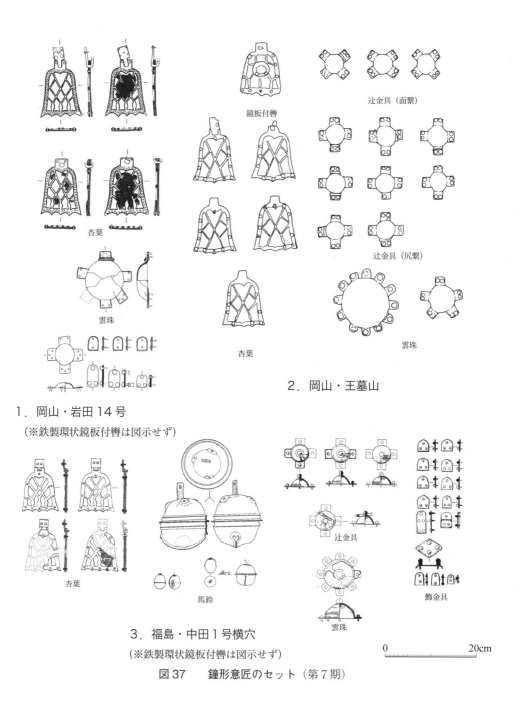

1. 岡山・岩田14号
（※鉄製環状鏡板付轡は図示せず）

2. 岡山・王墓山

3. 福島・中田1号横穴
（※鉄製環状鏡板付轡は図示せず）

図37　鐘形意匠のセット（第7期）

　鐘形杏葉以外に2点の素環鏡板付轡が出土しているので、いずれかの轡がセットとなる。鐘形杏葉本体、吊金具、飾金具では鋲の規格がそれぞれ異なる。雲珠は鋲が現存するのは1脚であるが、鋲の規格は吊金具と規格が共有される。また、この脚には2条の鉄製責金具が装着される。鋲規格共有2類に比定できる。なお、鋲の材質は全て鉄地金銅被となっている。

114

表17　鐘形意匠の馬具のセット（第7期）

古墳名	鏡板				吊金具		杏葉				吊金具		辻金具		雲珠		飾金具		鋲規格
	型式	地板	枠文	鋲	金具	鋲	型式	地板	枠文	鋲	金具	鋲	金具	鋲	金具	鋲	金具	鋲	
岡山・岩田14号	素環	鉄		–	–	–	鐘形	鉄金		鋲金a	鋲金	鋲金a	鋲金	鋲金a	鋲金	鋲金a	鋲金	鋲金a	2類
岡山・王墓山	鐘形	鉄金		鋲金b	–	–	鐘形	鉄金		鋲金b	鋲金	鋲金b	鋲金	鋲金b	鋲金	鋲金b	鋲金	鋲金b	1類
京都・西外2号	鐘形	鉄金		鋲金	–	–	鐘形	鉄金		鋲金	–	–	–	–	–	–	–	–	–
兵庫・三町田	–	–		–	–	–	鐘形	鉄金		鋲金	–	–	–	–	–	–	–	–	–
長野・座光寺	–	–		–	–	–	鐘形	鉄金		鋲金	–	–	–	–	–	–	–	–	–
福島・中田1号	素環	鉄					鐘形	鉄金		鋲金b	鋲金	鋲金b	鋲金	鋲金b	鋲金	鋲金b	鋲金	鋲金a,b	4類

　第7期の岡山県王墓山古墳出土資料（25m円墳または方墳・図37-2）は鐘形鏡板付轡と鐘形杏葉のセットとしては最新の時期の資料である。鏡板付轡と杏葉の意匠が統一されることと関係するのか、鋲の規格は共有され、鋲規格共有1類に分類されるが、前段階までの資料と大きく異なり、半球形の鋲a類が大型化し、打たれる間隔が疎らになっている。また、鋲の素材は鉄地金銅被である。

　福島県中田1号装飾横穴からは鐘形杏葉を中心とするセットが出土している。鉄製環状鏡板付轡を中心とする面繋、鍛造の大型金銅製鈴から構成される胸繋、鉄地金銅張製鐘形杏葉および同辻金具、雲珠から構成される馬具1セットが良好に遺存しており、近年、復原製作が行われた（工芸文化研究所2013）。馬具の鋲規格は中高鋲と半球形鋲が混在し、鋲頭の径が部品によって異なることから、鋲規格共有4類に分類される。また、鋲の材質は大部分が鉄地金銅被であるが、一部に鉄地銀被鋲が含まれる。

　第7期の京都府西外2号墳出土馬具（表17）は、鐘形鏡板と鐘形杏葉の組み合わせとしては最終段階の資料であるが、同時期の他の意匠の馬具と同様、鏡板と杏葉の外形は同じ形状となる。鐘形意匠の馬具は、確実に第8期まで下がる資料は確認されていないが、数量は減じながらも第8期まで生産が継続された可能性がある。第8期に生産される鉄地金銅張製の意匠融合形馬具の造形に、鐘形意匠の一部が取り入れられるためである。

（2）十字文心葉形透鏡板付轡を中心とするセット（図38・表18）

　十字文心葉形透鏡板付轡は、第6期に出現し、第7期に列島での生産が開始されたようであるが、第8期までは生産が継続されない。松尾充晶の集成（松尾1999）によると出土例は11例にのぼる。出土例は必ずしも多くないが、存続期間が短いことから、同時期の流通量は一定量あったものと思われる。

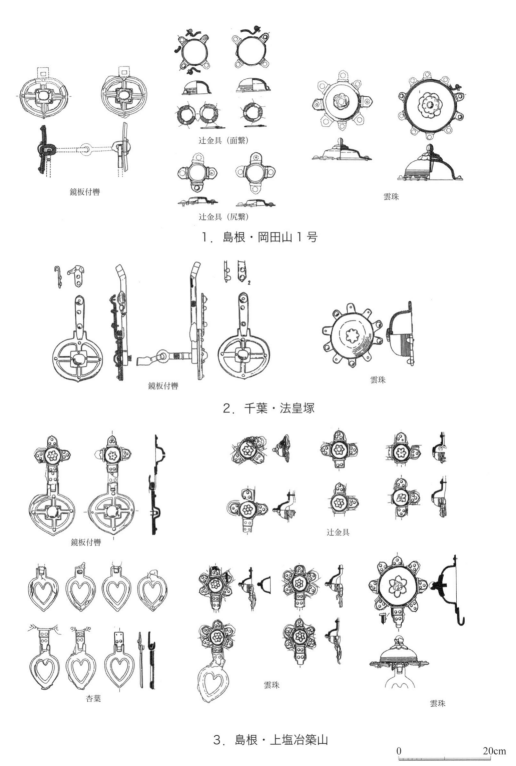

図38 十字文透心葉形鏡板付轡を中心とするセット（第7期）

表18　十字文透心葉形鏡板付轡を中心とするセット（第7期）

古墳名	鏡板				吊金具		杏葉				吊金具		辻金具		雲珠		飾金具		鋲規格
	型式	地板	枠文	鋲	金具	鋲	型式	地板	枠文	鋲	金具	鋲	金具	鋲	金具	鋲	金具	鋲	
上塩冶築山	十字透心葉	鉄金	鉄金	銀b	鉄金	銀a	心葉	鉄金	-	-	鉄金	銀a	鉄金	銀a	-	-	-	-	2類
新田大塚	十字透心葉	鉄金		銀	-	-	-	-	-	-	-	-	-	-	-	-	-	-	-
法皇塚	十字透心葉	鉄金		鉄金b	鉄金	鉄金a	-	-	-	-	-	-	-	-	-	-	-	-	2類
牛塚	十字透心葉	鉄金		-	-	-	-	-	-	-	-	-	-	-	-	-	-	-	-
岡田山1号	十字透心葉	鉄金		鉄金b	鉄金	-	-	-	-	-	鉄金	鉄金	鉄金	鉄金a・b	鉄金	鉄金b	鉄金	鉄金b	2類
牧井財1号	十字透心葉	鉄金		鉄金b	鉄金	-	-	-	-	-	鉄金	鉄金	鉄金	鉄金b	鉄金	鉄金b	鉄金	鉄金b	2類

　岡田山1号墳（24m前方後方墳・図38-1）は「額田部臣」銀象嵌銘を有する大刀が出土したことで著名な古墳である。同古墳出土資料は大正14年に持ち出された資料であるが、資料の良好な保存状況から、馬装の復原が可能である。鉄地金銅張製十字文透心葉形鏡板付轡を中心とする資料は、鋲規格共有2類となる。

　牛塚古墳（47m前方後円墳）出土資料はほぼ同径の半球形鋲a類が打たれるが、法皇塚古墳（54m前方後円墳・図38-2）と上塩冶築山古墳（77m円墳・図38-3）は鋲規格共有2類に分類される。上塩冶築山古墳出土資料は雲珠と辻金具の本体が鉄地金銅張製であるが、鉢頂部の宝珠形飾り金具と六花弁花形座金具、責金具、鋲頭が鉄地銀被で、金銀のコントラストが映える優品である。

　松尾の編年によると第6期の三里古墳から第7期の上塩冶築山古墳まで三段階が想定されるが、その間、鋲規格がセット内で共有される可能性がある資料は牛塚古墳の1例に過ぎず、他の事例は全て、辻金具、雲珠、心葉形鏡板鉤金具の鋲と心葉形鏡板本体に打たれる鋲、そして鏡板の衝先覆金具に打たれる鋲がそれぞれ規格を違える。

　また、上塩冶築山古墳出土のセットは、通常、B群馬具と組み合わされる脚金具の先端が尖る半円形の辻金具、雲珠が含まれている点が注目される。第7期に進行する、Ab群馬具とBa群馬具の親縁性がこの意匠のセットにも見て取れる。

　そして、貴金属の素材を比較すると、優品の上塩冶築山古墳出土資料以外の資料は馬具本体、鋲に共通して金銅装が施されている。この特徴もB群馬具と共通する。

(2) 花形意匠の馬具のセット（図39・表19）

　第7期の資料として、兵庫県きつね塚古墳の資料が挙げられる。鏡板、杏葉3点、辻金具3点、雲珠1点が現存する。鏡板及び杏葉本体に打たれる鋲の径が大型化し、鋲の数量が減っている。出現期の古城稲荷山古墳よりは一段階新しい資料である。鏡板、杏葉の本体部分に打たれる鋲の規格と、繋に装着される鋲の規格が異なる。鋲規格共有2類に分類される。

　花形意匠の馬具はこの段階の良好な資料が少なく、鋲規格からの生産組織の特徴は判然としない。ただし、使用される貴金属の素材を比較すると、出現段階の第6期の古城稲荷山古墳と異なり、次の段階の第7期のきつね塚古墳では、馬具本体と鋲の両方が鉄地金銅張製であることが特筆される。以降、花形意匠の馬具は本体、鋲ほかが全て鉄地金銅張製となる。A群、B群を問わず、他の意匠の装飾馬具と共通する素材構成である。

　静岡県賤機山古墳（図39-1）は、石室築造の時期は第6期と想定されるが、追葬に伴い第7期の花形鏡板付轡と花形杏葉を中心とするセットが副葬される。鏡板の中央部に衝先金具の固定部分が露出する特異な構造であるが、杏葉にもその表現を模した文様表現が為される。鏡板と杏葉の共通化が、外形だけでなく文様表現の共通性まで徹底されていたことが分かる資料である。

　島根県中村1号墳（30m円墳・図39-2）では、第7期の花形鏡板付轡と花形杏葉3点が副葬される。この他、辻金具4点、雲珠1点がセットに含まれるようである。同資料は埋葬後の儀礼的な馬具の破壊行為によって副葬された馬具が散乱しており、セット関係がやや不明であるが、この他に、半円形突起付方形飾金具も同一セットに含まれる可能性がある。この資料も鏡板と杏葉の外形および文様構成が共通する。

　静岡県蜆塚1号墳（図39-3）は、鏡板と比較すると杏葉が小型であるが、鏡板の珠文が杏葉より多い以外、外形は近似している。また、雲珠が大型で花形座を有し、また、辻金具と半球状隆起方形金具には頂部に鈴が装着される、全般に装飾性の高いセットである。

　千葉県金鈴塚古墳（図39-4）、群馬県八幡観音塚古墳（105m前方後円墳・図39-5）は両古墳とも第7期では屈指の規模の前方後円墳で、大量の副葬品が出土している。両古墳出土の花形鏡板及び杏葉は大型で、他の古墳とは異なり、花形意匠の馬具の生産組織の中にも工房の違いが存在した可能性を示唆する。なお、八幡観音塚古墳では、花形鏡板及び杏葉を中心とするセット以外にも、多くの馬具、装飾付大刀、承台付銅鋺などの金工品が

第5章 装飾馬具生産の変質と初期造仏活動

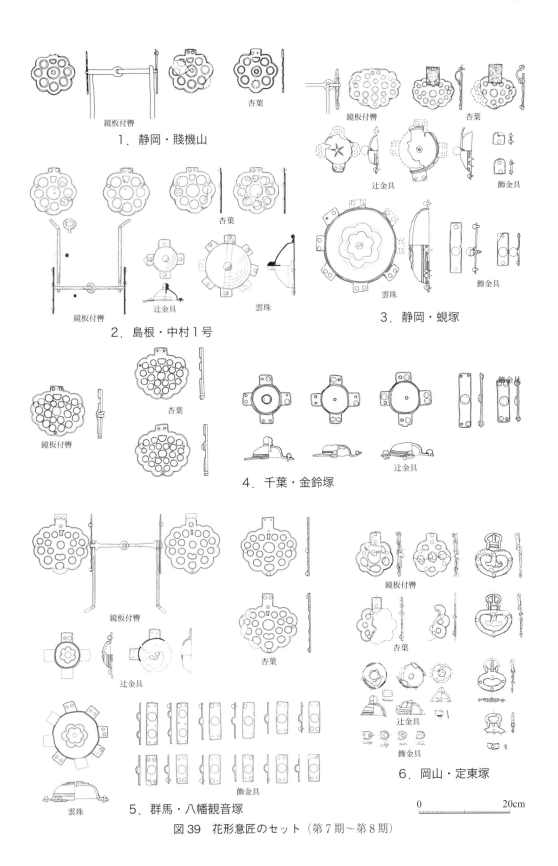

図39 花形意匠のセット（第7期～第8期）

表19　花形意匠のセット（第7期～第8期）

古墳名	鏡板 型式	鏡板 地板	鏡板 枠文	鏡板 鋲	吊金具 金具	吊金具 鋲	杏葉 型式	杏葉 地板	杏葉 枠文	杏葉 鋲	吊金具 金具	吊金具 鋲	辻金具 金具	辻金具 鋲	雲珠 金具	雲珠 鋲	飾金具 金具	飾金具 鋲	鋲規格
兵庫・きつね塚	花形	鉄金	鉄金b	－	－	花形	鉄金	鉄金b	－	－	鉄金	鉄金b	鉄金	鉄金b	鉄金	鉄金b	1類	鉄金a	準1類
福岡・竹原	花形	鉄金	鉄金	鉄金	鉄金	花形	鉄金	鉄金	－	－	鉄金	鉄金	－	－	－	－	－	金銅b	1類
静岡・賤機山	花形	鉄金	鉄金	－	－	花形	鉄金	鉄金	－	－	－	－	－	－	－	－	－	鉄金a・b	4類
千葉・金鈴塚	花形	鉄金	鉄金	－	－	花形	鉄金	鉄金	－	－	－	－	－	－	－	－	－	鉄金	－
群馬・八幡観音塚	花形	鉄金	鉄金b	－	－	花形	鉄金	鉄金b	－	－	鉄金	鉄金b	鉄金	鉄金b	鉄金	鉄金b	1類		
島根・中村1号	花形	鉄金	鉄金b	－	－	花形	鉄金	鉄金b	－	－	鉄金	鉄金	鉄金	鉄金b	－	－	1類		
静岡・蜆塚1号	花形	鉄金	鉄金b	－	－	花形	鉄金	鉄金b	－	－	鉄金	鉄金b	鉄金	鉄金b	鉄金	鉄金b	1類		
岡山・定東塚	花形	鉄金	鉄金b	－	－	花形	鉄金	鉄金b	－	－	鉄金	鉄金	－	－	鉄金	鉄金b	1類		

出土しており、その内容が明らかにされている。この時期の金工品の組成を検討する上で重要な古墳である。

　第8期まで下る花形意匠の馬具として、岡山県定東塚古墳（25m方墳）出土資料（図39-6）が挙げられる。花形鏡板付轡と花形杏葉および鉸具造心葉形杏葉が伴う資料であるが、鏡板と杏葉の形状を比較すると、左右の鏡板で文様表現が不統一であり、鏡板及び杏葉間も同様である。花形意匠の製作技法は、文様板を打ち抜いて珠文を表現するのが特徴であるが、この段階になると文様表現の形骸化が進行することが分かる。

（3）放射状・車輪状意匠のセット（図40・表20）

　茨城県風返稲荷山古墳（約70m前方後円墳・図40）では、くびれ部箱形石棺外から、放射状・車輪状楕円形鏡板付轡と同規格の杏葉3点を中心とするセットが出土している。鏡板と杏葉の形状は下端部が尖っているため、「心葉形」と称すべき資料であるが、文様

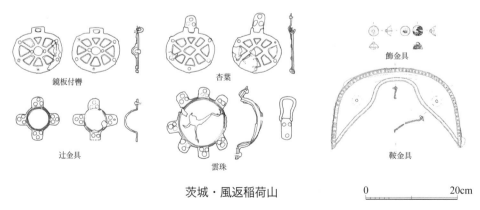

図40　放射状・車輪状意匠の馬具のセット（第7期）

第5章　装飾馬具生産の変質と初期造仏活動

表20　放射状・車輪状意匠の馬具のセット（第7期〜第8期）

古墳名	鏡板				吊金具		杏葉				吊金具		辻金具		雲珠		飾金具		鋲規格
	型式	地板	枠文	鋲	金具	鋲	型式	地板	枠文	鋲	金具	鋲	金具	鋲	金具	鋲	金具	鋲	
福岡・新延大塚	斜格子	鉄金		鉄金b	–	–	斜格子	鉄金		鉄金b	鉄金	鉄金b	鉄金	鉄金・銀b	–	–	鉄金	鉄金a	準1類
茨城・風返稲荷山	放射	鉄金		鉄金b	–	–	放射	鉄金		鉄金b	鉄金	鉄金b	鉄金b	鉄金b	鉄金	鉄金	金銅	金銅b	1類
千葉・金鈴塚	放射	鉄金		鉄金a・b	鉄金	鉄金a・b	放射	鉄金		鉄金a・b	–	–	–	–	–	–	鉄金	鉄金a・b	4類
佐賀・小城炭鉱	–	–	–	–	–	–	放射	鉄金		鉄金	–	–	–	–	–	–	鉄金	鉄金	

構成は他の放射状・車輪状楕円形意匠の資料と同様である。鏡板と杏葉は、鋲の装着される部位の外形が棘状に二股に尖り、外形線の統一が図られて製作されたことが分かる。また、この資料の特徴として注目されるのは、鉄地銀張製鞍金具の存在である。鏡板、杏葉を中心とする頭繋、尻繋を構成する馬具は鉄地金銅張製の部品で製作されるが、鞍金具は鉄地銀張製である。このように、馬具の間で使用貴金属が異なる現象は、第5期から第6期のB群馬具でみられた。さらに、この鞍金具は磯金具と州浜金具が一体成形されている。この特徴も、B群馬具と共通する。この資料の出土遺構は竪穴系の埋葬施設で、横穴式石室のように開口した遺構ではないため、撹乱や混入は想定し難く、セットとして使用されたことは確実である。他の意匠の馬具でも明らかであるが、放射状・車輪状意匠の馬具のセットでも、第7期になるとA群馬具とB群馬具の境界が除去されていることが分かる。そして、馬具本体と鋲が共に鉄地金銅張製となることも、同時期の他のA群馬具と共通する変化である。

（4）　棘葉形意匠の馬具のセット（図41・図42・表21）

第6期まで、心葉形鏡板付轡と棘葉形杏葉が強固なセット関係を構築していたが、第7期になると従来の組み合わせに加えて、棘葉形鏡板付轡と棘葉形杏葉のセットが登場する。鏡板と杏葉は同形同大である。そしてこの意匠の馬具は、B群馬具を細分するとBa群馬具に位置づけられるが、第7期になるとB群馬具の特徴であった吊金具と、雲珠及び辻金具の脚金具の形態がA群馬具と共通の形態に変化する。千賀久（千賀2003a）は、この変化を「国産化」の反映と捉えている。

第6期から第7期の過渡期にあたる愛知県馬越長火塚古墳（70m前方後円墳・図41-1）出土資料は、7点の棘葉形杏葉が現存し、雲珠2点、辻金具15点が現存する。轡は存在しないが、辻金具はX字形のものが含まれ、面繋に装着された馬具（宮代1996d）と考えられる。半球形鋲a類の規格は杏葉と辻金具、雲珠で共通するが、吊金具に装着される鋲

121

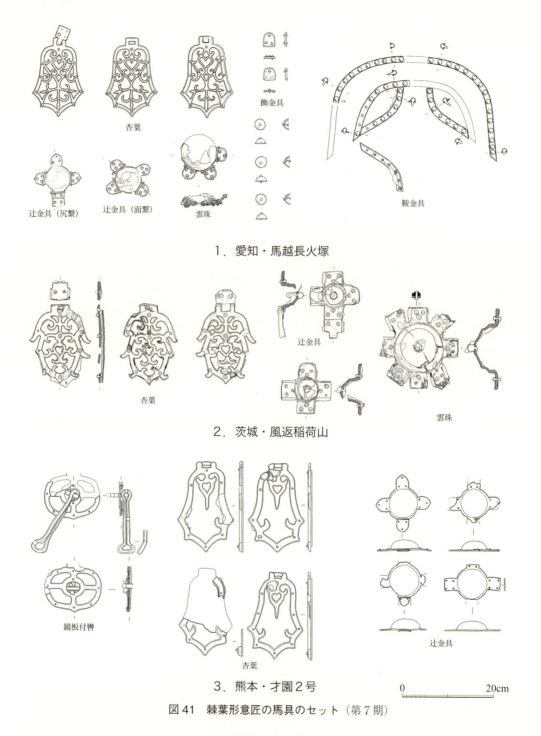

図41 棘葉形意匠の馬具のセット（第7期）

の径だけが大きい。したがって鋲規格共有準1類に分類される。馬越長火塚古墳出土資料は、前段階の棘葉形意匠の馬具と異なり、第6期以前のB群馬具とA群馬具の特徴を共有する。B群馬具と共通するのは、地板と文様板に個別で金銅装が施されることである。そして、一つの部品では同素材の貴金属が使用される規範が適用され、現存する棘葉形杏

第5章　装飾馬具生産の変質と初期造仏活動

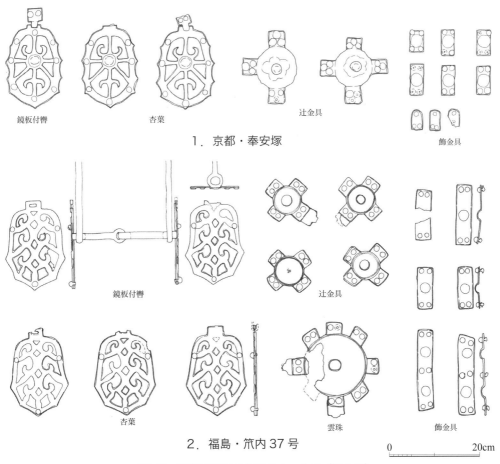

図42　棘葉形意匠の馬具のセット2（第7期）

表21　棘葉形意匠の馬具のセット（第7期）

古墳名	鏡板 型式	鏡板 地板	鏡板 枠文	鏡板 鋲	吊金具 金具	吊金具 鋲	杏葉 型式	杏葉 地板	杏葉 枠文	杏葉 鋲	吊金具 金具	吊金具 鋲	辻金具 金具	辻金具 鋲	雲珠 金具	雲珠 鋲	飾金具 金具	飾金具 鋲	鋲規格
愛知・馬越長火塚	−	−	−	−	−	−	棘葉	鉄金	金銅	金銅a	鉄金		鉄金	金銅a	鉄金	鉄金	鉄金	金銅a	1類
茨城・風返稲荷山	環状鏡板	鉄					棘葉	鉄金	金銅	鉄金b	鉄金	鉄金b	鉄金	鉄金b	鉄金	鉄金b	−	−	1類
熊本・才園2号	十字心葉	鉄金	金銅	金銅a	−	−	棘葉	鉄金	金銅	鉄金a	−	−	鉄金	鉄金a	鉄金	鉄金a	−	−	3類
京都・奉安塚	棘葉		鉄金	鉄金b	鉄金	鉄金b	棘葉	鉄金		鉄金b	鉄金	鉄金b	鉄金	鉄金b	鉄金	鉄金b	鉄金	鉄金b	1類
福島・笊内37号	棘葉		鉄金	鉄金b	鉄金	鉄金b	棘葉	鉄金		鉄金b	鉄金	鉄金b	鉄金	鉄金b	鉄金	鉄金b	鉄金	鉄金b	1類

葉、辻金具、雲珠は、全て金銅装である。現存しない棘葉形杏葉1点は、現存する杏葉と形態が異なり、本体と鋲は報告書掲載写真から判断する限り銀装である。また、辻金具と雲珠の脚金具は先端が尖る半円形を呈することもB群馬具の特徴である。一方で、A群馬具との共通点として、杏葉の文様板が鉄地金銅張製であること、そして杏葉に装着される吊金具や一部の辻金具の脚金具が方形を呈することが挙げられる。また、鞍金具は、州浜

123

金具が残存していないが、磯金具の縁金具の形態から、磯金具と州浜金具が別成形の可能性が高いこともA群馬具と共通する特徴である。

茨城県風返稲荷山古墳（図41-2）出土資料は、横穴式石室前室から出土した資料で、素環轡、鉄地金銅張製棘葉形杏葉を中心とするセットである。棘葉形杏葉は、鉄製地板の上に金銅板が乗せられ、さらに鉄地金銅張製の文様板が装着される。金銅板を鋲製の地板と文様板に個別に装着する点では、同時期のA群馬具と異なるが、文様板が鉄地金銅張製となる点で、第6期以前のB群馬具よりは、A群馬具と近い。また、杏葉の吊金具および辻金具、雲珠の脚金具の形状は、第6期のB群馬具では花弁形であったが、本資料では、A群馬具と同じ方形を呈する。ただし、鞍金具は磯金具と州浜金具を一体成形する、従来のB群馬具の特徴を留める。言わば、A群馬具とB群馬具の特徴が混在するセットである。

熊本県才園2号墳（12m円墳・図41-3）からは馬具8セットが出土している。出土状況からの馬装の復原は不可能であるが、宮代栄一が馬具の型式分類からセット関係を復元している（宮代1999）。十字文心葉形鏡板付轡、棘葉形杏葉6点、辻金具4点からなるセットと、十字文楕円形鏡板付轡、辻金具、雲珠からなるセットが存在する。第6期の埼玉将軍山古墳と才園2号墳の棘葉形杏葉は形態が酷似し、同系統に位置づけられる。なお、心葉形鏡板付轡と辻金具には同じ規格の金銅製半球形鋲a類が打たれるが、棘葉形杏葉はやや鋲頭径の大きい鉄地金銅張製半球形鋲a類が打たれる。鋲規格共有3類となる。

京都府奉安塚古墳出土資料（約20m方墳・図42-1）は、棘葉形鏡板付轡1組、棘葉形杏葉2点を中心とするセットである。鏡板、杏葉に共通して文様中心部に半球形の突起が存在する。杏葉には不要の突起であるが、鏡板と同一の設計を流用したために造形されたものであろう。鏡板、杏葉の金銅装は金銅板一枚被せが施され、A群馬具によくみられる手法をとる。鏡板、杏葉および吊金具にはほぼ同径の紡錘形鋲b類が装着されるが、辻金具には紡錘形鋲b類と半球形鋲a類が混在し、方形飾金具、爪形飾金具には半球形鋲a類のみが装着される。鏡板、杏葉をはじめほぼ全ての馬具が鉄地金銅張製品であるが、鋲の一部のみ鉄地銀被である。

福島県笊内37号横穴出土資料（図42-2）は、棘葉形鏡板付轡1組と棘葉形杏葉3点を中心とする馬装1セットが良好な状態で出土したものである。鏡板と杏葉は鉄製の地板と文様板の二枚で構成され、金銅板一枚被せの手法で金銅装が為される。辻金具、方形飾金具の形態も鉄地金銅張製である。鋲は鉄地金銅被で、各馬具に装着される鋲は直径がほぼ同径の紡錘形鋲b類が装着される。鋲規格共有1類に分類される。

このように、第7期に棘葉形意匠の馬具は急速に変容する。具体的には、第6期まで濃厚に有したB群馬具の特徴が薄れ、A群馬具の属性が取り入れられるようになるのである[1]。

（5）心葉形透彫意匠の馬具を中心とするセット（図43・図44・表22・表23）

心葉形透彫鏡板付轡または心葉形透彫杏葉を含むセットを指す。第7期から第8期にかけては、第6期に引き続き、Bb群馬具である心葉形透彫意匠の馬具のセットが認められる。出現段階であった第6期から次第に文様が形骸化し、打たれる鋲が少なくなるなど、製作工程の省力化が認められる。また、彫金技法の省略もみられ、この種の馬具の特徴である薄肉彫と毛彫を施す資料が次第に少なくなる傾向が指摘されている（千賀2003a）。

福岡県宮地嶽古墳（約35m円墳・図43-1）は、大型横口式石槨を埋葬主体部とする終末期古墳である。ただし、副葬される馬具の時期は、鞍金具の特徴から第7期に比定する宮代栄一（宮代1996c）と、他の副葬品及び埋葬主体部と同時期の第8期まで年代を下げる桃崎祐輔の見解（桃崎2015）があり、評価が分かれている。宮代の評価に従うと、馬具の製作から副葬に至るまでの伝世が存在することになる。宮地嶽古墳出土品を分析した花田勝広（花田2002a）によると、唐草文透彫十字文心葉形鏡板付轡の文様板と鞍金具の唐草文は薄肉彫で表現され、金銅製壺鐙と鞍金具は鋳造で成形されている。このような製作技法の特徴は、第6期の藤ノ木古墳、賤機山古墳、珠城山3号墳と共通することから、宮地嶽古墳出土馬具の時期は、第7期の範囲でもかなり早い段階と想定される。現状では第7期に比定した宮代の評価に従うこととする。

長崎県笹塚古墳出土資料（40m円墳・図43-2）は、唐草文透彫心葉形鏡板付轡、唐草文透彫杏葉2点、イモガイ装金銅製辻金具2点、金銅製亀形辻金具から構成される。各々の馬具に打たれる鋲の規格は共通であり、鋲規格共有1類に分類できる。鏡板と杏葉は文様が共通し、同意匠の花弁型吊金具が装着され、そして鋲打ちの位置が同じであるなど多くの点で対応関係にある。ただし、宮代栄一が指摘するように（宮代1997）、鏡板と杏葉のタガネ彫は精粗に差が認められる。また、イモガイ装辻金具と亀形辻金具は同一セットでありながら、形態、製作技法が全く異なる。このセットは単一工房の製作ではなく、個々の部品が異なる場所から持ち寄られて馬装が完成された蓋然性が高い。

珠城山3号墳出土資料（約50m前方後円墳・図43-3）は、唐草文透彫十字文心葉形鏡板付轡1点、鳳凰文透彫心葉形杏葉1点、辻金具1点から構成される。鋲の打たれる間隔が鏡板と杏葉で異なるが、鋲規格はセット内で共通しており、鋲規格共有1類に分類でき

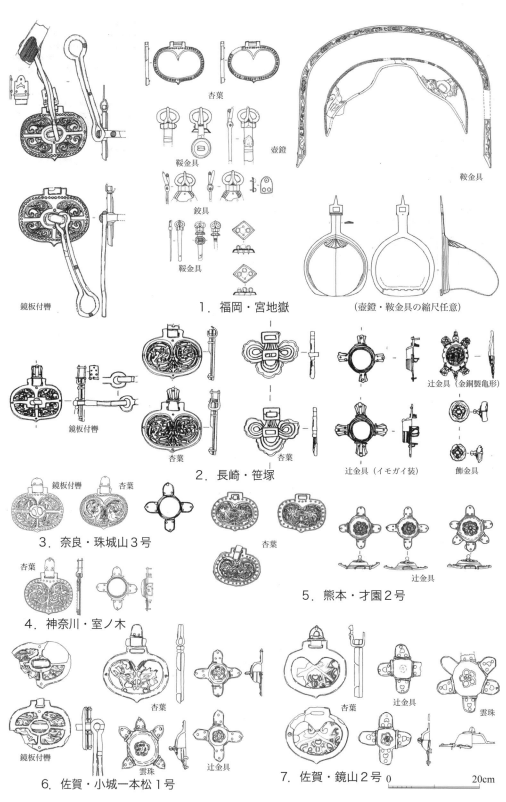

図43 心葉形透彫意匠のセット（第7期）

表22　心葉形透彫意匠の馬具のセット（第7期〜第8期）

古墳名	鏡板				吊金具		杏葉				吊金具		辻金具		雲珠		飾金具		鋲規格
	型式	地板	枠文	鋲	金具	鋲	型式	地板	枠文	鋲	金具	鋲	金具	鋲	金具	鋲	金具	鋲	
福岡・宮地嶽	唐草心葉	鉄金	金銅	金銅a	金銅	金銅a	不明心葉	鉄金	金銅	金銅a	–	–	–	–	–	–	–	–	–
長崎・笹塚	唐草心葉	鉄金	金銅	金銅a	金銅	金銅a	唐草心葉	鉄金	金銅	金銅a	金銅	金銅a	金銅	金銅a	金銅	金銅a	金銅	金銅a	1類
奈良・珠城山3号	唐草心葉	鉄金	金銅	金銅a	金銅	金銅a	鳳凰心葉	鉄金	金銅	金銅a	金銅	金銅a	金銅	金銅a	–	–	–	–	1類
三重・高茶屋大塚	唐草心葉	鉄金	金銅	金銅a	金銅	金銅a	龍文心葉	鉄金	金銅	金銅a	金銅	金銅a	金銅	金銅a	金銅	金銅a	金銅	金銅a	1類
熊本・才園2号	–	–	–	–	–	–	唐草心葉	鉄金	金銅	金銅a	金銅	–	金銅	金銅a	金銅	金銅a	金銅	金銅a	1類
静岡・御小屋原	唐草心葉	鉄金	金銅	金銅a	金銅	金銅a	唐草心葉	鉄金	金銅	金銅a	金銅	金銅a	–	–	–	–	–	–	–
佐賀・小城一本松1号	唐草心葉	鉄金	鉄金	鉄金・金銅	鉄金	金銅a	鳳凰心葉	鉄金	鉄金	鉄金a	鉄金	鉄金a	鉄金	金銅a	鉄金	金銅a			1類
佐賀・鏡山2号	–	鉄金	鉄金	鉄金a	鉄金	金銅a	不明心葉	鉄金	鉄金	鉄金a	鉄金	鉄金a	鉄金	金銅a	鉄金	鉄金a			1類
神奈川・室ノ木	–	–	–	–	–	–	唐草心葉	鉄金	金銅	金銅a	金銅	金銅a	金銅	金銅a	–	–	–	–	–

る。材質は藤ノ木古墳と同じく、地板が鉄地金銅張製である以外は金銅製の部品から構成される。

　神奈川県室ノ木古墳出土資料（図43-4）は、唐草文透彫心葉形杏葉1点と辻金具1点と、その他に辻金具脚部破片、轡の引手破片が知られるセットである。唐草文透彫文様には若干省略が認められることから、第7期に比定される。室ノ木古墳の横穴式石室は凝灰岩切石積で、古墳時代終末期に下る可能性があるが、この資料を紹介した小野山節（小野山1979）によれば、この石室の築造と同時期の馬具とされる。

　熊本県才園2号墳出土資料（図43-5）は3点の唐草文透彫心葉形杏葉を中心とする資料である。宮代栄一（宮代1999）の検討では、尻繋が金銅装の杏葉、辻金具、雲珠から構成されるが、頭繋は鉄製環状鏡板付轡を中心に構成されるという。この資料は、杏葉に打たれる鋲の間隔が密であることから第7期に編年されるにも関わらず、製作技法の省略化と変容がさらに進んでいることが特徴である。心葉形杏葉の透彫文様の毛彫が省略され、細い線状のタガネ彫となっており、そして本来金銅製である杏葉の枠金が鉄地金銅張製となっている。そして組み合わされる雲珠も鉄地金銅張製である。

　佐賀県小城一本松1号墳出土資料（規模不明円墳・図43-6）は鉄地金銅張製唐草文透彫心葉形鏡板付轡と同杏葉2点および鉄地金銅張製雲珠1点、鉄地金銅張製杏葉3点から構成される。鋲規格は共通し、鋲規格共有1類に分類される。ただし、鏡板及び杏葉は鉄地金銅被鋲が主体であるのに対し、辻金具と雲珠の鋲は金銅製で、素材が統一されていない。また、馬具本体が、薄い金銅製文様板以外は鉄地金銅張製なのが特徴的である。同様に馬具本体が鉄地金銅張製の資料として、第7期の佐賀県鏡山2号墳（規模不明円墳・図43-7）が挙げられる。心葉形杏葉2点、雲珠1点、辻金具4点が出土している。

静岡県仁田山ノ崎古墳出土資料（図44-1）は、心葉形透彫鏡板付轡は、透彫文様板が金銅製である以外は、枠金、地板などは鉄地金銅張製である。また、鉄地金銅張棘葉形杏葉が2点出土している。

兵庫県文堂古墳（規模不明円墳または方墳・図44-2）では、第8期の金銅装唐草文透彫心葉形鏡板付轡と棘葉形杏葉4点を中心に構成される馬装1セットが比較的良好な状態で出土している。鏡板は地板が鉄地金銅張製で、文様板と中空の枠金は金銅製である。第7期以前の同意匠の馬具と同様の素材構成である。ただし、鏡板の内側に銜先環の先端を突出させ、かしめて固定する型式（図47-2）で、同時期の他の意匠の馬具と共通する。棘葉形杏葉は鉄地金銅張の地板と金銅製の枠金で構成される。方形及び円形飾金具は金銅製である。各馬具に打たれる鋲の規格は、杏葉と飾金具の鋲径が同一であるが、鏡板の鋲径がやや大きく、鋲規格共有準1類である。

第7期の心葉形透彫意匠、棘葉形透彫意匠の馬具は、第6期に登場した後に、次第に文様の形骸化が進行することが知られてきた（岡安1988）。第7期でも、福岡県宮地嶽古墳や長崎県笹塚古墳の資料には、まだ文様板に薄肉彫や毛彫が施され、第6期段階と大きく変わらないが、その後は文様の形骸化とともに、文様板が薄造りとなり、彫金も薄肉彫、毛彫が省略され、線彫は細く浅い線状の表現に変わる傾向がある。そして、九州では熊本県才園2号墳、佐賀県小城一本松塚古墳、鏡山2号墳のように小型円墳に副葬される事例があるが、鉄地金銅張製の部品を多用し、文様の形骸化が進む傾向がある。さらに、金銅製の優品を副葬する古墳と比べて墳丘規模が小さいことから、金銅製の優品を模倣製作した資料の可能性がある。

この型式の馬具の編年については一定の共通見解が得られているものの、特に第7期に比定される同時期の馬具間に、この10数年来、系譜の違いが存在する可能性が注目されるようになっている。千賀久（千賀2003a）は、奈良県珠城山3号墳や長崎県笹塚古墳のように、第6期の藤ノ木古墳や賤機山古墳の系譜を受け継ぐ、金銅製で薄肉彫や毛彫を施す優品と、熊本県才園2号墳のような鉄地金銅張製で簡素な線状のタガネ彫で文様を表現する製品を別系統と位置付け、後者は前者を模倣製作した日本列島製品とみなした。また、桃崎祐輔は、福岡県船原1号墳埋納施設から金銅装心葉形鏡板付轡、心葉形杏葉、イモガイ装金銅製雲珠、同辻金具、金銅装鞍などの極めて優品の馬具をはじめとする豊富な金属製品が出土したことから、新羅との交流で入手した資料と評価している。そして、韓国の昌寧末屹里遺跡で、同時期の馬具埋納遺構が検出されたことを受けて、日本列島で出土す

第5章　装飾馬具生産の変質と初期造仏活動

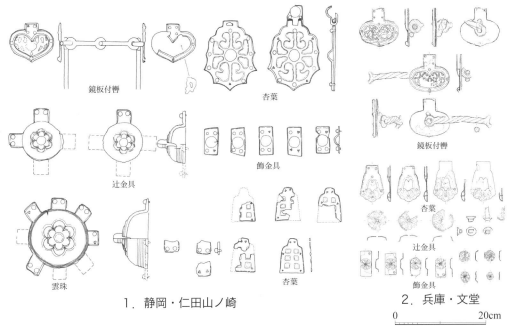

図44　心葉形透彫意匠、棘葉形意匠のセット（第7期～第8期）

表23　心葉形透彫意匠、棘葉形意匠の馬具のセット（第7期～第8期）

古墳名	鏡板				吊金具		杏葉				吊金具		辻金具		雲珠		飾金具		鋲規格
	型式	地板	枠文	鋲	金具	鋲	型式	地板	枠文	鋲	金具	鋲	金具	鋲	金具	鋲	金具	鋲	
静岡・仁田山ノ崎	唐草心葉	鉄金	金銅	鉄金b	ー	ー	棘葉	鉄金	金銅	鉄金b	金銅	鉄金b	ー	ー	ー	ー	ー	ー	1類
兵庫・文堂	唐草心葉	鉄金	金銅	金銅a	ー	ー	棘葉	鉄金	金銅	金銅a	金銅	金銅a	金銅	金銅a	金銅	金銅a	金銅	金銅a	1類

　る優品の心葉形透彫意匠の馬具は新羅製と位置付けた（桃崎2013）。さらに、新羅が倭に後納した「調」の一環として、この種の馬具が含まれたと推察する（桃崎2015）。桃崎の主張は、同時期の北部九州、壱岐島で多くの新羅土器が出土しており、Bb群馬具が出土した笹塚古墳でも新羅土器が共伴することから、一定の説得力を有する。

　前章でも述べたとおり、これまでの研究状況では、B群馬具の中で、Bb群馬具の心葉形透彫、棘葉形意匠の馬具の製作地に関する評価はいくつかの説が提示され、代表例である藤ノ木古墳出土品について、日本列島製（諫早2012b）、新羅製（桃崎2013・2015）、中国製（玉城1987）などの見解が挙げられる。Bb群馬具の生産地問題は、日本列島の装飾馬具生産体制を検討する上でも重要な意義を有するが、現在定説は存在しない。近年、福岡県船原1号墳埋納施設出土品という新羅製の可能性を示す資料が登場したが、前章でも指摘したように、新羅の金工品生産に係る技術力は、船原1号墳例より約1世紀前の、5世

129

紀末に比定される飾履塚の段階では百済、加耶よりは低い。そしてその後、第6・7期の日本列島で出土するような優品の棘葉形透彫意匠、心葉形透彫意匠の馬具を安定的に生産するに足るまで新羅の技術力が向上したのか疑問である。

仁田山ノ崎古墳と文堂古墳出土資料は、第6期に盛行した心葉形鏡板付轡と棘葉形杏葉のセットが第7期、第8期まで存続したことを示す貴重な資料である。特に文堂古墳資料は金銅製馬具を多用した優品である。上述の系譜問題も踏まえると、鉄地金銅張製の馬具から構成される仁田山ノ崎古墳出土資料と金銅製馬具を多用する文堂古墳出土資料は、同じ意匠でも、製作された工房の技術系譜が異なる可能性がある。

両古墳は埋葬施設が大型で、他の副葬品も優品がそろうことから、地域の有力な首長墳と考えられる。とはいえ、前段階と比較するとこのセットを有する古墳はわずかに2例にすぎない。本節（4）で述べたように、第7期から第8期の棘葉形意匠の馬具は、鉄地金銅張製で、鏡板と杏葉が共に棘葉形意匠となり、さらに鏡板と杏葉の外形及び内部文様が同一となる事例が多数を占めるようになる。一方で、第6期に多くみられた心葉形鏡板付轡と棘葉形杏葉が組み合わされるセットは減少することとなる。

（6）心葉形意匠のセット（図45・表24）

原則的に、心葉形鏡板付轡と心葉形杏葉がセットとなる事例を指す。第6期以降になると、他の意匠と同様に出土例が増加する。

奈良県平林古墳出土資料（図45-1）は楕円形鏡板付轡、三葉文心葉形杏葉4点、辻金具3点、雲珠1点、飾金具類から構成される。鏡板と銜覆金具には頭径の等しい半球形鋲a類が密に打たれる。一方で、三葉文心葉形杏葉には鋲がまばらに打たれ、鋲の頭径は大きい。鋲規格共有3類に分類される。鏡板と杏葉は、鋲の間隔に差があり、製作時期に差があるか、同時期の製作でも、工房が異なる可能性がある。

第7期の奈良県牧野古墳（48m以上円墳）では三葉文心葉形鏡板付轡と同杏葉6点（図45-2）が出土している。鏡板と杏葉は地板と文様板に別々に金銅板が張られる。金銅板の一枚被せが普及しているこの時期としては、異色の資料である。他にも繋に装着される飾金具が数多く出土しており、鉄地金銅張障泥金具、鉄地金銅張金具付黒漆塗三角錐形壺鐙も伴うことが判明している。他の事例よりも装飾性の高いセットと位置づけられる。三葉文心葉形鏡板付轡および杏葉は第7期から第8期にかけて、類例が列島各地で出土しているが、平林古墳、牧野古墳出土例はその初期段階の資料である。この種の鏡板と杏葉が大

第5章 装飾馬具生産の変質と初期造仏活動

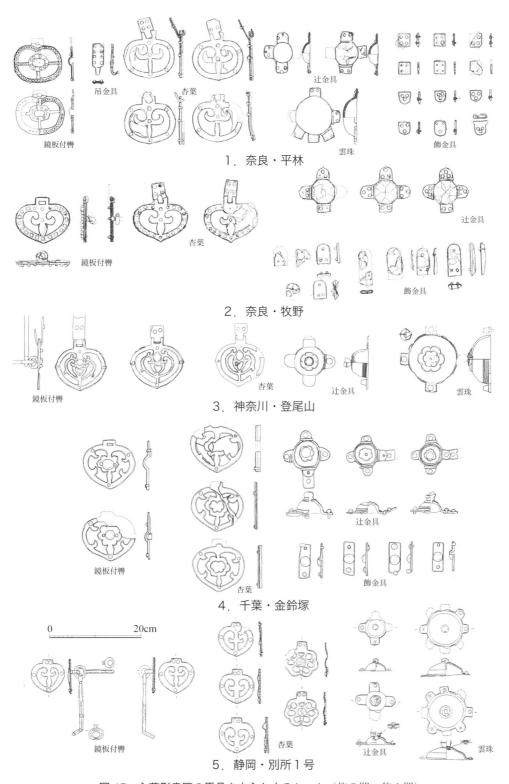

図45 心葉形意匠の馬具を中心とするセット（第7期～第8期）

表24　心葉形意匠の馬具のセット（第7期〜第8期）

古墳名	鏡板				吊金具		杏葉				吊金具		辻金具		雲珠		飾金具		鋲規格
	型式	地板	枠文	鋲	金具	鋲	型式	地板	枠文	鋲	金具	鋲	金具	鋲	金具	鋲	金具	鋲	
奈良・平林	楕円	鉄金		銀a	鉄金	銀a	心葉	鉄金		鉄金a	–	–	–	–	–	–	–	–	3類
奈良・牧野	心葉	鉄金	鉄金	鉄金a	–	–	心葉	鉄金		鉄金b	–	–	–	–	–	–	–	–	–
神奈川・登尾山	心葉	鉄金		鉄金a	鉄金	鉄金a	心葉	鉄金		鉄金a,b	–	–	鉄金	鉄金a,b	鉄金	鉄金a,b	鉄金	鉄金a,b	4類
滋賀・円山	心葉	鉄金		鉄金b	–	–	心葉	鉄金		鉄金b	–	–	鉄金	鉄金b	鉄金	鉄金b	–	–	1類
静岡・別所1号	心葉	鉄金		鉄金a	–	–	心葉	鉄金		鉄金b	–	–	鉄金	鉄金b	鉄金	鉄金b	鉄金	鉄金b	1類
静岡・池田山2号	心葉	鉄金		鉄金b	–	–	心葉	鉄金		鉄金b	–	–	鉄金	鉄金b	–	–	鉄金	鉄金b	1類
千葉・金鈴塚	心葉	鉄金		鉄金a,b	–	–	心葉	鉄金		鉄金b	–	–	鉄金	鉄金b	–	–	鉄金	鉄金b	1類

和盆地から拡散したことを示唆する資料といえる。

　神奈川県登尾山古墳出土資料は、心葉形鏡板付轡、心葉形杏葉3点を中心に構成されるセット（図45-3）である。鏡板と杏葉の外形、文様構成が共通する製品で、全て鉄地金銅張製である。4種類以上の規格の鋲が用いられ、鏡板と杏葉の本体、鏡板と杏葉の鉤金具、雲珠と辻金具、飾金具類で鉄地金銅張製半球形鋲a類と紡錘形鋲b類が用いられ、馬具の型式間で鋲規格が異なる。鋲規格共有4類に分類される。

　千葉県金鈴塚古墳（全長約100m前方後円墳・図45-4）では、おびただしい副葬品が出土しているが、装飾馬具は3セットが出土していることが以前から知られていた。近年、宮代栄一（宮代2014a）が組成を分析し、詳細を報告している。その中の1セットである心葉形鏡板付轡、心葉形杏葉を中心とするセットは、鏡板と3点の杏葉の文様構成および外形が同一の資料である。さらに、辻金具と飾金具の組み合わせも宮代によって同定されており、中心部に半球形の突起を有する半球形隆起方形飾金具が伴うことが明らかにされている。この種の金具は、第7期の装飾馬具間で、意匠を越えて共有される資料であることが知られている（宮原2012ほか）。

　このほかの事例として、第8期の静岡県別所1号墳（規模不明）では三葉文心葉形鏡板付轡と同杏葉3点（図45-5）が出土している。花形杏葉も共伴するが、おそらく別のセットであろう。心葉形鏡板と心葉形杏葉は外形と文様構成が同一である。静岡県池田山2号墳でも同様に三葉文心葉形鏡板付轡と杏葉のセットが出土している。辻金具、雲珠、飾金具の形態は、他の意匠と共通の形状のものと組み合わされる。ただし、無条件に全ての装飾馬具と共通化するわけではない。鏡板と杏葉の外形と文様構成が同一である資料に限定して、組み合わされる辻金具、雲珠、飾金具の形状が共通化しているのである。

　心葉形意匠の馬具のセットは、本来B群馬具であるが、出現期である第6期の海北塚古墳、持田56号墳の鏡板付轡の構造が、A群馬具と共通するなど、A群馬具との親縁性を

既に有していた。第7期から第8期にかけて、A群馬具の影響はさらに色濃く現れるようになる。平林古墳出土資料（図45-1）のように、A群馬具である楕円形鏡板付轡と組み合わされたり、金鈴塚古墳出土資料（図45-4）のように、半球形隆起方形飾金具や辻金具、雲珠の形状や製作技法に、A群馬具との共通性が見出されるようになる。

（7）意匠融合形馬具（図46・表25）

第7期の後半段階から第8期にかけて、これまで存在しなかった意匠の馬具が出現する。A群馬具とB群馬具の鏡板と杏葉の意匠が融合して製作された馬具である。この種の馬具は棘葉形意匠の馬具に包括されることもあったが、複数の意匠が融合された馬具であることを看取した桃崎祐輔は、この種の馬具を「キメラ馬具」と称した（桃崎2012）。棘葉形杏葉と花形杏葉の外形を融合した形態の神奈川県埒免古墳（38m円墳・図46-1）、楕円形意匠の輪郭と花形馬具の珠文を組み合わせた福井県丸山4号墳、鐘形意匠または棘葉形意匠の外形と花形意匠の珠文を組み合わせた岡山県的場2号墳（10m弱円墳・図46-2）、三重県前山2号墳（図46-3）、棘葉形意匠の外形と花形意匠の珠文を組み合わせた兵庫県勝手野3号墳（図46-4）出土品が挙げられる。さらに、この時期には鏡板、杏葉と組み合わされる辻金具、雲珠が統合、整理され（宮代1996a）、型式数が減少する。鏡板、杏葉の意匠の変化と統合は、意匠毎の存在が想定される工房の独立性が小さくなったことを意味する。兵庫県文堂古墳や静岡県仁田山ノ崎古墳出土例のように、前段階から続く心葉形鏡板付轡と棘葉形杏葉のセットや、または島根県中村1号墳、岡山県定東塚古墳出土例のような花形意匠の馬具など、既往の意匠の馬具も存続することから、装飾馬具製作工房は未だ意匠毎に別個に存在する可能性はあるが、少なくとも、生産組織間[2]で馬具の共同製作が通有になされるようになった可能性は高い。

（8）小結

本節で述べてきたとおり、第7期以降の装飾馬具の大多数は、A群馬具とB群馬具を問わず、ほぼ全ての意匠の装飾馬具で鏡板と杏葉の形態が一致するようになる。さらに第8期になると、それまで各意匠毎に独立性の高かった鏡板と杏葉の意匠が融合する新規の意匠の馬具が登場する。以上の経緯は、桃崎祐輔（桃崎2012）が既に指摘したとおりである。ただし、前段階の第6期以来存在する、Bb群馬具である薄肉彫と毛彫を特徴とする心葉形透彫鏡板付轡と心葉形透彫杏葉のセットも、第7期には一定量出土している。宮地

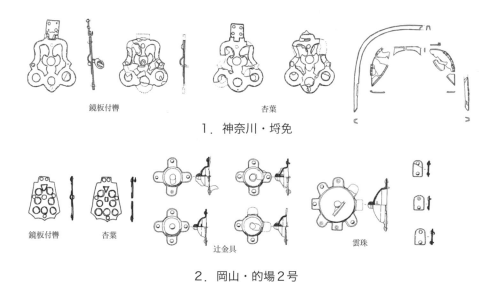
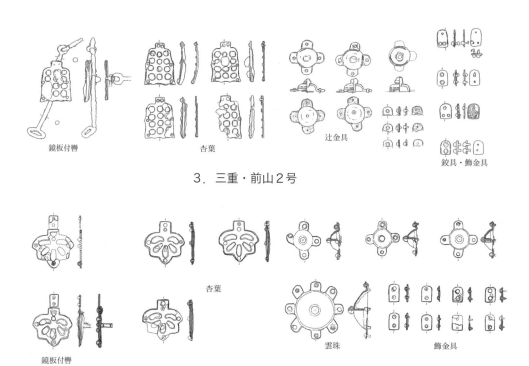

図46 意匠融合形馬具のセット（第7期後半〜第8期）

134

表25 意匠融合形馬具のセット（第8期）

古墳名	鏡板				吊金具		杏葉				吊金具		辻金具		雲珠		飾金具		鋲規格
	型式	地板	枠文	鋲	金具	鋲	型式	地板	枠文	鋲	金具	鋲	金具	鋲	金具	鋲	金具	鋲	
神奈川・埒免	融合	鉄金	鉄金	鉄金a	鉄金	鉄金a	融合	鉄金	鉄金	鉄金a	鉄金	鉄金	–	–	–	–	–	–	–
岡山・的場2号	融合	鉄金	鉄金	鉄金a	–	–	融合	鉄金	鉄金	鉄金a	–	–	鉄金	鉄金a	鉄金	鉄金	鉄金	鉄金a	1類
三重・前山2号	融合	鉄金	鉄金	鉄金a	–	–	融合	鉄金	鉄金	鉄金a	–	–	鉄金	鉄金a	–	–	鉄金	鉄金a	1類
兵庫・勝手野3号	融合	鉄金	鉄金	鉄金b	–	–	融合	鉄金	鉄金	鉄金b			鉄金	鉄金b	鉄金	鉄金	鉄金	鉄金b	1類

嶽古墳出土資料のように朝鮮半島製と考えられる優品の資料と、才園2号墳のように日本列島製と考えられる簡素な資料があるが、日本列島製と考えられる資料であっても、他の大多数の装飾馬具とは異なる形状の辻金具や雲珠などを用いていることから、他のAa、Ab、Ba群馬具が属する生産体制とは異質な生産組織の存在が想定される。

　第7期の大多数の装飾馬具には、いくつかの重要な共通属性が認められる。まず、鋲の規格が鏡板と杏葉、そして辻金具と雲珠で異なる例が、第6期から第7期にかけて、一定数、認められるようになる。第6期以前のA群馬具は鋲の規格が共有される資料が多数であったが、こうした規範が遵守されなくなることは、緊密な関係下で馬具の部品が製作されなくなるか、第6期までは概ね守られていた鋲規格共有の規範が、第7期には重視されなくなっている事を示す。また、特にAb群馬具では前段階の第6期から装飾馬具の大型化と鋲の少数化が顕在化し、それに呼応して繋装着と馬具組立に用いられる鋲径が大きくなる傾向が認められる。この変化は、鋲数を減らしながら固定の強度を保持するための工夫であろう。そして、第7期になると鋲頭の形状は半球形の鋲a類から紡錘形の鋲b類に変化する。紡錘形の鋲は、同時期の百済の陵山里古墳群棺金具をはじめ、朝鮮半島南部の各地に類例が認められ、装飾馬具など日本列島の金工品生産にも影響を及ぼした可能性がある。さらに、鋲頭の装飾は鏡板や杏葉にあわせて鉄地金銅被とするのが通例であるが、全ての鋲が鉄地金銅被で統一されるのではなく、一部に鉄地銀被鋲が混ざる。福島県中田横穴墓、京都府奉安塚古墳出土資料がその例として挙げられる。大型化した鋲頭の規格は概ねセット内で共有される傾向が強く、安定した生産組織の存在が想定されるが、その一方で、第6期以前と比較すると貴金属使用の規範の一貫性には弛緩が認められるのである。

　また、杏葉との形態の一致とともに、鏡板付轡の構造も変化する。第7期以前の鏡板付轡は、銜先環が鏡板中央部に連結されるため、第5期から第6期には、この部分を覆う銜覆金具が装着されていた（図47-1・松尾1999）。しかし、第7期になると、銜先環の先端

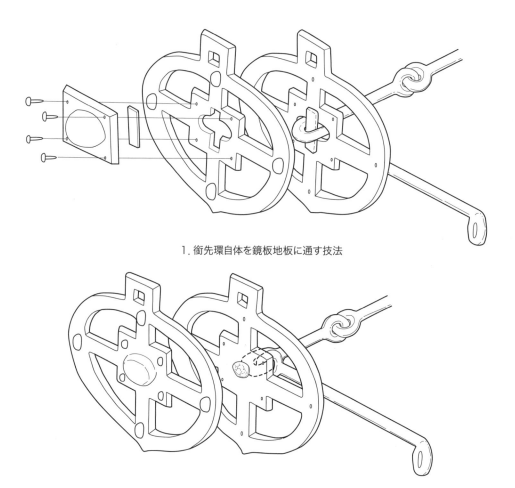

1. 銜先環自体を鏡板地板に通す技法

2. 銜先環の先端部突起をかしめて鏡板地板に固定する技法

図47　鏡板と銜先環の連結技法の変化（松尾1999挿図を一部改変）

部に突起がつけられ、その突起が鏡板地板に穿たれた孔に通され、突起がかしめられ固定されてから、鏡板の文様板が装着される構造に変更される（図47-2）。そして、この手法の導入によって、鏡板と杏葉の外見的一体性がさらに増すこととなる。

　この鏡板、杏葉の製作技法の変化は、第7期のA群馬具に認められるだけでなく、同時期のBa群馬具にも認められる。また、第6期以前のB群馬具は、藤ノ木古墳出土の十字文心葉形鏡板付轡が代表するように鏡板の外側に二条線引手が装着される構造が主体であるが、第7期以降の資料の構造は、全てのBa群馬具がA群馬具と共通となり、Bb群馬具でも、第8期になると文堂古墳例（図44-2）のように鏡板の内側に変わる。さらに、鏡板との固定方法及び引手の形態もA群馬具と同様である。そして、鏡板及び杏葉の吊金具と辻金具、雲珠の脚金具の形態は、第7期になると、A群馬具のものに統一される。

　端的に述べれば、第6期から第7期にかけて、A群馬具とB群馬具の生産組織の相互作

用が進展する。ただし、その変化の内容は、既に定着した鍛造で鉄地金銅張製というA群馬具の従来の製作技法を一変させるものではない。B群馬具は、Ba群馬具とBb群馬具で様相が異なる。Ba群馬具はA群馬具の手法で製作されるようになるが、第7期のBb群馬具は素材、成形技法、タガネ彫技法、馬具の構造で、A群、B群に属する他の多数の意匠の馬具とは異質である。また、第7期の装飾馬具のセットには、Ab群、Ba群馬具を問わず、半球形隆起方形飾金具（図42、図44ほか）が付属する。第8期になると、Bb群馬具にも付属するようになる。半球形隆起方形飾金具は繋に装着される金具であるが、組み合わされる雲珠の鉢部と同様の形態で製作されるという特徴がある。第8期のBb群馬具である棘葉形意匠の文堂古墳（図44-2）は、辻金具、雲珠が無脚の鉢形で独特の形状である。そして、セットに含まれる方形飾金具の隆起部は、辻金具と雲珠の鉢部と共通の形態となっている。また、Ab群馬具である花形意匠の蜆塚1号墳（図39-3）の半球形隆起方形飾金具には、辻金具、雲珠と似た宝珠飾が装着されている。このような製作方法まで含む部品の共通化は、第7期から認められるA、B群馬具の生産組織の相互作用が更に深まり、独自色の強かったBb群馬具にまで影響が及ぶことを示している。

そして、その象徴が第8期に登場する意匠融合形馬具である。それまで各意匠の独立性が保たれていた鏡板、杏葉のデザイン設定まで協業が及んでいると想定されよう。しかし、第8期に、突然、A群、B群の鉄地金銅張製の装飾馬具はすべて生産が終了する。そして第8期以降、装飾馬具の型式は、次節で触れるC群馬具に限定されるようになるのである。

第2節　C群馬具の展開

C群馬具は、第8期に登場する新たな意匠の装飾馬具である。鏡板と杏葉の素材は金銅製に限定され、棘付花弁形杏葉、辻金具、飾金具、鞍金具といった尻繋と関連する馬具に毛彫が施される例が大半を占める。

C群馬具は田中新史（田中新1980・1997）によって4期に区分され、白井久美子の集成（白井ほか2002）では古墳出土例43例以外にも、官衙及び集落の出土例が紹介されている。田中によると、C群馬具の初源は法隆寺に求められ、上限は7世紀初頭と想定されている。また、最終段階である「飛鳥4段階」（本書の第11期）の資料と、飛鳥の須恵器編年で飛鳥III期の須恵器が共伴することから、下限がこの時期に求められている。

第8期を代表するのは、群馬県道上古墳出土資料（16m円墳・図48-1）である。金銅製杏

葉、辻金具、方形金具、有窓卵形金具、鉸具から構成される。杏葉の透彫文様構成は、法隆寺伝世品の透彫金具と類似する。また、1期以降のC群馬具で通有である、「棘付花弁形」と表現される形態の杏葉（高松由2011）とは異なる系譜とされる（白井2002・高松由2011）。セットの中心となる杏葉以外の金具にも杏葉と共通した毛彫表現が施され、一体として製作された蓋然性が高い。また、馬具に打たれる金銅製半球形鋲の径は概ね統一されるようである。

　第8期の資料は表採資料が主で、群馬県しどめ塚古墳（20m円墳・図48-2）が唯一の発掘調査事例である。鉄製十字文楕円形鏡板付轡、金銅製棘付花弁形杏葉、金銅製無脚雲珠、辻金具、金銅製円形飾金具、同爪形飾金具および鉄製壺鐙から構成される馬装である。なお、鏡板は心葉形の可能性もある。鏡板が鉄製であること、そして鏡板付轡の引手が、他の意匠の装飾馬具と異なり鏡板の外側に装着されることが特徴的である。

　三重県塚山古墳群出土資料（図48-3）は金銅製十字文方形鏡板付轡、有窓方形金具26点、爪形金具16点、鉸具5点から構成され、杏葉の出土は確認されていない。鏡板と飾金具の外周部および鏡板の十字文の部分には同様の刻目が毛彫で施され、爪形金具にはいわゆる「道上型毛彫」（田中新1980）が施される。方形鏡板付轡は鏡板の外側に金銅製引手が装着される。塚山古墳例のように鏡板の外側に一条の引手が装着される構造の鏡板付轡は、上述のしどめ塚古墳、そして滋賀県坂本所在古墳出土資料などが知られる。鏡板の外側に一条の引手が装着される例は、第3期以前の装飾馬具には通有にみられるが、第4期以降にはみられなくなる第8期のC群馬具に独特の構造の轡で、列島における装飾馬具生産の変遷からは位置づけがしにくい。

　第9期になると、杏葉本体の透彫が消滅し、第8期には多様であった外形が、棘付花弁形に定型化する。残存状況の良好な資料として、長野県東一本柳古墳（10m円墳・図48-4）出土資料が挙げられる。鉄製有窓心葉形鏡板付轡、棘付花弁形杏葉4点、鉸具9点、飾金具5点、辻金具19点、鉈尾11点から構成される。杏葉は吊金具が蝶番構造で連接する構造で、他の事例と比べて毛彫表現の自由度が高い。鉄製心葉形鏡板は長方形透窓が付き、鏡板と銜の連結が、銜先をかしめて鏡板に固定し鏡板の内側に引手が装着される構造に変化している。他の意匠の馬具と共通する構造である。

　第10期の山梨県御崎古墳では、金銅製心葉形有窓鏡板付轡、棘付花弁形杏葉3点、円形飾金具、爪形飾金具などから構成されるセット（図48-5）が出土している。第10期の愛知県上向嶋2号墳出土資料（図49）では鉄製鉸具造環状鏡板付轡、金銅製花弁形杏葉

138

第 5 章　装飾馬具生産の変質と初期造仏活動

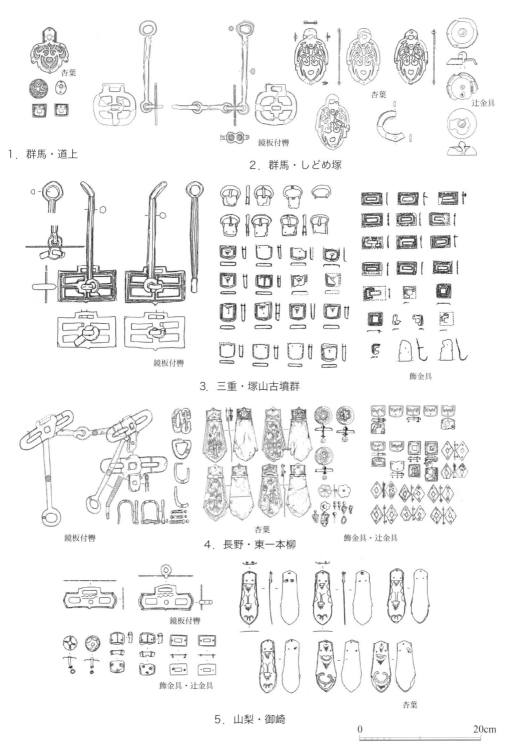

図 48　C群馬具のセット（第 8 期～第 10 期）

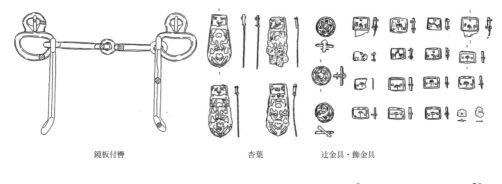

鏡板付轡　　　　　　　　　杏葉　　　　　辻金具・飾金具

愛知・上向嶋2号
図49　C群馬具のセット（第10期）

4点、方形飾金具13点、有窓方形金具2点、円形飾金具3点ほか金具類から構成され、金銅製杏葉および飾金具には道上型毛彫が施される。また、鞍に装着される鞍座金具にも道上型毛彫が施され、少なくとも尻繋および鞍製作が一体で行われた蓋然性が高い。ただし、頭繋は鉄製鉸具造環状鏡板付轡を中心として、別の工房で製作された可能性がある。

　第11期には、御蔵上3号墳、千葉県六孫王原古墳（45m前方後方墳）で、金銅製有窓心葉形鏡板付轡が出土している。この段階には辻金具は小型化し、毛彫が施されなくなる。

　上記の資料はC群馬具出土例のなかでは遺存状況の良好な事例であるが、塚山古墳群などの一部のセットを除き、金銅製C群馬具の大部分は、杏葉を中心とする尻繋に装着される馬具であることが特徴である。金銅製十字文方形・心葉形鏡板付轡など、鏡板にも毛彫の施される資料があるが、全体に占める割合は低い。そして、C群馬具の杏葉と組み合わされる鏡板付轡の形態は、方形、心葉形、楕円形、鉄製環状と複数種類が認められ、材質も金銅製品と鉄製品があり、一貫性が無い。他の意匠の装飾馬具に認められるような鏡板と杏葉の強固なセット関係は存在しないことが分かる。そして、鏡板と杏葉の外形は形態が別であり、前節で述べた「鏡板と杏葉の形態が統一される多数の意匠の馬具とは異なる生産組織が想定される。

　とはいえ、C群馬具には、B群馬具及びA群馬具と共通の特徴もある。出現段階の資料は優品で舶載品の可能性が想定されるが、時期を追うと文様の表現が形骸化し、切削加工を伴う毛彫が次第に施されなくなる点である。

　なお、C群馬具の成形技法は、銅板を薄く叩き伸ばす鍛造成形が主体であるが、第8期に比定される三重県塚山古墳群、滋賀県坂本所在古墳出土の金銅製鏡板は、厚板の素材をタガネで打ち抜いて加工したもの（田中新1997）とされ、鋳造の可能性がある[3]。

第5章 装飾馬具生産の変質と初期造仏活動

　C群馬具は7世紀前葉から7世紀後葉まで製作が継続し、C群馬具の製作が終了した後、8世紀代になると正倉院宝物の馬具のような唐様式の馬装が新たに成立する。C群馬具は、止利派金銅仏と同時期に製作が終了する。C群馬具と、同時期の日本列島の仏教美術品、そして朝鮮半島の泗沘期百済の金工品に共通する特徴的な毛彫である「道上型毛彫」（田中新1980）の存在は仏教美術史でも古くから指摘されてきた（伊東1929）。この文様の共有関係から見て、C群馬具は飛鳥時代の造仏活動と直接関連付けられる唯一の意匠の装飾馬具である。

　C群馬具を鉄地金銅張製の既往の馬具と比較してみると、C群馬具は大部分が金銅製で、鉄製の環状鏡板付轡とセットになることはあるが、鉄地金銅張製の部品は使用しない。例外は初期のしどめ塚古墳のみである。また、鏡板と杏葉は金銅板一枚で成形される。B群馬具、A群馬具を問わず既往の馬具に認められた地板が存在しない。さらに、鉢状の本体部から脚金具が突き出る形状の辻金具、雲珠が存在しない。

　ただし、A群、B群馬具と共通の特徴も存在する。出現期から時期が下るにつれて文様が形骸化することである。具体的には、当初は明確な毛彫が施されるが、その後は不鮮明な細い線状の毛彫文様に変化する。田中新史は、この線状に変化する文様と、才園2号墳（図43-5）を代表例とする第7期以降のBb群馬具の鉄地金銅張製心葉形透彫意匠の馬具の文様の近似性に注目し、日本列島でBb群馬具を模倣生産した集団がC群馬具の生産にも関与した可能性を示唆している（田中新1980）。このほか、製作技法が在地化することも挙げられる。C群馬具の当初の資料は厚手の鋳造品が含まれるが、生産の定着した第9期以降は、薄造りの鍛造製品に変化するのである。

　上述の、田中新史の指摘は、第8期から第9期の装飾馬具生産体制を検討する上で重要である。筆者もB群馬具の中でも特にBb群馬具を日本列島で生産した集団が、C群馬具の生産に関与した可能性は高いと考える。ただし、B群馬具と、百済に系譜の求められる道上型毛彫を施すC群馬具との間では生産集団が異なる可能性があるため、まだ検討の余地が残る。この背景を解明するためには装飾馬具にとどまらない広い視野の検討が必要であろう。次節ではこの視点から、装飾馬具との装飾付大刀の生産体制の対比を行う。

141

第3節　装飾付大刀生産体制との対比

　古墳時代後期から飛鳥時代の装飾付馬具と、直接的及び間接的な関連を示す金工品が金銀装の装飾付大刀である。古墳時代後期の装飾付大刀を概観すると、中期まで金銀装の大刀は朝鮮半島からの舶載品が主であったが、第3期並行期以降、倭の伝統的な形態の大刀に金銀装を施す倭系大刀が主流となる。そして第6期並行期には、金銀装倭系大刀と、橋本英将が折衷系装飾付大刀と称する一群（橋本英2006）、そして武寧王陵の大刀を祖形とする武寧王陵系龍鳳環頭大刀（大谷2011）、倭製双龍環頭大刀が出現するなど、大刀の型式はかなりの多様化を遂げる。大谷晃二は、こうした現象から、大刀の工人集団は特定有力氏族が経営する工房に従属すると位置づけている（大谷2011）。

　ところで、装飾付大刀の中で、特に装飾馬具と関連が深いのは倭系大刀である。鈴木勉は、藤ノ木古墳出土の心葉形鏡板付轡と棘葉形杏葉等から構成される金銅装馬具セットの鞍金具に、倭系大刀にみられる堤状連珠文、双連珠魚々子文が施される点に注目し、大刀製作工人と馬具製作工人の共同製作と解釈した（鈴木勉1998）。また、和田晴吾（和田1986）と松浦宇哲（松浦2004）は、第4期から第5期まで存続するＡ群馬具の花文付雲珠、辻金具に注目している。和田は、銀象嵌の技術がこの種の馬具と倭系大刀の装具に共通する事から、倭系大刀と装飾馬具生産が密接に関わる事を指摘した。花文付雲珠、辻金具は、千葉県江子田金環塚古墳（図22）、伝群馬県出土関西大学所蔵馬具、大阪府南塚古墳（図25）、島根県めんぐろ古墳、そして奈良県藤ノ木古墳（図25）などで出土している。そして、成形技法は鍛造、素材は鉄地金銅張製に限定される。しかし、Ｂ群馬具の鏡板付轡、杏葉と組み合わされることはない。花文付辻金具と雲珠の文様が蹴彫の線彫Ａで表現されるのに対して、Ｂ群馬具には毛彫の線彫Ｂが主に施されることも考慮するべきであろう。なお、鈴木勉が倭系大刀との関係を指摘した藤ノ木古墳出土の心葉形透彫鏡板付轡と棘葉形透彫杏葉が中心となる馬具は、Ｂ群馬具に分類されるため、技術体系が異なる倭系大刀との親縁性には疑問を感じる。鈴木の指摘する堤状連珠文と双連珠魚々子文は装飾の中ではごく一部しか占めない文様で、この文様及び施文技法の共通性を過度に強調するのは危険なのではないか。藤ノ木古墳出土品のなかで見れば、むしろＡ群馬具で花文付辻金具と雲珠が含まれる鐘形意匠のセットと親縁性を有すると評価すべきであろう。

　ところで、本章で取り上げた第7期における装飾馬具の意匠と装飾に用いられる貴金属

の変化は装飾馬具生産における大きな画期であるが、また同時に、金、銀、銅といった貴金属の流通、利用の側面からも大きな画期と考えられる。金銅製作は水銀アマルガム技法によって為され、金、銅、水銀の供給が必須であるが、対照的に、銀装の装飾馬具の製作に必要なのは銀のみである。従って、完成品である馬具が金銅装のみ、もしくは銀装のみに一変する事は、装飾馬具発注者の要望の変化に留まる問題ではなく、装飾馬具生産組織の技術体系、貴金属素材供給ルートの変化を示すのである。

当時の日本列島においては、上記の貴金属はまだ産出されておらず、大陸、そしておそらく大部分は朝鮮半島南部からの搬入に頼っており、貴金属を用いる装飾馬具、冠や耳飾、装飾付大刀等の生産組織までの経路は、その希少性と重要性、限定的な搬入ルートから強固かつ安定的に倭王権によって管理されていたと推定される。貴金属流通とその管理については、古墳時代から律令期への変革期にあたる倭の体制を検討する上で重要な問題の一つである。この視点については、装飾馬具と同様に金銀装の装飾付大刀の装飾技法の分析からも検討が可能であろう。装飾付大刀、装飾馬具は、日本列島の幅広い地域で出土しており、詳細かつ広範な検討が必要ではあるが、ケーススタディとして、京都府の後期古墳出土資料を中心に、装飾付大刀、装飾馬具に用いられる貴金属使用の実態を検討してみる。

京都府出土の主要な装飾馬具は、表26のとおりである。京都府は馬具出土数の少ない近畿地方の中でも特に馬具の少ない府県であるが、この少ない事例においても、第2期には鉄製馬具あるいは金銅装馬具が主体で、第3期以降に、金銅装馬具本体に鉄地銀被鋲が装着されるセットが主体となる事がわかる。そして、第6期以降になると、金銅装の馬具

表26　京都府出土装飾馬具の形式と材質

古墳名	時期	鏡板				杏葉				辻金具・雲珠		飾金具	
		型式	地板	枠・文	鋲	型式	地板	枠・文	鋲	金具	鋲	金具	鋲
宇治二子山南墳	第2期	f字		鉄	－	剣菱		鉄			鉄		鉄	－
トヅカ	第3期	f字		鉄金	銀	剣菱		鉄金	銀	－	－	－	－
物集女車塚	第5期	f字		鉄金	銀	剣菱		鉄金	銀	鉄金			
鹿谷5号A	第5期	f字		鉄金	銀	剣菱		鉄金	銀	鉄金	銀	鉄金	銀
鹿谷5号B	第5期	蕨葉		鉄金	銀	蕨葉		鉄金	銀	鉄金	銀		
牧正一	第7期	十字文透心葉		鉄金	鉄金	心葉		鉄金	鉄金				
弁財1号	第7期	十字文透心葉		鉄金	鉄金	－		－	－	鉄金	鉄金	鉄金	鉄金
湯舟坂2号	第7期	環状		鉄	－	－		－	－	－	－		鉄金
桃谷1号	第7期	環状		鉄	－	－		－	－	－	－		鉄金
岡1号	第7期	環状		鉄	－	－		－	－	－	－		鉄金・銀
西外1A	第7期	鐘		鉄金	鉄金	鐘		鉄金	鉄金	－	－		
西外1B	第7期	心葉		鉄金	鉄金	心葉		鉄金	鉄金	－	－		－
奉安塚	第7期	蕨葉		鉄金	鉄金	蕨葉		鉄金	鉄金	鉄金	鉄金	鉄金	鉄金

本体と金銅装鞘のセットが主体となる事もまた明らかである。この傾向は、前節まで述べたとおり、ほぼ汎列島的にみられる現象である。

　では、装飾馬具と装飾付大刀が共伴する事例で各資料の貴金属の使用状況を検討してみると、どのような傾向が読み取れるのであろうか（図50）。

　京丹後市久美浜町湯舟坂2号墳（18m円墳）では、金銅装双龍環頭大刀、銀装圭頭大刀が出土している。金銅装双龍環頭大刀は、金銅製の柄頭をはじめとして、鍔、鞘金具等のほとんどの金属製外装部品が金銅装であるが、柄木の筒金具には銀板が用いられている。銀装圭頭大刀は、対照的に金属製外装部品が銀装である。しかし、柄頭紐通孔には銅製品が用いられ、足金具は銅地銀張製である。馬具はイモ貝装辻金具、雲珠を中心とし、鉄地金銅張製飾金具を含む馬装1セットが復原される。横穴式石室では、装飾付大刀、装飾馬具が奥壁付近に多量の須恵器と共に集積されていた。奥壁付近の須恵器の型式はTK43〜TK209型式で、初葬及び次の追葬段階の遺物が、さらにその次の段階の追葬時に片付けられたと考えられる。従って、装飾付大刀と装飾馬具には時期差が存在し得る。資料の編年については、双龍環頭大刀は新納泉の編年（新納1982）の第6段階にあたり、本書の編年では第7期に位置づけられる。奥壁の環状鏡板付轡は岡安光彦の編年（岡安1984）の第3段階にあたり、これは第6期に位置づけられる。装飾馬具と装飾付大刀は、出土状況からの前後関係は不明であるが、遺物の編年では装飾馬具の方がより古い段階の資料と位置づけられ得る。

　京丹後市峰山町桃谷1号墳（10m円墳）は、横穴式石室に4体の埋葬が想定される。出土位置はほとんど乱されておらず、金銅装大刀が2点出土している。環頭の型式が不明な1点（大刀1）は、金銅板の鍔、ハバキが用いられ、鞘金具にも金銅板が用いられている。そして、柄間には、刻み目のある銀線が葛巻にされている。金銅装圭頭大刀（大刀2）はほぼ同じ造りであるが、柄間に葛巻の痕跡はない。柄頭は外郭と内部の両方が金銅板から成形されている。馬具では鞍金具と環状鏡板付轡を中心とするセットが出土している。このうち、辻金具、革金具が鉄地金銅張製であるが、辻金具は金銅板一枚作りで、脚部には金銅製鋲が装着されている。革金具は鉄地金銅張製で鋲は鉄地金銅被ないし金銅製である。装飾馬具は奥壁付近でまとまって出土している。装飾付大刀の副葬位置は各々異なるが、装飾馬具に隣接して大刀1が出土しており、同一被葬者に係る副葬品の可能性が高い。

　京丹後市網野町岡1号墳（11m円墳）では、単鳳環頭大刀が出土している。環頭をはじ

第5章 装飾馬具生産の変質と初期造仏活動

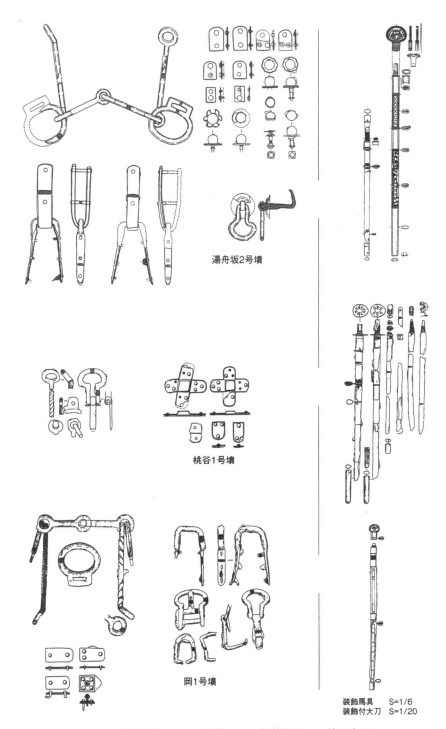

図50 京都府内における装飾馬具と装飾付大刀の使用貴金属

め、柄金具、鞘金具が金銅製であるが、柄間には銀線が葛巻されている。馬具としては、ほぼ完形の環状鏡板付轡、鎧金具等が出土している。このうち、革金具は鉄製であるが、金銅装の鋲が装着される舌状の金具と、銀装の鋲が装着される正方形の金具がある。金銅装と銀装の鋲が単一の馬装内で用いられてはいるが、第6期以前まで通有の鉄地金銅張製金具本体と鉄地銀被鋲の組み合わせではない。6体の遺体が確認されているが、出土状況からは単鳳環頭大刀が奥壁沿いの被葬者に伴うのに対し、馬具一式はそれよりやや手前の被葬者に伴う。装飾付大刀と装飾馬具の副葬位置は異なるが、副葬品配置はほとんど乱されておらず、また、各被葬者に伴う須恵器の型式には時期差が無い。装飾馬具、装飾付大刀はほぼ同時期の副葬と考えられる。

　上記の京都府出土資料の検討から、第6期から第7期の事例では、金銀装の装飾付大刀と金銀装の装飾馬具は共伴しない事が指摘できる。金銀装の装飾付大刀と共伴する装飾馬具は、金銅装または銀装のみである。

　ここで、同時期の他府県の古墳も概観してみる。京都府内の古墳はいずれも小規模であるが、同時期の大型墳丘を有する古墳にも同様に、金銀装の装飾付大刀と金銅装のみまたは銀装のみの装飾馬具が共伴する事例が認められる。その事例は、群馬県綿貫観音山古墳（97m前方後円墳）、奈良県烏土塚古墳、同珠城山3号墳（約50m前方後円墳）、島根県岡田山1号墳（24m前方後方墳）、同御崎山古墳（約40m前方後円墳）といった各地域を代表する古墳である。

　このように、第6期から第7期の装飾付大刀、特に環頭大刀をみると、外装が金、金銅装を中心とする大刀であっても、柄間金具等に銀装が行われ、金、銅、銀といった複数種類の貴金属が用いられる傾向が看取できる。一方で装飾馬具をみると、単一セットの装飾に用いられる貴金属の種類は限定される傾向にある事が指摘できる。

　金工品に限らず、埋葬される所有者への属人性の高い副葬品は、所有者が入手した後に一定の保有期間を経て所有者の死を契機として、所有者と共に古墳や横穴の埋葬施設に副葬される。したがって、各副葬品の入手及び製作時期は同時期とは限らない。また、馬に装着される装飾馬具と、被葬者が直接身につける装飾付大刀では、製品の性格に違いがあるため、装飾馬具と装飾付大刀が古墳で共伴したとしても、実際の入手時期は同時とは限らず、副葬までの保有期間が製品によって異なる可能性がある。

　ただし、共伴事例が多ければ、廃棄の同時性だけではなく、使用そして製作の同時性をも示すことになるであろう。上述の装飾馬具と装飾付大刀の共伴事例をみると、古墳の墳

第5章　装飾馬具生産の変質と初期造仏活動

丘の大小に関係なく、両者の間には貴金属の使用方法に明らかな差異が存在する。上記の古墳全てに副葬される装飾馬具と装飾付大刀の製作、入手時期に差がある可能性は低い。装飾付大刀と装飾馬具を共に副葬する事例の絶対数自体が少ないとはいえ、共伴事例が一定数認められることは無視するべきではない。装飾馬具生産組織と装飾付大刀生産組織の間には、同じ時期でも、貴金属の使用状況に差異が存在した可能性は高い。

　しかし、この後、装飾付大刀にも生産の画期が訪れる。大谷晃二（大谷1999）と持田大輔（持田2011）によると、第7期以降の装飾付大刀は、第6期まで金、銀が部分によって使い分けられていたものがほぼ全体を金銅板のみで装飾するようになるという。

　すなわち、装飾馬具には、先行して第6期に既に認められる貴金属使用の限定が、装飾付大刀に於いてやや遅れてみられるようになるのである。朝鮮半島からの舶載に頼った段階から日本列島での生産に移行した第6期以降、装飾付大刀の出土量は各地で増加する。いうなれば、装飾付大刀に対する志向性が強くなる時期と考えられる。さらに、第7期に顕著となる貴金属の限定は、単龍、単鳳大刀の消滅とそれに入れ替わる意匠の隆盛、そして大刀装具の斉一化とほぼ同時に達成される。

　また、装飾付大刀には複数型式が併存するが、大谷晃二は、捩じり環頭を有する倭系大刀と円頭大刀で、木彫金張・同銀張技法や蹴彫による波状列点文などの製作技法、または貴金具の型式が共通することに注目し、一方で、単龍、単鳳、獅嚙、三累などの環頭大刀に柄頭鋳造技術や金銅板打ち込み技術が共通して施されることから、前者を「倭風大刀」、後者を「大陸系大刀」の2つの大系列に分類している（大谷1999）。このような2系列の存在は、装飾馬具における「A群馬具」、「B群馬具」の2系列の併存と似た様相とも捉え得る。

　第6期まで大刀の外装は龍鳳環頭大刀、捩じり環頭大刀、頭椎大刀の各意匠で異なるが、第7期になると大刀外装が統合し、均一化することが判明している。古墳時代の金工品は近代以降の工業製品と異なるため、使用部品の型式の統合が部品の交換を容易にするわけではないが、製作工人間で完成品に関する意識が共有されたことは確実であろう。ところで、この部品の共通化は、同時期の第7期に装飾馬具における辻金具、雲珠の型式が統合されるのと似た様相である。第7期の装飾付大刀と装飾馬具の間には生産組織を検討する上で他にも共通点が認められる。

　装飾付大刀では、第6期まで単龍、単鳳、双龍、双鳳、獅嚙などの型式が並立していた龍鳳環頭大刀の環頭が、第7期になると双龍環頭に統一される。このような並立する複数

147

系譜の統合は、第1節で挙げた装飾馬具の意匠融合形馬具の出現と似る。

　また、装飾付大刀の外装具は、外来系の双龍環頭大刀で既に第6期から使用されていた外装の型式に、第7期段階に統一され、双龍環頭大刀の生産組織が他の生産組織に影響を与えたことが指摘されている（大谷1999・橋本英2003ほか）。この現象は、第6期の装飾馬具において、B群馬具がA群馬具の製作に影響を与えたことと共通する。また装飾付大刀では、第4期から日本列島で製作される倭系の捩じり環頭大刀が第7期に姿を消す。装飾馬具と比較すると、第2期から製作が開始され、第3期には装飾馬具の中心的な型式となったf字形鏡板付轡と剣菱形杏葉のセットが第6期に姿を消すことと共通する。すなわち、装飾付大刀と装飾馬具の両方で古墳時代後期を代表する型式が前後して生産を終了するのである。

　また、段階的に意匠が交代するとはいえ、製作技法そのものは前段階以来の技法を踏襲することも共通する。第6期に出土例の増加するB群馬具は、Bb群馬具では鋳造の金銅製部品が多用され、線彫Bを施す資料も含まれるが、第7期になるとBa群馬具では鉄地金銅張製部品が主体的となり、第8期になるとBb群馬具でも線彫Bがほとんど認められなくなる。一方、装飾付大刀では、第5期から第6期の龍鳳系環頭大刀の環頭部は、鋳造成形で、線彫Bによる文様表現が為される。龍鳳系環頭大刀の製作動向については、第5期の導入期の資料は、朝鮮半島南部からの舶載と判断されるが、第6期の列島における模倣的な生産段階を受けて、第7期になると、列島でも本格的な生産が開始されることが判明している。ただし、この段階の製作技法は、素材こそ金銅製ではあるが、成形技法は、日本列島の従来の技法である鍛造に置き換えられ、故地である朝鮮半島南部で認められる蝋型鋳造による製品は製作されていない。線彫Bも姿を消す。ところで神林淳雄は、龍鳳系環頭大刀の環頭部には「厚造り」と「薄造り」の2種類が存在し、後者が新段階であることに、装飾付大刀研究の早い段階で既に注目していた（神林1939）。そして、島根県古代文化センターによる環頭大刀の製作実験（依田・山田・伊藤2001）によって、薄造りで環頭部を有する龍鳳環頭大刀の柄頭の成形技法が鍛造であることが判明している。そしてこの鍛造による薄造りの環頭部を有する装飾付大刀が、第7期から第8期並行期にかけて、列島で生産された製品なのである。

　このように、第6期から第7期にかけて、装飾馬具と装飾付大刀の意匠と部品の変化、そして新規意匠の列島での生産開始にあたっては、新規意匠に伴なう新規技術が受容されずに既往の製作技法が新規意匠の製作にも採用されるという一連の様相は非常に似通って

いる。装飾馬具と装飾付大刀の生産組織は同様の過程をたどって、第6期以前のいくつかの系列の異なる生産組織群の並列から、第7期に新たな組織に改変されるのである。そして第7期の新たな生産組織を象徴する製品として、装飾馬具では鏡板と杏葉の形態が共通するAb群及びBa群馬具、そして装飾付大刀では倭製双龍環頭大刀が挙げられるのである。

　第8期にも双龍環頭大刀、頭椎大刀の製作が継続するが、短期間で終了する。両型式の装飾付大刀は、第7期から第8期には数多くの古墳から出土し、製作方法の共通化によって量産体制に入ったことが推定される。したがってこの段階での生産終了は唐突感があるが、代わって主流となるのが、方頭大刀である。方頭大刀は第7期から製作が開始されているが、第8期以降には主流の装飾付大刀となり、奈良時代まで製作が継続される。方頭大刀の意匠は隋唐の製品と共通することから、隋唐帝国をモデルとして整備された律令国家の経営と矛盾せず、製作が継続されたようである。同時期に、装飾馬具では鉄地金銅張製のA群馬具、B群馬具が生産を終了し、代わって金銅製のC群馬具が主流となる。すなわち、装飾馬具と装飾付大刀は、第8期すなわち飛鳥時代に入ると一挙に既往の意匠と新規の意匠が交代するのである。

　上述のとおり、第6期から第7期の装飾馬具と装飾付大刀の貴金属の使用方法は異なる。すなわち、装飾馬具と装飾付大刀は、個別の組織が存在し、独立的に製品を生産していることが分かる。だがその一方で、装飾馬具と装飾付大刀は互いに独立した生産組織の製品であるにも関わらず、第7期から第8期にかけて、同じ過程を経て生産体制が変化するのである。さらに視野を広げると、この時期には、線彫Aによる施文を特徴とする、第3期から存続した飾履や冠などの生産も終了することから、この段階で金工品生産体制全体が刷新されるようである。金工品が当時の最先端の技術の結晶である以上、社会構造自体の変化をも如実に反映しているとみなすべきではないだろうか。

第4節　7、8世紀の東アジア世界の金工品との対比

　前節までの分析で、第7期から第8期にかけて、装飾馬具生産体制だけではなく、装飾付大刀など他の金工品の生産体制も大きな変動を迎えたことが明らかになった。この変化は、日本列島内部だけではなく東アジアの国際関係をも反映している可能性がある。本節では、実年代で7、8世紀代に比定される資料を対象に分析を行う。

（1）日本列島

　古墳時代後期末に該当する第7期の段階には、金工品にタガネ彫を施す事例が非常に少なくなるが、数少ない代表例として、千葉県松面古墳（44m方墳・図51）が挙げられる。松面古墳では双龍環頭大刀、金銅製双魚佩2点、金銅製方形透彫飾金具8点、金銅製飾履2点などの金工品が出土している（千葉県2002）。双龍環頭大刀は環頭部は薄板造りで、装具の文様表現は全て点文で施される。文様表現は鍍金後に蹴彫の線彫Aで施される。また、松面古墳からは倭系装飾付大刀の鞘も出土している。格子状の文様が点文で表現される。倭系装飾付大刀の生産は第7期に終了するので、松面古墳出土例は倭系装飾付大刀の最終段階と考えられる資料である。また、双魚佩に施される蹴彫の線彫Aで施される波状列点文も最終段階の資料と考えられる。

　群馬県八幡観音塚古墳（100m前方後円墳・図52）は、装飾馬具2セット、実用的な馬具1セット、装飾付大刀3振りが出土している。装飾馬具のうち、花形意匠の馬具は通有の鉄地金銅張製である。共伴する鹿角装鉄製轡及び金銅製心葉形透彫杏葉を中心に構成される馬具は、日本列島に類例の無い意匠、製作技法、そして鑣轡は遊環を介して銜と引手

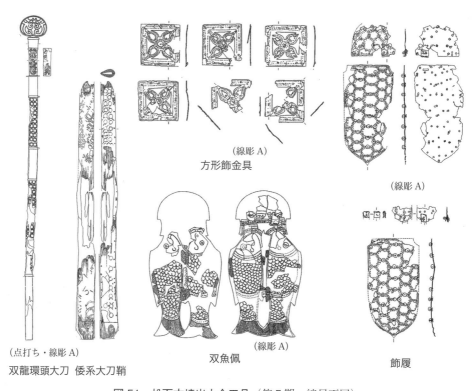

図51　松面古墳出土金工品（第7期・縮尺不同）

が装着される構造から、製作地は百済の可能性が高い（斎藤1992）。このセットの鉸具付心葉形杏葉は、透彫の文様が仏教意匠と関連することが以前から注目されてきた（小野山1975b）。そして、装飾付大刀のうち、圭頭大刀1の装具（図52A）には、C群馬具と共通する道上型毛彫が施される。C群馬具の上限を検討する上でも重要な資料である。このほか、八幡観音塚古墳では銅鋺2点、承台付銅碗2点が出土している。この時期に銅鋺の出土例が増加することが知られ（毛利光1978）、そして、銅鋺の製作には鋳造ロクロ引き技法が用いられることから、C群馬具に先行して、鋳造成形の金銅製品が第7期の日本列島で生産され、一定量流通していたことを示す資料である。

　終末期古墳で金工品を多く副葬する事例は関東が分布の中心となるが、西日本では第8期の兵庫県文堂古墳（規模不明・図53-1）が挙げられる。唐草文透彫心葉形鏡板付轡と棘葉形杏葉を中心とするセットは、鏡板の透彫文様板に、点打ちで文様が施される。装飾付大刀は複数出土しているが、タガネ彫が施されるのは金銅装頭椎大刀と金銅装双龍環頭大刀である。両資料とも、刀装具の表面に装飾的な点打ちを施しており、馬具と共通する。また、双龍環頭大刀の環頭の製作技法は鍛造であることも判明している（橋本英2014）。文堂古墳出土資料をはじめとして、第7期から第8期まで主流となる双龍環頭大刀及び頭椎大刀には、タガネ彫が点打ちで施され、第6期以前に認められた毛彫やナメクリ打ちbの線彫Bは施されない。

　第9期の代表事例は、千葉県浅間山古墳（78m前方後円墳・図53-2）である。金銅製のC群馬具と銀製飾金具に毛彫の線彫Bが施される。全国的に見ても最も新しい時期の前方後円墳である。

　さらに後の、第10期から第11期並行期に比定される飛鳥時代後半の良好な資料が、奈良県高松塚古墳、山田寺跡出土品や法隆寺宝物である。東京国立博物館所蔵の法隆寺献納宝物の展示資料や調査報告書など（東京国立博物館1985〜1993、1990）を参照すると、金銅仏、金銅製光背、金銅製灌頂板に施されるタガネ彫は大多数が線彫Bで、その他は点打ちなどが補助的に用いられる。日本列島の古墳及び泗沘期百済で出土する金銅製品と同様の文様が毛彫される、玉虫厨子透彫金具（図54-1）、法隆寺綱封蔵用途不明透彫金具（図54-2）がその代表例として挙げられる。6世紀代まで多用された鍍金後のナメクリ打ちaや蹴彫といった線彫Aは施されない。法隆寺献納宝物には、線彫Aが施される金銅製品として、例えば金銅製水滴が挙げられる。しかし、この資料は宝相華唐草文の表現が盛唐の金銀器と共通することが指摘され、奈良時代の舶載品と評価されている（加島2012）。し

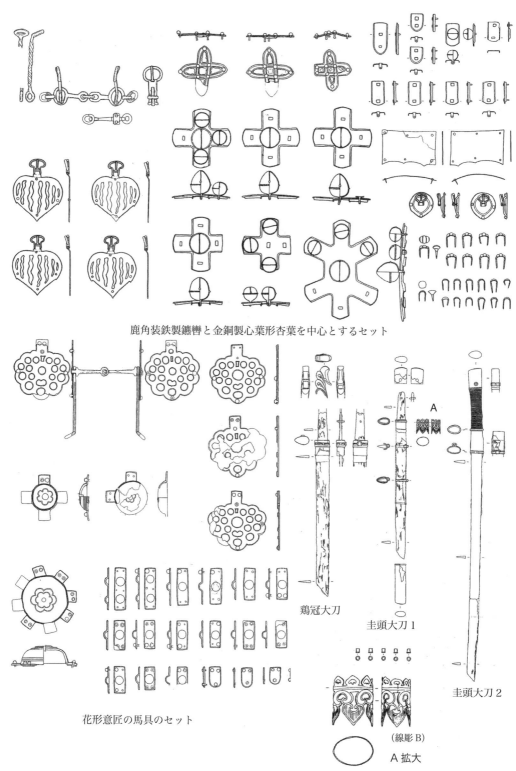

図52 八幡観音塚古墳出土金工品（第7期・縮尺不同）

第 5 章　装飾馬具生産の変質と初期造仏活動

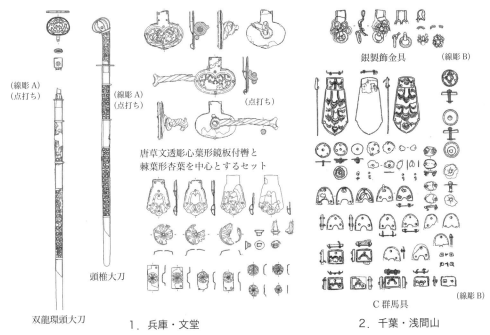

図53　文堂古墳、浅間山古墳出土金工品（第8期～第9期・縮尺不同）

たがって、現在のところ法隆寺献納宝物以外の資料を含めても、線彫Aが施される飛鳥時代後半の列島製金工品は確認されていない。

　そして8世紀代の奈良時代では、多くの金工品が含まれる正倉院宝物が良好な資料である（正倉院事務所編 1994～1997）。正倉院宝物のうち、タガネ彫の施される金工品は約600点を数え、大部分が線彫Bである。一方、線彫Aが施される資料は、南倉164幢幡鉸具第6号の金銅鈴142点を除外すると、有名な南倉18の金銀花盤（図54-3）を含んでも10点に満たない。飛鳥時代につづいて、線彫Bがきわめて優勢であることが分かる。南倉13の狩猟文銀壺（図54-4）は唐代金銀器とされてきたが、吉澤悟によると日本製の可能性が高いという（吉澤2017）。その論拠として、中国製品には存在しない鉄鉢形の形状、中国製品には認められない大型の魚々子文と魚々子タガネの打ち損じの存在、唐代金銀器の多くに施される稠密な蹴彫による線彫Aがみられず、主文様はすべて毛彫の線彫Bで施されること、さらに狩猟文の個々のモティーフが多様性に欠けることなどが挙げられている。本書の視点からは、文様が毛彫で模倣されることを重視したい。

　また正倉院の資料以外には、奈良時代の良好な資料として東大寺金堂鎮壇具が知られる。大仏蓮華座の下の、大仏の正面、右膝方向、背面の3箇所から出土した資料で、正倉院北倉から759（天平宝字3）年12月26日に持ち出された「陽寶劒」、「陰寶劒」と同一

153

図54　飛鳥・奈良時代の金工品とタガネ彫（縮尺不同）

の可能性がある金銀荘大刀が含まれる一括出土品である。金属製品では、金銀荘大刀、金鈿荘大刀、銀製鍍金狩猟文小壺、瑞花六花鏡、銀製鍍金蟬形鑷子（宝相華透彫座金付）などが含まれる。東大寺金堂鎮壇具金属製品にはタガネ彫が施される製品があるが、すべて線彫Bで文様が表現される。特に銀鍍金狩猟文小壺（図54-5）は、形態が須恵器の有蓋短頸壺や奈良三彩小壺と同形態であることから明らかに日本製とされる（奈良国立博物館編2011　p.56）。文様表現をみると、毛彫だけを用いて盛唐金銀器にみられる蹴彫の文様表現を再現する努力がなされるが、毛彫では繊細かつ軽やかな盛唐金銀器の文様の再現は達成できておらず、表現は稚拙である。上述の正倉院宝物南倉13の狩猟文銀壺と同様に、唐代金銀器を日本列島の既往の技術で模倣製作した製品と考えられる。

　以上の例は、正倉院、東大寺の資料であることから、当時の国家中枢における官営の金工品製作工房の製品と位置付けられる。しかし、日本列島製の金工品に施されるタガネ彫は毛彫の線彫Bに限定され、蹴彫の線彫Aは唐からの舶載品にしか認められない。したがって、奈良時代の日本列島では、第1期から第7期まで存在した蹴彫とナメクリ打ちaによる線彫Aの手法が忘却されていることが分かる。

　タガネ彫は、金工品製作の系譜を如実に反映している。第1期に日本列島にもたらされたタガネ彫の技法は、金銅装の武具、服飾品に波状列点文を主とする文様を施文した蹴彫とナメクリ打ちaによる線彫Aで、同技法は第2期に根付き確実に存続するが、第7期を最後に姿を消す。第8期以降の飛鳥時代のタガネ彫は、C群馬具や、冠などの装身具等に施される毛彫とナメクリ打ちbによる線彫Bと、双龍環頭大刀をはじめとする装飾付大刀に施される点文に大きく分けられるが、前節で述べたとおり双龍環頭大刀は第8期の段階

で生産が終了し、古墳時代的な金工品生産体制は解体される。第8期以降の古墳副葬品を俯瞰すると、副葬品としての金工品に対する需要はまだ関東地方を中心に残っているが、金工品生産体制は、線彫Bに象徴される新たな生産体制へと変化を遂げるのである。

　飛鳥時代の終末期古墳に副葬される毛彫を施した冠などの装身具は短期間で生産が終了し、そして、止利派金銅仏およびC群馬具も7世紀末の第11期には生産が終了する。ただし、線彫Bを特徴とする金工品生産体制は継続し、奈良時代には正倉院宝物や東大寺鎮壇具のように、唐代金銀器の繊細な蹴彫による文様表現を、既に定着した線彫Bの技法で模倣製作する努力が為されるようになる。

　ところで、金工史の既往の研究では、毛彫すなわち線彫Bが日本古来のタガネ彫技法と位置付けられる傾向がある（香取1928・加島2012・吉澤2017）。美術史における彫刻史の研究では、古墳時代の存在が等閑視されているのであろうか。ただし現実には、上述のとおり、金工品生産体制が飛鳥時代になってから根本的に刷新され、古墳時代的な金工品生産体制は棄却されるという過程を経る。その後、飛鳥時代の金工品生産体制が日本列島に定着し存続したため、飛鳥、奈良時代の金工品については、古墳時代を視野に入れなくても、一見、研究が成立しているようにみえることもその要因なのかもしれない。

　以上の検討を元に、古墳時代から飛鳥、奈良時代におけるタガネ彫の変遷と画期を概観する。第一段階は第1期に金工品が導入された当初の段階で、帯金具や胡籙、甲冑などの金工品に、蹴彫で波状列点文を施した段階である。第二段階は、第2期から第7期並行期に該当し、蹴彫、波状列点文の施文を特徴とする金工製品が、次第に製作工程が簡略化し、文様も形骸化するとはいえ継続的に生産される段階である。蹴彫の施文が終了しても、鍛造による成形、鍍金後のタガネ彫という技術系譜は継続する。この段階には、線彫Bを施す金工品も断続的に出現するが、生産は定着しない。第三段階は、C群馬具、方頭大刀といった新たな型式の金工品が出現して新たな生産体制が構築される第8期である。第四段階は、第二段階以来存在した体制が解体され、第三段階に出現した造仏活動と直接関係する線彫Bが主流となる第9期から第11期である。そして、第五段階は、唐代金銀器の文様表現に用いられる蹴彫が、外来のタガネ彫手法として再度登場し、毛彫による文様の模倣が試みられる奈良時代である。

　特に第二段階から、第三、第四段階への変化は、前節で述べた古墳時代から飛鳥時代にかけての金工品生産組織の交代期に相当し、双龍環頭大刀や鉄地金銅張製の馬具A群、B群などの既往の諸型式の金工品の生産終了と連動して、新たな金工品生産体制へ移行する

ことが分かる。こうした抜本的な移行の背景には、百済から新たにもたらされた仏教を軸とする新たな国家体制の構築が想定される。

（2）中国大陸

7世紀から8世紀の中国大陸は、統一王朝の隋唐帝国の時代である。隋の金工品は、王朝の存続期間が短いため、数量が限られる。確実に隋の金工品と考えられるのは、河北省定県静志寺塔址例の隋大業二年（606年）銘金銅製舎利容器で、外面には繊細な蹴彫が一面に施される（図55-1）。舎利容器は唐代に一度開封されているが、容器内の小塔、金銅製鋺は古拙な文様が蹴彫で施文され、隋代の遺物と評価（浙江省文物局ほか2014）されている。

隋の皇族の李静訓墓（608年・図55-2、3）には、ササン朝ペルシア製とされる容器を含め、豊富な金工品が副葬されていた。しかし、金糸金粒及び宝石象嵌が駆使された金工品が目立つものの、タガネ彫は認められない。同時期の寧夏回族自治区固原市史射勿墓（609年・寧夏文物考古研究所ほか1992）も同様である。また、陝西省咸陽市王士良墓（583年・図55-4）の冠頂金製飾にはタガネ彫が施されるが毛彫である。

初唐の皇族、陝西省新城長公主墓（662年・陝西省考古研究所ほか2004）からは、盗掘を被りながらも複数の金工品が出土したが、タガネ彫を施した金工品には、蹴彫が含まれていない。金郷県主墓（724年・西安市文物保護考古所2002）も同様である。しかし、わずかに時期が下ると、河南省偃師市袁氏墓銀製盒子（729年・図55-5）、同鄭婦人墓銀製盒子（731年・図55-6）、同李景由墓銀製匙（738年・図55-7）、陝西省曲江郷孟村李倕墓三足銀壺（736年・奈良県立橿原考古学研究所附属博物館2010）のように、表面に蹴彫で主文様が彫られた金銀器が有力者の墓に盛んに副葬されるようになる。

有名な陝西省何家荘窖蔵出土品（図55-8）のように、蹴彫による流麗な文様を外面に施された金銀器は、唐代の文化を象徴する器物とされる。この唐代金銀器は、前節の検討や中野徹の研究（中野2015）から南朝に由来すると考えられる。そして上述の静志寺塔跡舎利容器から、隋代には、華北地域でも蹴彫の金工品が一定程度浸透したようである。しかし、皇族や貴族など上流階層の墓には、盛唐の段階まで蹴彫を施した金銀器は副葬されていない[4]。北方の遊牧騎馬民族である鮮卑族の建国した北朝の系譜を汲む隋唐帝国では、南朝に由来する蹴彫を施した金銀器が支配階級の副葬品として採用されるのに、一定期間を要したのであろう。

（3）朝鮮半島

①百済（泗沘期）

538年に百済は泗沘（現在の扶余）に遷都する。538年から百済滅亡までの660年までは泗沘期と称される時期である。ここでは泗沘期の資料を取り上げる。泗沘期の金工品には、大きく分けて、寺院や扶蘇山城の出土遺物と墳墓出土遺物がある。

寺院では、益山弥勒寺跡の西院石塔（639年）の金銅製舎利外容器（図55-9）が挙げられる。金製容器の外面文様は毛彫で唐草文が充填されている。このほか、扶蘇山城出土光背や仏像などの仏教関連金工品のタガネ彫は、すべて毛彫である。

墳墓では、扶余陵山里古墳群、扶余下黄里、益山雙陵出土遺物が挙げられる。陵山里古墳群出土金工品は、木棺飾金具（図55-10）、冠帽装飾の可能性のある透彫金具（図55-11）が知られ、いずれの資料も毛彫が施される。下黄里出土銀製金具付瑠璃玉（図55-12）の金具には、図55-11と同様の文様が毛彫される。そして、この種の文様はC群馬具の既往の研究では「道上型毛彫」と称されたもので、日本列島の第7期以降の金工品にも多く認められるものである。近年刊行された雙陵の正報告書（国立全州博物館2015）では、金銅製透彫金具および金銅製棺飾座金具（図55-13）の詳細な検討がなされ、タガネ彫については、ナメクリ打ちと蹴彫の併用とされる。しかし、同資料で「蹴彫」とされる箇所は、楔形単位の連接は明瞭に認められず、単位は不明瞭である。むしろ「ナメクリ打ちb」と考えるべきであろう。

百済の彫金技術は、第一段階として、蹴彫を駆使して繊細な龍文や鳳凰文を表現した金銅製装身具に代表される5世紀後葉以前の漢城期、第二段階として、蹴彫の線彫Aと、ナメクリ打ちbの線彫Bが併用される5世紀後葉から6世紀前葉の熊津期、そして、第三段階として、仏教関連遺物や棺飾金具などの金工品に、毛彫やナメクリ打ちbによる線彫Bが施される6世紀中葉から7世紀中葉までの泗沘期に区分される。このようなタガネ彫の変化は、鍍金との前後関係などと連動し、生産される金工品の形式の変化とも呼応する。そして、さらにその背景には、本拠地の移動に象徴される、百済の国家体制の変化が看取されるのである。

②新羅・統一新羅

6世紀中葉の銀鈴塚、壺杆塚以降、6世紀後葉以降の新羅では、薄葬化により墳墓の副葬品から装飾性の高い金工品が姿を消す。百済と同様に、新羅にも建立年代の確実な初期

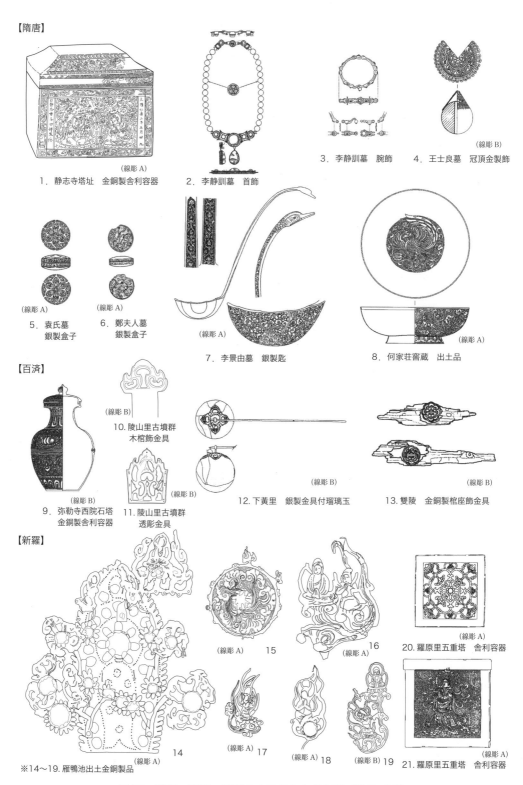

図55　隋唐・百済・新羅の金工品とタガネ彫（縮尺不同）

寺院の皇龍寺、芬皇寺などが存在するが、存続期間が長く、6世紀後半から7世紀中葉までの年代の確実な資料に恵まれない。

7世紀後葉の資料では、新羅の王宮に付属した苑池、慶州市雁鴨池（月池）で大量に出土した金工品が注目される。仏像、光背（図55-14）、光背に装着される宝珠（図55-15）、化仏（図55-16～19）などをはじめ、仏教色の強い資料群である。池底から出土した金銅製品は7世紀後葉から10世紀以降の長期間にわたる資料群であるため、出土状況の一括性には劣る。しかし日本および中国の関連資料との比較から、7世紀後葉から8世紀の資料が多く含まれることが判明している（文化公報部文化財管理局1978）。仏像に施されるタガネ彫は、10世紀代の1点を除き、毛彫である。対して、仏像光背に装着される宝珠、化仏の彫金は大多数が蹴彫による素朴な図像表現（図55-15～18）で、毛彫、半肉彫によって写実的な図像表現が為されるのはごく一部の優品（図55-19）に限られる。

7世紀後葉以降の彫金技術を示す資料として、他には682年完成の感恩寺石塔舎利が存在する。舎利容器四面の四天王、内部の舎利台座および荘厳具が鋳造され、表面は毛彫が施される。また、8世紀代に下がるが、羅原里五重塔舎利容器（図55-20・21）は、箱形の舎利容器外面の上面に蓮華文、唐草文、宝相華文を蹴彫で施し、側面に蹴彫で四天王を描く。そして、四天王の周囲には打ち込みで魚々子文を充填する。一方、舎利容器内部の塔形金銅製品は毛彫が施される。7世紀後葉から8世紀にかけて、毛彫と蹴彫の両者が並存したことが分かる。

以上の検討から、新羅及び統一新羅における金工品のタガネ彫の変遷とその背景を概観する。第一段階は、5世紀前葉から中葉の蹴彫を中心とする線彫Aの導入期である。中国大陸東北部の三燕に端を発し朝鮮半島南部の広域に共通する波状列点文が多用されることから、中国大陸に近い先進地域の百済、加耶地域から彫金技術を導入したものと考えられる。第二段階は、5世紀後葉から6世紀前葉の王陵級墳墓に副葬される飾履、装飾馬具及び龍鳳環頭大刀にみられる、鋳造製品の受容から始まる。これらの資料の搬入にも百済、加耶との関係が想定される。ただし、旧来の蹴彫を施す製品も存続する。なお、第二段階は朝鮮半島統一後の7世紀後葉まで継続する可能性が高い。第三段階は、8世紀代の仏教美術にみられる、多様かつ高度な彫金を駆使した金工品の出現する時期である。蹴彫、毛彫、打ち込みによる魚々子文といった手法が存在する。

新羅では、百済及び加耶と異なり、蹴彫による線彫Aは断絶せず全期間に認められるが、8世紀代の写実的な文様表現は、盛唐金銀器や仏教美術の影響を強く受けているので

あろう。一方で、雁鴨池出土の多数の化仏、宝珠などは、本来的には毛彫による繊細で複雑な表現（図55-19）であるべき文様を、在来の蹴彫で簡素に再現した製品群（図55-15～18）と考えられる。したがって、676年の朝鮮半島の統一後も、第一段階以来の生産体制が存続していた可能性が高い。

　ところで、前章で取り上げた5世紀末の飾履塚をはじめとする墳墓出土資料、そして7世紀後葉の雁鴨池出土資料が示すのは、新羅が自力で、優品の鋳造成形され線彫Bが施される金工品を生産する技術力を持っていないということである。両遺跡の金工品は、鋳造成形され緻密な半肉彫と毛彫による線彫Bを駆使した少数の洗練された優品と、鍛造成形、蹴彫による線彫Aで前者を模倣した多数の簡素な製品から構成されている。前者は百済などの他地域で製作された搬入品で、後者の多数の製品は新羅で前者を模倣製作されたと考えられる。金工品以外にも、ササン朝ペルシア産とされるガラス容器などの外来の優品を積極的に入手していることを考慮すると、膝下の金工品生産組織の充実よりは、外交や交易によって先進地から優品を入手することに注力したのが、新羅の王権の特徴だったのであろう。

第5節　まとめ

　本章で挙げた論点は多岐に渡るので、改めて整理する。

　第7期になると、A群馬具の貴金属の使用方法は第6期以前のB群馬具と同一となり、金銅装でほぼ統一されることとなる。また単一の馬具のセット内での鋲規格の遵守が認め難くなり、第6期まで存在したA群馬具の独自性が消失する。また、B群馬具の変容も認められる。B群馬具のうちBa群馬具は、A群馬具と同様の鉄地金銅張製へと変化するのである。そして、複数の意匠の馬具で、鏡板と杏葉の形態が共通する馬具のセットが出現する。鏡板と杏葉の吊り金具の形状は、B群馬具の一部も従来のA群馬具と同じ形状となる。鞍金具の形状は、A群馬具は磯金具と州浜金具が別づくりで、B群馬具は磯金具と州浜金具が一体成形という相互に排他的な区別が第6期まで存在したが、第7期にはA、B群馬具に二種類の鞍が混在するようになる。このように、第6期までは独立した存在であったA群馬具とB群馬具の生産組織は、第7期になると変化し、全体的には、相互に製作技術および使用部品の共通化を進めたことが分かる。

　A群馬具のうち独自色の強いAa群馬具は、鐘形意匠の馬具である。A群馬具のうち

160

Ab 群馬具は Ba 群馬具と近似するが、鐘形意匠の馬具は独自性をある程度保持する。第7期に至っても、王墓山古墳例のように、第6期以前と同様に、鏡板と杏葉の形態は不一致である。また、鐘形意匠の馬具は、鐘形鏡板付轡と鐘形杏葉が組み合わされる事例はあまり多くなく、他の意匠の馬具と組み合わされる例がままみられるのが特徴であるが、第7期でも、岩田14号墳、中田1号横穴出土資料のように、鐘形杏葉と鉄製環状鏡板付轡が組み合わされる事例がまだ存在する。ただし、京都府西外古墳例のように、鏡板と杏葉の形態が共通するセットも存在することから、第7期の期間中に、鐘形意匠の馬具の独立性は次第に薄くなり、他の Ab 群馬具と同様の製作方法に移行するようである。

Ab 群馬具は、花形意匠、放射文意匠、心葉形意匠の馬具である。Aa 群馬具と対照的に、第7期の当初から Ba 群馬具との共通点が多く認められる。鏡板と杏葉が同規格となり、馬具に打たれる鋲の大型化および少鋲化が進行する。さらに、辻金具、雲珠、方形飾り金具等の部品の形状も Ba 群馬具と共通する。また、鏡板と杏葉の同規格化により、鏡板の内側に銜先端部をかしめて固定する方式に変化する。この製作技法も Ba 群馬具と共通する。

Aa 群馬具と Ab 群馬具の間でなんらかの差異があるとすれば、Aa 群馬具に分類される鐘形意匠の馬具が第5期から存在するのに対し、Ab 群馬具に分類される各意匠の馬具は第6期に登場することである。より古い段階から生産される Aa 群馬具は保守性を示すのに対し、生産組織が確立してまだ時期が経っていない Ab 群馬具は、より柔軟な変化を示す。また、この様相の差は、鏡板と杏葉の各意匠で個別に生産組織が独立して存在すること、そして、生産方法を各生産組織が主体性をもって決定していた可能性を示している。

Ba 群馬具は、棘葉形意匠の馬具ではあるが、心葉形鏡板付轡とはセットにならないものにほぼ限定される。Ab 群馬具と同様に、鏡板と杏葉の形態が共通化し、少鋲化、鋲の大型化が認められる。そして、このほかには、第6期まで棘葉形意匠の馬具は金銅製部品を多用していたが、A 群馬具と同様に鍛造の鉄地金銅張製部品が用いられるようになり、金銅製部品は姿を消す。そして、第6期までA群馬具との強固なセット関係を示した磯金具と州浜金具が別造りの鞍金具が、第7期になると Ba 群馬具とセットとなる事例がある（図56）。そしてその一方で、B群馬具とセットであった磯金具と州浜金具が一体成形の鞍金具が、Ab 群馬具とセットになる事例（図56）も登場する。

Bb 群馬具は、心葉形鏡板付轡と棘葉形杏葉のセット、そして心葉形透彫意匠のセット

161

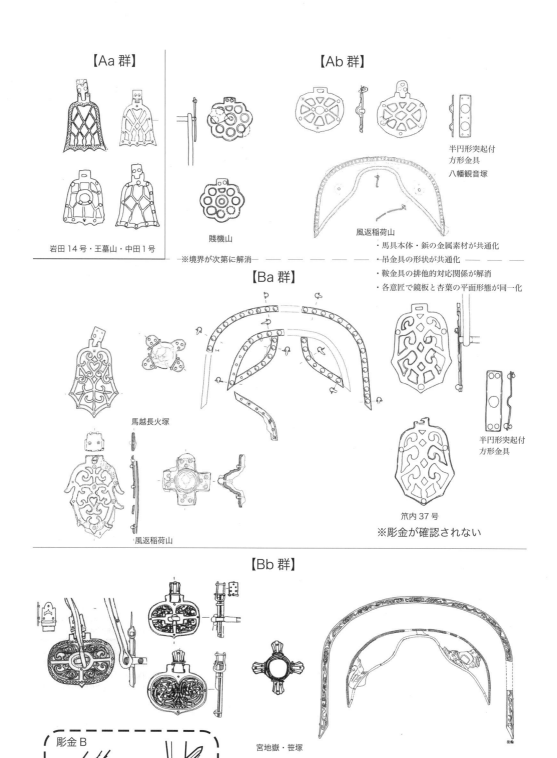

図 56 第 7 期の装飾馬具生産体制

である。この種の馬具は鏡板付轡の引手が二条線で鏡板の外側に装着される構造、辻金具及び雲珠の脚の形状が半円形であることなど、従来のB群馬具の特徴を有しており、Ba群との違いは顕著である。

　具体的にみると、まず、Ba群馬具が示すA群馬具への接近は、Ba群馬具生産組織とA群馬具生産組織との間で、馬具生産に関する情報や人材の交流があったことを示す。A群馬具は意匠の更新を経ながらも長期にわたって安定的に生産が継続され、日本列島の各地で出土することから、倭王権の膝下である近畿地方中央部で生産されたと考えられる。Ba群馬具もその近隣で生産されたのであろう。B群馬具の一部であるイモガイ装の馬具の生産活動が展開し、出土量が日本列島で増加することも、Ba群馬具の生産の定着と関係するのであろう。

　一方で、Bb群馬具が従来どおりのB群としての独自性を保持し、そして、Bb群馬具の大部分を構成する心葉形透彫意匠の馬具が、第6期から引き続いて第7期まで極めて優品の資料群が主であること、部品形状に他の意匠の馬具との共通性が乏しいこと、成形技法、タガネ彫技法が独自であることを考慮すると、少なくとも第7期までは、A群馬具とは物理的にも心理的にも距離のある環境下での生産が想定される。ただし第8期になると文様が急速に形骸化し（内山1996）、毛彫が施されなくなり、部品形状の共通化が認められることから、第8期には日本列島での生産が確実視される。

　しかし、Bb群馬具の優品が第7期まで日本列島で生産された可能性は低い。仮に日本列島の生産とすれば、他の装飾馬具と全く異なる非常に高度な生産組織を独自に維持したことになる。いわば特別製の装飾馬具である。しかし、消費地の様相は他の装飾馬具と大きな差異は無い。Bb群馬具の出土古墳として著名な藤ノ木古墳は、大王の一族の墓と評価されてきたが、藤ノ木古墳以外にBb群馬具が副葬される古墳の規模、埋葬主体部の種別、立地には、他の意匠の装飾馬具が副葬される古墳との明確な差は存在しない。生産に要する多大な労力と人的、資源的双方に要するコストの割には、それにふさわしい消費が為された痕跡は存在しないのである。また、Bb群馬具の出土地は北部九州が多い（千賀2003a、桃崎2015）ことも考慮すると、生産地は日本列島ではなく、朝鮮半島南部と判断するべきであろう。さらに当時の技術水準から生産地を限定すると、新羅の領域下に編入された旧加耶地域の可能性が高い。

　ただし、第7期でも、才園2号墳や小城一本松塚古墳のように、心葉形透彫意匠の馬具を日本列島で模倣生産したと考えられる製品は、いまのところ九州地方の小規模な古墳に

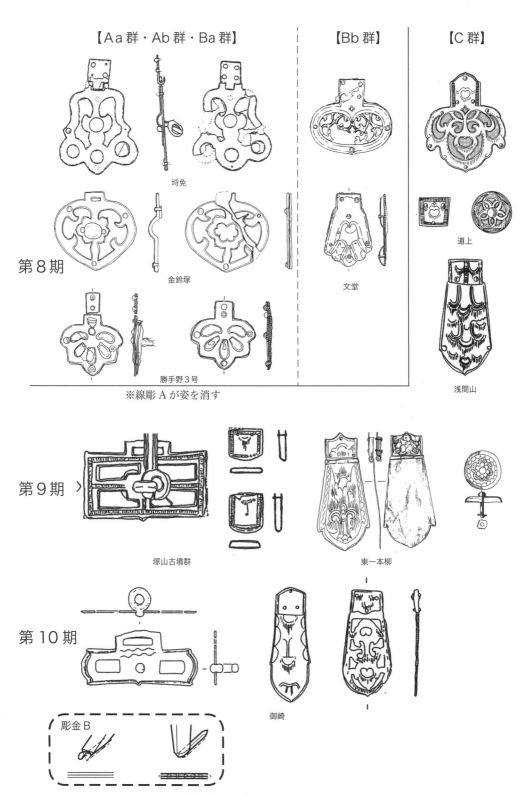

図57 第8期から第10期の装飾馬具生産体制

限定的に出土している。したがってこの一群は、既に千賀久が指摘しているとおり（千賀2003a）、九州地方で生産された製品との想定も可能であろう。

　第8期になると、複数の意匠が融合した形態の鏡板と杏葉、意匠融合形馬具が登場する。この段階には、第7期にはまだ独自性の強かったBb群馬具にも、Aa群馬具、Ab群馬具、Ba群馬具と共通の形状の飾金具や繋への固定方法が認められるようになる。辻金具と雲珠の型式が統合整理されることも考慮すると、意匠融合形馬具は、製品そのものの形状だけでなく、装飾馬具の生産組織の融合も為されたことを示唆するのであろう。

　また、同時に金銅製のC群馬具が登場する。杏葉の形態は当初段階から定着段階に至る過程で変化し、花弁形から棘付花弁形となる。さらに、鏡板と杏葉のセット関係をみると、登場の当初は十分に確立しておらず、尻繋または頭繋だけが金銅製馬具であるセットが多い。金銅製方形または心葉形透かし窓付鏡板付轡と、金銅製棘付花弁形杏葉のセットが確立するのは、やや後出する第9期である。第2期から第7期までに登場する装飾馬具が、当初から鏡板と杏葉の強固なセット関係を有するのとは、対照的な一群である。そして、鏡板、杏葉と組み合わされる辻金具や革金具などの形態が既往のA群、B群馬具と大きく異なることも考慮すると、C群馬具は第6期以前から存在した日本列島の装飾馬具生産組織が独力で生み出した馬具ではないと判断される。C群馬具に施文される「道上型毛彫」が初期の仏教美術や百済の金工品と共通することを踏まえると、第8期のC群馬具の生産には百済から渡来した仏工集団の深い関与が想定される。ただし、第9期以降は、他の装飾馬具と共通する鏡板と衝先の装着形態を用いることや、毛彫文様の形骸化から、列島における装飾馬具の生産体制に新たに組み込まれ、生産された可能性が高い。この段階には既に他のA群、B群馬具の生産が終了しているため、既往の装飾馬具生産体制が新たに再編され、C群馬具が生産されるに至ったのであろう。この段階のC群馬具の線彫Bの簡略化は第7期のBb群馬具の模倣生産品に近く、ほかにも成形方法が鍛造であることなど、Aa、Ab、Ba群馬具と近い。したがって、Bb群馬具を生産した集団をはじめ、第8期以前から存在していた既往の装飾馬具生産集団が、C群馬具の生産組織に参入した可能性がある。

　以上の装飾馬具生産体制の変遷の過程は、装飾付大刀と近似する。両者の共通点として、まず、製作技術の保守性が挙げられる。龍鳳環頭大刀の導入とともに日本列島でも環頭を鋳造するようになるが、この技術は定着せず、第7期には環頭は全て旧来の技術である鍛造で成形されている。第6期までは環頭の意匠毎に相互に独立性の高い個別の生産組

織の存在が想定されるが、第7期になると、朝鮮半島系の龍鳳環頭大刀の影響下に、各意匠の大刀の装具が共通化し、生産組織の連携の強化あるいは統合が想定されよう。装飾馬具で、第7期から第8期にかけて、辻金具、雲珠の型式が整理統合されるのと近似する様相である。

　そして、第9期になると、大部分の装飾馬具と装飾付大刀の生産は突如終了し、第1期以降、長期間にわたって存続した鉄地金銅張技法も姿を消す。そして、装飾馬具は、造仏活動と関係する金銅製のC群馬具に限定されることとなる。C群馬具や銅鋺などの鋳造成形の金銅製品は、八幡観音塚古墳出土品に代表されるように第7期には既に存在しているが、社会に浸透するのは第8期以降である。同じ時期に、金属製容器を模倣する型式の土師器と須恵器が登場して次第に主流となること（西1982）も、社会における金属製容器の受容の広がりを示唆している。

　装飾馬具の様相の変化は、列島内における装飾馬具生産体制の変質だけではなく、この段階の国際関係の変動をも如実に反映している。第6期から第8期の倭は、562年の大加耶滅亡を受けて新羅との緊張が高まり、そして一方では百済との関係が強化され、仏教が本格的に導入される。この段階の百済は、現在の扶余を本拠地とした泗沘期に相当し、社会全体に仏教が深く浸透し、大規模な古代寺院が造営された時期である。金工品の様相も以前とは大きく変わり、毛彫あるいはナメクリ打ちbの線彫Bが優勢となっている。この動向と連動し、日本列島出土の金工品に施されるタガネ彫も線彫Bに変化するのである。C群馬具もこの流れのなかに位置づけられるだろう。

　日本列島の金工品には新羅とも共通する特徴がある。新規意匠の装飾馬具が導入される場合、その製作技術までは定着しないことである。日本列島では、第2期から第7期まで、例えば和歌山県大谷古墳や奈良県藤ノ木古墳出土装飾馬具のような、鋳造成形で線彫Bの技法を使用した金工品が断続的に搬入された。これらの製品は突出した優品であることが多いが、製作技法は日本列島に浸透せず、少なくとも定型的な生産には至らない。環頭を鋳造する龍鳳環頭大刀も同様である。このように、外来の優品を進んで入手するが、新たな技術体系の導入を拒絶し、従前の技術体系での模倣製作に終始する姿勢、換言すれば製作技術の向上に無関心な姿勢は、同じく東アジアの縁辺部に位置する新羅と一致する。

　しかし新羅では、5世紀代以来の蹴彫の線彫A技法が7世紀後半まで存続するのに対し、倭では線彫A技法に代表される古墳時代の金工品製作技術が第8期に棄却され、奈良時代の8世紀代には完全に忘却されていたことが、正倉院宝物や東大寺鎮壇具の様相から

166

第5章 装飾馬具生産の変質と初期造仏活動

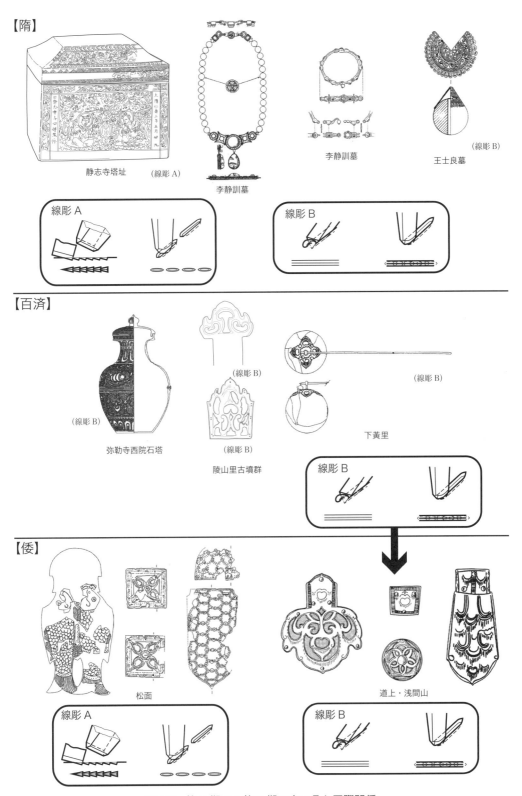

図58 第7期から第8期の金工品と国際関係

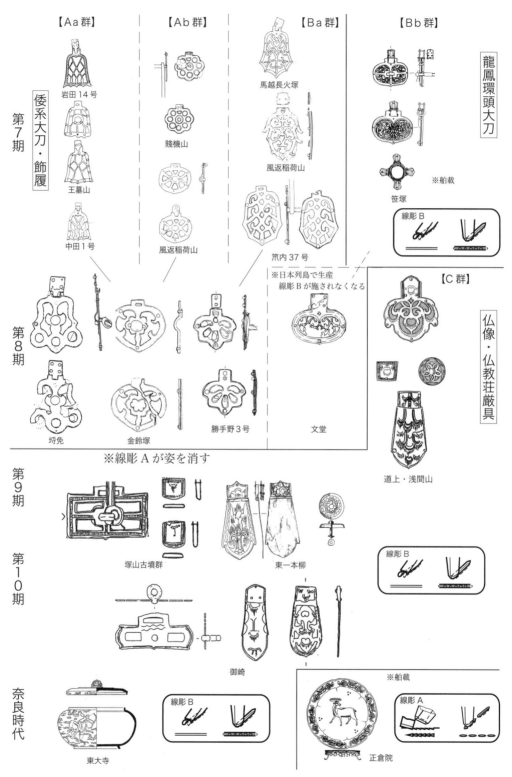

図59 第7期から奈良時代の装飾馬具・金工品生産体制の変遷

明らかである。

　一方、中国大陸では南北朝の分裂が収束し、統一王朝である隋唐帝国が登場する。南北朝時代には南朝と北朝で金工品生産が別個に発展し、特に北朝では線彫Ｂだけが存在していたが、線彫Ａと線彫Ｂが再び多くの金工品で認められるようになる。特に盛唐の時期の「唐代金銀器」と総称される、線彫Ａを駆使した繊細な文様表現が施された金銀器は珍重された。唐の金銀器は日本列島にも舶載され、模倣製作が試みられる。先進地域から搬入された金工品を旧来の自前の技術で模倣製作するのは新羅とも共通する事象であるが、奈良時代の日本で行われた盛唐金銀器の文様表現の模倣は、飛鳥時代に新たに定着した線彫Ｂ技法だけで行われた。

　４世紀から７世紀の東アジア世界の各地域では、これまでの検討から、国家体制の変動に伴って金工品の型式およびタガネ彫技法が大きく変化することが判明している。中国大陸では、西晋滅亡後の五胡十六国時代、華北と江南で王朝が並立した南北朝時代、そして再び登場した統一王朝の隋唐にかけて、金工品に施されるタガネ彫は王朝毎に変化した。朝鮮半島では、漢城期から熊津期にかけて大きく変化した百済がその例である。一方で、政治体制が安定的に維持された新羅では、５世紀以来存続する蹴彫の線彫Ａが、７世紀後葉に比定される雁鴨池の段階まで保持されていた。

　こうした例と比較すると、日本列島では、倭の政体が保持されたにもかかわらず装飾馬具生産体制、そしてさらに広く金工品生産体制の全般が根本的に変化したことがわかる。金工品は当時の最先端技術を駆使して生産される資料で、そしてその生産には貴金属資料の流通が必須である。この特殊で維持に労力を要した体制の安定的な運営の背景には、倭王権が存在したはずである。したがって、金工品生産体制の変革の背景には、倭の政体の大規模な変動が存在したと考えられる。

　註
（1）　この変化は、十字文心葉形鏡板付轡と棘葉形杏葉のセットにはやや遅れて発生する可能性がある。第７期の才園２号墳の馬具の形態は、第６期以前のＢ群馬具の特徴が顕著であった段階から変化が認められないためである。
（2）　意匠融合形馬具の鏡板、杏葉と組み合わされる辻金具及び雲珠の型式は、棘葉形意匠（図41）、花形意匠の馬具（図39）との馬具とセットとなる型式と共通する。意匠融合形馬具の生産を担った組織は、主にこの２つの生産組織であった可能性が高い。
（3）　なお、田中新史は1980年の論文（田中新1980）で三重県塚山古墳の時期を本書における第８期としたが、1997年の論文（田中新1997）では、帯先飾金具に裏金具が装着されることや道上型毛彫

の施文数の減少から、本書の第9期後半まで時期を下げた。しかし、筆者は、塚山古墳の鏡板と
銜の連結構造がC群馬具のしどめ塚古墳と共通する構造で古相を呈することを重視し、従来の評
価のとおり、第8期と評価する。

(4) なお、唐代金銀器の先行研究では、初唐段階では金銀器外面はまだ無文で（斉1999）、盛唐の段
階から動物文など西方の図像を取り入れた、繊細で華麗な文様がタガネ彫で表現されるようにな
る、とされている。

ところで、唐代金銀器のタガネ彫と鍍金の前後関係について、唐代金銀器の文様を全般的に検討
した冉万里（冉2007）は、鍍金前にタガネ彫が施される、と述べた。しかし、陝西省何家荘窖蔵
出土遺物の中には、鍍金の後に主文様のタガネ彫が施される製品が含まれることが指摘されてい
る（韓・賀2003）。なお、管見の限り、唐代金銀器には両方の技法が存在するようである。

終　章　結論

　序章では、本書の第一の目的として、古墳時代の装飾馬具生産体制の変遷の整理検討を掲げ、そして第二の目的として、古墳時代の装飾馬具生産体制と飛鳥時代の造仏活動との関連性の追求を挙げた。結論となる本章では、これまでの論点を振り返りながら、第一の目的のために第1節から第3節を設定し、第二の目的については第4節で論じることとする。

第1節　装飾馬具生産体制の形成と発展（第1期から第3期）

　装飾馬具が日本列島で登場した第1期の資料は、伝誉田丸山古墳出土資料などが挙げられる。この時期に古墳から出土する装飾馬具の意匠は、その後の日本列島では出土しない独自型式の資料群で、初期馬具と称される。日本列島で製作された可能性が指摘される資料もあるが、装飾馬具生産体制はまだ形成されていない。

　第1期から第2期の金工品の大きな特徴は、帯金具、眉庇付冑、装飾馬具などの複数の器種の金工品間で、龍文や透彫文様などの意匠共有が認められることである。そして装飾をみると、器種を問わず龍文や波状列点文などの文様が共通して施文されることも注目される。

　第1期から第2期の金工品を製作した工房跡は、大阪府大県遺跡や同森遺跡など複数の候補地があるが、まだ特定はされていない。とはいえ、古墳時代中期の生産遺跡が近畿地方中央部に集中的に存在すること（菱田2007）や、製品が日本列島の広い範囲で出土することを考慮すると、日本列島製と考えられる金工品の大部分は、倭王権膝下の近畿地方中央部で生産された可能性が高い。

　この時期の装飾馬具工人が帯金具等の生産も兼業していたのか、もしくは器種ごとに個別の生産組織が存在したのか、最終消費地である古墳から出土する金工品だけでは、その答えは導き出せない。しかし少なくとも、金工品の装飾デザインに際して、他の金工品を参考にすることが可能であったことは確実であろう。金工品のライフサイクルを概観する

171

と、第一に製品が工房で生産される段階、第二に工房から倭王権中枢に製品が供給、貢納される段階、第三に倭王権中枢から列島各地の有力者に金工品が配布される段階、第四に各地の有力者が使用する段階、そして最後に所有者の厚葬墓である古墳に副葬される段階となる。工人が他の金工品のデザインを参考にできたのは、第一段階の、製品が製作される段階に限定される。したがって、工人たちは全く同一の工房で金工品生産を行ったか、または近隣に所在する複数の工房で金工品生産にあたった蓋然性が高い。そして別の装飾馬具生産組織に所属する工人であっても、各組織間での協業等の機会に他組織の金工品生産に関する情報を入手したと考えられる。

ところで、第1期から第2期にかけて、近畿地方中央部だけでなく、列島諸地域で朝鮮半島各地との直接的な交流を示す遺物が出土していることが近年注目されている（高田2014ほか）。また、後に「葛城氏」と称される勢力との関係が想定される奈良県南郷遺跡群の南郷角田遺跡では、銀や銅、ガラスなどを用いた特殊製品の生産が行われていた（坂2012）。葛城氏は、記紀の伝承から吉備、北部九州の勢力と同様に、倭王権からの独立性が高いことが判明している有力な勢力である。南郷遺跡群では中期に複合的な手工業生産が行われたが、葛城勢力の没落と軌を一にして、後期には生産が終了している（坂2012）。そして吉備でも、在地勢力が強大であった第2期には、窪木薬師遺跡で独自の金属生産が為されていたことが判明している（花田2002b）。したがって、第1期から第2期は、近畿地方中央部で大規模な手工業生産拠点が整備され、朝鮮半島から技術が伝播したが、未だ倭王権が朝鮮半島からの舶載品や、先進技術を有する工人集団を完全には掌握していない状態で、葛城氏をはじめとする列島各地の有力集団も自らの領域内に生産拠点を設立し、金工品も生産していた可能性がある。

一方で、第2期にｆ字形鏡板付轡と剣菱形杏葉のセットが登場する。金具形態や装飾の意匠は個体差があり、舶載品か、列島製であってもその生産組織は整備途上と考えられる。ただし、ｆ字形鏡板付轡と剣菱形杏葉の組み合わせは、当初から強固なセットとして存在する。また、同時期に鈴付杏葉などの鋳銅製馬具、鉄製ｆ字形鏡板付轡、鉄製内彎楕円形鏡板付轡が登場する。金銅、鋳銅、鉄といった材質の差は、馬具が出土した古墳の墳丘の階層差に対応している。登場の当初から、階層性が明確に意識されていたのである。そして、ｆ字形鏡板付轡と剣菱形杏葉のセットは、飾り馬を模した馬形埴輪に表現されることが多いことから、有力者の地位の象徴として社会に浸透していたことがわかる。装飾馬具を装着した飾り馬が、当時の人々に強い印象を与えたことは想像に難くない。

さらに第３期には、金銅製二山広帯式冠、金銀装の捩じり環頭大刀などの日本列島独自の金工品が新たに出現し、各地の大型古墳に副葬されるようになる。ところで、装飾馬具を含む古墳時代の金工品は、遺存しやすい金属製部品だけでなく、実際には木製部品、革製部品、織物などの有機質の材料も提供する複合的な手工業生産組織の整備を必要とする。したがって、第３期には、材料の調達ルートも含めて金工品全般の生産組織が強固に整備されたことが分かる。

　そして、第３期には装飾馬具生産が定型化するようになる。第２期まで、装飾馬具に打たれる鋲の規格は不統一であったが、この段階から統一されるようになる。こうした鋲規格の統一傾向は、日本列島独自の様相である。さらに第３期まで、辻金具や雲珠の脚金具の形状や、鏡板と杏葉の吊金具の形状、そして金具幅から復元される繋の幅は一定していなかったが、第３期になるとｆ字形鏡板付轡と剣菱形杏葉を中心として、同一の馬装を構成する馬具では、こうした規格が統一されるようになっていく。

　第３期には、近畿中央部以外で大型前方後円墳の造営がほぼ終了する。そして、記紀にはこの時期の有力豪族の反乱と討伐の伝承が記述される。さらに、『日本書紀』雄略天皇７年（462か）条には、ワカタケル大王（雄略天皇）の代の「今来漢人」の渡来伝承が記され、「今来漢人」の中には「鞍部堅貴」の名前も含まれる。こうした複合的な要素から、近畿地方中央部の倭王権のさらなる強化に伴い、渡来系の金工品工人集団が本格的に組織された段階とみなされる。ただし、この時期の装飾馬具に打たれる鋲の規格や、製品に使用される貴金属素材は完全な統一には未だ至っていない。

　第１期から第２期の金工品の特徴は、武装との一体化である。日本列島独自の金工品である眉庇付冑をはじめとする甲冑、そして胡籙、帯金具が挙げられる。製品に施される文様の意匠などから、新羅からの舶載品あるいは新羅製品を模倣して列島で生産された金工品と考えられる。そして第２期から第３期にかけて出現する金工品は、百済と加耶に系譜が求められる冠帽、飾履、鋳造帯金具、ｆ字形鏡板付轡、剣菱形杏葉などである。

　第２期から第３期に登場する金工品は、第６期または第７期まで継続的に生産され続ける。したがって、朝鮮半島から金工品の工人集団が実際に列島に渡来して定住し、次の世代以降も活動を継続した可能性が高い。第１期から第２期に存在した金工品の多くが、第３期以降まで生産を継続しないのと対照的である。第１期から第２期の金工品を列島で生産した工人集団は新羅に出自が求められ、第２期から第３期の百済または加耶に出自が想定される工人集団とは別集団の可能性が高い。当該集団が仮に日本列島に定着していた

としても、第2期から第3期にかけて、もしくはそれ以降も渡来した百済、加耶系の集団に吸収されたのであろう。

　なお、金工品生産技術の日本列島への伝播は、中国大陸の統一王朝である西晋の滅亡（316年）が最大の要因であろう。中国大陸では西晋以前からタガネ彫の技法では線彫Aと線彫Bが共存していたと考えられるが、五胡十六国時代に入り政治的な分裂状態が顕著になると、金工品そのものだけでなく金工品生産技術も朝鮮半島南部および日本列島まで伝播することとなった。朝鮮半島南部の先進地域である百済、加耶では、出土品から、金工品生産の二つの技術系譜が伝播し定着したと考えられる。すなわち、鍛造成形－鍍金－線彫Aの順序で製作される技術系譜と、鋳造成形－線彫B－鍍金の順序の技術系譜である。しかし、朝鮮半島南東部の新羅と日本列島の倭では、鍛造成形－鍍金－線彫Aの技術系譜だけが定着した。新羅と倭は、東アジア世界の中心である中国大陸から離れた周縁部に立地するため、蝋型鋳造技法と線彫Bを駆使する、より高度な技術系譜が伝播、定着する素地が存在しなかったのであろう[1]。

第2節　装飾馬具生産体制の展開と変質（第4期から第6期）

　第4期は、装飾馬具生産体制及び金工品生産体制の完成期といえるだろう。第3期までは多く確認された鉄地金銅被鋲、金銅製鋲の使用が終了し、代わって半球形の鉄地銀被鋲a類のみが用いられるようになる。そして、次第に大型化する鏡板と杏葉には、鉄地銀被鋲が数多く打たれる。こうした生産環境は、この時期の日本列島では産出が確認されていない、金、銀、銅といった貴金属が安定的に供給され、さらに倭王権がその流入経路を独占することではじめて可能になったと考えられる。

　そして、第4期には、日本列島では新規の意匠となる楕円形意匠の馬具が登場する。その後も第5期の鐘形意匠の馬具、棘葉形意匠の馬具など、朝鮮半島南部に類例の求められる意匠の装飾馬具が相次いで登場する。新規意匠の馬具は、出現段階には鋲の規格が一致しない傾向が強い。第2期に伝播し、第4期には列島での生産が完全に定着しているf字形鏡板付轡と剣菱形杏葉のセットとは異なる生産環境が推定される。部品供給ルートの未整備に起因する非定型的な生産環境なのか、もしくは、日本列島の装飾馬具生産で独自に志向された鋲規格の統一は朝鮮半島では重視されていないので、舶載品とも考えられる。

　第4期以降に日本列島に登場する新たな意匠の装飾馬具のうち、A群馬具が列島で定着

する段階には、ｆ字形鏡板付轡と剣菱形杏葉と同様に、鋲規格は共有されるようになり、鉄地銀被鋲が装着されるようになる。さらに、列島独自の金銅張の手法である、鉄製の枠金と地板を金銅板一枚で覆う手法が新規意匠にも導入されるようになる。他方で、新規意匠の装飾馬具の生産が定着すると、新規意匠の製作手法が、既に列島で定着している意匠の装飾馬具生産にも反映される。楕円形意匠の馬具で最初に導入された鏡板内側の引手装着や、鐘形意匠の馬具で導入された衝先覆金具（小野山1990）がｆ字形鏡板付轡などに共有されたことが例として挙げられる。こうした現象は、装飾馬具の製作において、各組織に属する工人集団間での情報交換や部品の共有がなされたことを示している。

　ｆ字形や剣菱形、鐘形といった各意匠の装飾馬具は、鏡板と杏葉の独自の形態を保持し、製作方法も意匠ごとに少しずつ異なっている。そして、こうした独自性を保持しながら、日本列島での生産に向かって段階的な定着の過程を踏むことになる。楕円形、鐘形といった新規意匠の馬具が日本列島に登場した際、日本列島で既に定着している装飾馬具生産組織は、ｆ字形鏡板付轡と剣菱形杏葉の生産組織である。しかし、その後に登場する意匠の馬具の生産をこの生産組織が一手に引き受けたわけではなく、鏡板と杏葉の意匠毎に独立した生産組織が存在したと考えられる。上述のように装飾馬具の意匠間で部品の共有や製作技法の技術交流はなされるが、馬装の全製作過程、全部品が共有されるわけではないからである。

　ｆ字形鏡板付轡と剣菱形杏葉、楕円形意匠、鐘形意匠の馬具は第５期に並立し、確実に日本列島での生産が為されたが、生産組織は相互交流をしながらも独自性も保っていたと考えられる。しかし、古墳での出土事例をみると、装飾馬具の使用者および消費者である列島各地域の有力者は、装飾馬具の意匠の違いに有意の差を見出していたとは考えがたい。松浦宇哲（松浦2004）は、第４期から第５期の大和の古墳ではｆ字形鏡板付轡と剣菱形杏葉が多く、摂津の古墳では楕円形意匠が多い傾向を指摘したが、それ以外の大部分の地域の古墳では、意匠の異なる装飾馬具が同一の埋葬主体部で共伴する事例が多くみられ、各意匠の馬具には顕著な分布の差がみられない。例えば、楕円形意匠の馬具が多い摂津地域に近く同じ淀川水系に位置する京都府物集女車塚古墳では、ｆ字形鏡板付轡と剣菱形杏葉を中心とするセットと、三葉文楕円形杏葉を含むセットが共伴する。また、倭王権中枢部の奈良県藤ノ木古墳では、鐘形鏡板付轡と鐘形杏葉のセットと、心葉形透彫鏡板付轡と棘葉形透彫杏葉のセットが共伴する。異なる生産組織から供給される製品や、日本列島で生産された製品と舶載品の馬具が共伴する事例は、枚挙に暇が無い。そして、鏡板と

杏葉のセット関係が崩れた組み合わせの副葬例が第4期以降に各地で増加することも、装飾馬具の消費者及び所有者である各地の有力者、そして配布の主体である倭王権でさえも、装飾馬具の意匠の違いや組み合わせに対して、基本的には無関心であったことを示している[2]。

　装飾馬具の副葬事例から装飾馬具所有者の階層差を抽出した尼子奈美枝（尼子（藤田）1993ほか）は、装飾馬具の組成を類型化し、Ａ：金銅装の鏡板と杏葉、雲珠がセットになる事例、Ｂ：完全な馬装を構成しないか、鉄製環状鏡板付轡が金銅装の杏葉とセットになる事例、Ｃ：鉄製環状鏡板付轡だけで杏葉、雲珠は共伴しない事例、の3類型に区分し、階層差を論じた。尼子の分析は、当時の有権者の馬具に対する意識を反映しており興味深い。というのも、この類型が示す、人々が装飾馬具の馬装に対して抱いた階層の高低の区別は、一義的には馬具組成の色彩や素材、そして馬装を構成する馬具の多さで決定されており、金銅装馬具の意匠の差や、造りの精粗は階層差を示していないのである。

　しかし、その一方で、第4期から第6期の装飾馬具の意匠には、時期の下った第8期に認められるような鏡板と杏葉の意匠の融合が生じていない。そして鋲規格の共有パターンと繋の幅は、同一意匠の鏡板と杏葉が組み合わされる場合に限って規格が統一され、通有ではない組み合わせの場合、この規範が崩れる例が多い。また、尼子が指摘したように、Ｂ類型の鉄製環状鏡板付轡と金銅装杏葉が組み合わされる事例は、鏡板と杏葉が金銅装のＡ類型より階層が低い。そして、本書の検討でも、こうした馬具のセットは通有の組み合わせではなく、通常の生産過程を経た資料ではないことを指摘した。すなわち、立場を変えて生産者から見れば、装飾馬具の意匠、特に鏡板と杏葉の組み合わせには、有意の区別が存在したのである。

　第5期以降の金銅装鏡板付轡、杏葉の型式差の意味について、桃崎祐輔は近年積極的に論を展開しており（桃崎2011・2015）、ｆ字形鏡板付轡と剣菱形杏葉を大伴氏、鐘形意匠の馬具を物部氏、そして後期後葉から後期末葉にかけて盛行する多様な意匠の馬具については、各々、名代部や舎人集団を示すものと解釈している。桃崎の説には反論もある（尼子2008など）が、筆者は豪族が各意匠の装飾馬具生産組織を分担して運営するという桃崎の指摘は、基本的には正しいと考える。近年、発掘調査事例が増加している近畿地方中央部の生産遺跡の内容及び分布状況（菱田2007）も、有力豪族による生産活動を示しているからである。

　さらに、装飾馬具の個別意匠との関連でみると、第2期から長期間存続したｆ字形鏡板

付轡と剣菱形杏葉のセットと、第4期に導入された楕円形意匠の馬具が、第6期までに生産を終了することが注目される。装飾馬具の生産と古墳への副葬は第11期まで継続することから、装飾馬具の社会的な需要の規模の大きさが伺い知れる。にもかかわらず、f字形鏡板付轡と剣菱形杏葉のセット、そして楕円形意匠の馬具だけが他の意匠の装飾馬具に先駆けて生産を終了するのである。上述のとおり、装飾馬具の消費者及び所有者である、古墳の被葬者と葬送儀礼への参加者、そして配布の主体である倭王権は、総じて装飾馬具の意匠の違いに無関心とみなしうることから、意匠の消長は彼らの嗜好の変化にだけ呼応するわけではない。各意匠の馬具の生産組織は、生産組織をそれぞれ管理する近畿地方中央部の「有力豪族」の浮沈にも呼応するものであったのだろう。

　ただし、ここでいう「有力豪族」は、倭王権と無関係に装飾馬具の生産を独自に行っているわけではない。倭王権の庇護のもとで各意匠の装飾馬具が生産されたと捉えるべきである。というのも、意匠を越えて製作技法と部品形状、そして貴金属の使用方法が共有されることは、単一意匠にとどまらない、複数の生産組織に共通する生産上の規範および素材ルートが存在したことを想起させるからである。また、この段階の大伴氏や物部氏、蘇我氏など近畿地方中央部の有力豪族は、5世紀から6世紀前半にかけて反乱を起こしたり討伐の対象となった筑紫や吉備の勢力、大和の葛城氏など、倭王権からの独立性の高い勢力とは異なる。軍事行動や生産活動において、倭王権を内部から支える存在であったことに注意が必要である。有力豪族は装飾馬具生産組織を独自に掌握したが、同時に倭王権における職掌として、各意匠の馬具の生産を「担当」した側面も強い。そして、こうした有力豪族の元で、各生産組織は第4期までに確立した日本列島の装飾馬具生産体制における素材供給ルートや情報交換ルートに参画し、装飾馬具を生産したと考える[3]。

　この段階の装飾馬具生産体制の実態は、6世紀代に施工される部民制を反映する可能性が高い。鎌田元一（鎌田2001a、2001b）は、部民が有力豪族に帰属する「部曲」であると同時に、倭王権に直属する「品部」でもあるという二重性に部民制の特徴を求めた。装飾馬具生産の示す、一方では鏡板と杏葉の各意匠の特徴の保持と意匠ごとに独立した生産組織の存在、そしてその他方で意匠の差異を超えて共有される共通要素の存在、という二重性は、鎌田の示した職業部民の像に近い。

　また、装飾馬具は、装飾付大刀や胡籙など他の金工品とも近い関係である。土屋隆史（土屋2018）が示したように、本書における第4期から第5期の胡籙は、鉄地金銅張製本体に鉄地銀被鋲を打つ。この規範は装飾馬具A群と共通する。そして装飾馬具A群と倭系

装飾付大刀は、両者ともに器財埴輪に表現されることから、有力者の身分表象財として人口に膾炙していたことが推察される。当然、製品の生産、流通量も多かったことが見込まれる。製品自体でも、装飾馬具の花文付雲珠、辻金具と、倭系大刀の文様の共通性は、工人集団間の距離の近さを伺わせる。倭王権や有力豪族による垂直方向の工人集団の掌握とは別に、水平方向の社会的紐帯が工人集団間に存在した可能性も想定するべきであろう。

　こうして、第4期に日本列島における金工品生産体制は完成した。しかし、その内実は身分表彰として金銀に輝く金工品を効率よく量産することを目的としており、製作技術の維持向上に努めるものでは無かったと考えられる。この時期の装飾馬具はA群馬具が主体であるが、使用素材や鋲の規格、金属製馬具が装着される繋の規格などの、大まかな装飾性や生産自体に関与する属性は規範が遵守され、そして、ｆ字形鏡板付轡と剣菱形杏葉のセットのように一部の意匠の馬具が大型化する。手間を省きながら大型で遠目に視認しやすい金工品を作ろうとする意図が垣間みえる。しかし対照的に、鏡板や杏葉に施されるタガネ彫の装飾文様や複数の工程にわたる金銅張のような、繊細で手間のかかる装飾表現は次第に形骸化する。

　こうした事象は、朝鮮半島から列島に定着した先進技術を有する工人集団が、数世代にわたる寡占状態での装飾馬具生産によって次第に技術力が低下したことを示すといえる。もしくは、倭の有力者が繊細な文様や複雑な工程による製品に、意義を認めなかったのであろう。使用者及び消費者である彼らが装飾馬具の意匠の違いや手間のかかる装飾に対して無関心である以上、工人集団の技術水準を保持する必要は無い。こうした技術力の低下は、第3期から第11期にかけて、日本列島での生産が定着した金工品に共通して認められる。本書が対象とする時期の日本列島における装飾馬具生産体制は、高度の技術を有する専業的な工人集団を数世代にわたって形成し維持するような体制ではなかったのである。

　一方、第5期から第6期にかけて、装飾馬具のB群馬具が日本列島の各地の古墳で出土するようになる。B群馬具の搬入を検討する上で必要なのが、東アジア世界規模での視点である。この時期の中国大陸は、華北にも広域を支配する王権が誕生した南北朝時代に相当するが、華北では、それまで保持されていたタガネ彫の二系列である線彫Aと線彫Bのうち、線彫Aが一時的に姿を消す。そして西域との交流が強化されるなかで、線彫Bを駆使した金工品が多くみられるようになる。一方、江南地域に興った南朝の金工品の様相は、出土品が少なく不明な点は多いが、広東省遂渓県辺湾村窖蔵出土品の存在を踏まえると、鍛造－線彫Aの系譜は、北朝と対照的に独自に存続し発展していた可能性がある。

終章　結論

　朝鮮半島南西部の百済は、この時期は現在の公州を本拠とした熊津期から現在の扶余を本拠とした泗沘期に該当する。熊津期には、その前の漢城期に多くみられた鍛造－線彫Aの金工品が前面からやや後退し、武寧王陵出土銅椀や龍鳳環頭大刀のように、鋳造－線彫Bの金工品が存在感を示すようになる。南朝の影響下で国家統治に仏教が積極的に活用された泗沘期も、陵山里廃寺出土金銅製大香炉をはじめとして、仏教美術を中心に鋳造－線彫Bの優れた金工品が多く認められる。加耶でも龍鳳環頭大刀の自前での製作が可能になったと考えられ（金2017）、百済に準じる技術の発展が想定される。

　日本列島では、B群馬具や龍鳳環頭大刀などの金工品が大量に舶載され、内山敏行は「舶載品ラッシュ」と称した（内山2003）。この中で、Bb群馬具の透彫意匠の馬具は、鏡板付轡と杏葉の形態及び構造は新羅に求められる（千賀2003a）が、鋳造、線彫Bに象徴される技術体系は新羅の中枢部には存在しない。上述のとおり、生産可能な技術力を保有した地域は百済と加耶であり、両地域の中では、従来から新羅とも交流を有し、加耶地域が、この種の馬具の生産地である可能性が高い。生産遺跡が今後発見されないかぎり議論の進展は難しいが、Bb群馬具の素材と製作技法、そして長期にわたって文様が形骸化しないという特徴から、日本列島での生産は想定しがたい。日本列島で生産されたのは、小城一本松1号墳出土馬具など九州で数件確認されているBb群馬具の摸倣品だけであろう。そして、Bb群馬具の優品は第6期から第7期にかけて、一定量、一定の期間にわたって生産されることから、どこかに定常的な生産組織が存在したと想定すべきで、その可能性が最も高いのは加耶諸国のいずれかの勢力と考える。

　なお、加耶諸国は562年の大加耶滅亡以降、新羅の領域に編入されるが、日本列島の古墳で出土する心葉形透彫鏡板付轡と同杏葉及び棘葉形透彫杏葉は、実年代ではこの年以降に比定し得る。そして、これらの資料全てが古墳に副葬されるまでに例外なく、数世代伝世されたとは考えにくい。したがって、加耶の新羅への併合後にこの種の装飾馬具が生産された可能性が高い。つまり、広義には「新羅」製とも表現できる馬具である。

　したがって、製品の形態については新たな支配者である新羅の王権の要請に答えながらも、旧来どおりの生産組織を保持しながら金工品生産活動が継続されたと考える。そして、日本列島各地でBb群馬具が出土する背景としては、新羅から倭への特別な贈答品として供給されたと想定する。

第3節　装飾馬具生産体制の転回と終焉（第7期から第11期）

　第6期までの日本列島における装飾馬具生産体制は、主にA群馬具を生産していたと考えられる。第7期になるとA群馬具の生産にB群馬具が一定の影響を与え、Ba群馬具の模倣生産も開始されることなどから、第6期の日本列島で、Ba群馬具がA群馬具と別個の生産組織によって生産された可能性はある。ただし、その生産量は極めて少数だったであろう。

　第7期になると、A群馬具の貴金属の使用方法は第6期以前のB群馬具と同様に、金銅装でほぼ統一されることとなる。また、B群馬具のうち、Ba群馬具は、A群馬具と同様の鉄地金銅張製へと変化する。そして、Ba群馬具の鏡板と杏葉の吊金具の形状は、A群馬具と同じ形状となる。鞍金具の形状は、A群馬具は磯金具と州浜金具が別づくりで、B群馬具は磯金具と州浜金具が一体成形という、相互に排他的な区別が第6期まで存在したが、第7期にはAb、Ba群馬具に二種類の鞍が混在するようになる。このように、第6期までは独立した存在であったA群馬具とB群馬具の生産組織は、第7期になると変化し、Ab群馬具とBa群馬具を中心に、相互に製作技術および使用部品の共通化が進められる。

　第8期になると、複数の意匠が融合した形態の鏡板と杏葉、意匠融合型馬具が登場する。この段階には、第7期にはまだ独自性の強かったBb群馬具にも、Aa群馬具、Ab群馬具、Ba群馬具と共通の形状の飾金具や繋への固定方法が認められるようになる。そして、第8期のBb群馬具には毛彫が認められなくなり、急速に文様の形骸化が進展する（内山1996）。第8期には、辻金具と雲珠の型式が統合整理されることからも、意匠の差に関わらず、装飾馬具の生産組織の融合が為されたと想定する。

　装飾馬具の生産体制の変化は、装飾付大刀にも同様にみられる。第6期までの装飾付大刀は、装飾馬具と同様、環頭の意匠毎に装具の構造が異なる。したがって、意匠毎に相互に独立性の高い個別の生産組織の存在が想定される。しかし、第7期になると、朝鮮半島系の龍鳳環頭大刀の影響下に、各意匠の大刀の装具が共通化する。

　前節で述べたとおり、筆者は装飾馬具の意匠の消長は「畿内」の有力豪族の浮沈と連動すると考えている。装飾付大刀の研究では既に、有力豪族による特定型式大刀の生産が以前から論じられてきた。特に双龍環頭大刀の生産、流通には蘇我氏が関わったと推定する論を、近年に至るまで多くの研究者が展開している（清水1983、穴沢・馬目1986、新納

180

1983、大谷 1999、豊島 2017 ほか）。特に豊島直博（豊島 2017）は、双龍環頭大刀が 6 世紀第
3 四半期に国産化され、7 世紀中葉に生産が急激に衰退し、生産が廃絶することは蘇我氏
本宗家が興隆し滅亡することとほぼ軌を一にすることを実証的に示している。

　こうした研究の視座は、装飾馬具生産体制の変化にも応用できるだろう。蘇我氏を含む
有力豪族が装飾馬具の生産組織を各々統括していた状態から、6 世紀後半の権力抗争の結
果、勝者となった蘇我氏が生産活動を掌握するようになったことが、第 7 期から第 8 期に
かけて進行する装飾馬具の意匠の融合と部品の規格の共通化に反映されている可能性は高
い。さらに、長期間継続した A 群馬具と B 群馬具の系列が、第 8 期を最後に突如、完全に
生産を終了することは、古墳時代の装飾馬具生産体制の事実上の終焉であり、生産を掌握
していた蘇我氏本宗家の滅亡と関連する可能性も高いと考える[4]。

　A 群馬具と B 群馬具の生産が終了する直前の第 8 期に金銅製の C 群馬具が登場する。杏
葉の形態は当初段階の第 8 期から定着段階である第 9 期の間に変化し、第 8 期の花弁形か
ら第 9 期には棘付花弁形となる。さらに、鏡板と杏葉のセット関係をみると、登場当初は
十分に確立しておらず、尻繋または頭繋だけが金銅製 C 群馬具であるセットが多い。金銅
製方形または心葉形透かし窓付鏡板付轡と、金銅製棘付花弁形杏葉のセットが確立するの
は、第 9 期である。第 2 期から第 7 期までに登場する他の装飾馬具が、当初から鏡板と杏
葉の強固なセット関係を有するのとは、対照的な一群である。そして、鏡板、杏葉と組み
合わされる辻金具や革金具などの形態が既往の A 群、B 群馬具とは大きく異なる。C 群馬
具は第 6 期以前から存在した日本列島の装飾馬具生産組織が独力で生み出した馬具ではな
いと判断される。C 群馬具が登場する第 8 期に製作した集団は、百済系の仏工集団である
可能性が最も高い。

　装飾馬具の様相の変化は、列島内における装飾馬具生産体制の変質だけではなく、この
段階の国際関係の変動をも如実に反映している。第 6 期から第 8 期の倭は、562 年の大加
耶滅亡を受けて新羅との緊張が次第に高まり、そして一方では百済との関係が強化され、
仏教が本格的に導入される。この段階の百済は、現在の扶余を本拠地とした泗沘期に相当
し、社会全体に仏教が深く浸透し、大規模な古代寺院が造営された時期である。金工品の
様相も以前とは大きく変わり、毛彫あるいはナメクリ打ち b の線彫 B が優勢となってい
る。この動向と連動し、日本列島出土の金工品に施されるタガネ彫も線彫 B に変化する。
C 群馬具もこの流れのなかに位置づけられる（図 60）。

　日本列島の倭と似た様相を示し続けた新羅では、5 世紀代以来の蹴彫の線彫 A 技法がそ

181

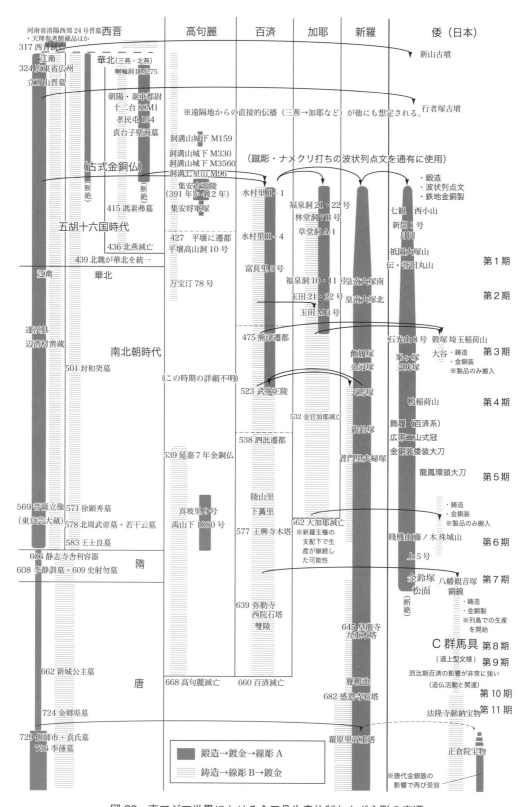

図60 東アジア世界における金工品生産体制とタガネ彫の変遷

終章 結論

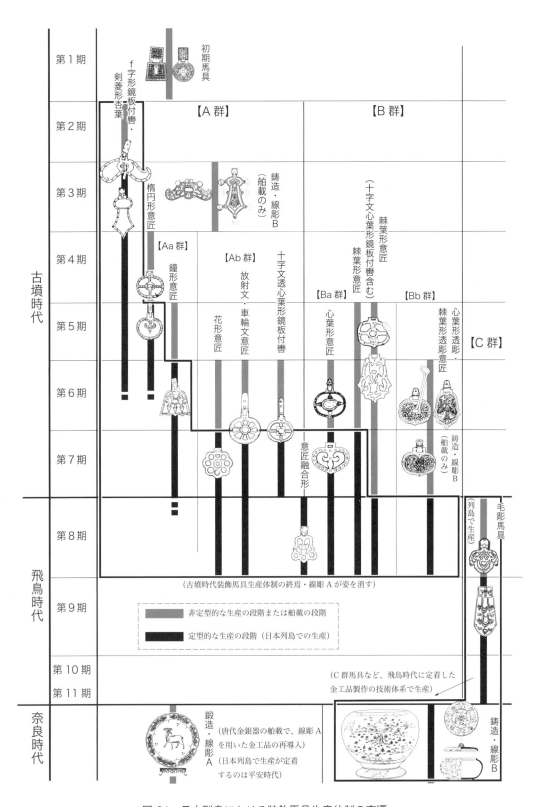

図61 日本列島における装飾馬具生産体制の変遷

のまま7世紀後半の雁鴨池出土品の時期まで存続する。しかし、倭では線彫A技法に代表される古墳時代の金工品製作技術が第8期に完全に棄却され、奈良時代に至る。奈良時代になると、盛唐の金銀器が舶載され、日本列島では模倣製作が試みられる。先進地域から搬入された金工品を自前の技術で模倣製作するのは新羅とも共通する事象であるが、奈良時代の日本で行われた盛唐金銀器の線彫Aによる文様表現の模倣は、飛鳥時代に新たに定着した線彫B技法だけで行われた。

　このように、4世紀から7世紀の東アジア世界の各地域では、国家体制の変動に伴って金工品の型式およびタガネ彫技法が大きく変化した（図60）。中国大陸では、西晋滅亡後の五胡十六国時代、華北と江南で王朝が並立した南北朝時代、そして再び登場した統一王朝の隋唐にかけて、金工品に施されるタガネ彫は王朝毎に変化した。朝鮮半島では、漢城期から熊津期にかけて大きく変化した百済がその例である。一方で、政治体制が安定的に維持された新羅では、5世紀以来存続する蹴彫の線彫Aが、7世紀後葉に比定される雁鴨池の段階まで保持されていた。

　こうした例と比較すると、日本列島では、倭の政体が保持されたにもかかわらず、金工品生産体制は古墳時代から飛鳥時代にかけて、根本的に変化したことがわかる。この背景にあるのは、一義的には造仏活動の盛行による新たな技術体系の定着であるが、この転換は同時に古墳時代の金工品生産体制の否定からも生じたものである。技術体系だけでなく金工品の組成も大きく変化し、第7期以前に登場した型式の装飾馬具と装飾付大刀の生産がすべて終了することから、古代国家の形成期である7世紀半ばにおける、倭の社会の根本的な変動を想定すべきであろう。

第4節　装飾馬具生産体制と初期造仏活動

　装飾馬具生産体制と初期造仏活動の関係を検討する上で改めて重要となるのが、文献史料における造仏活動の記述と出土遺物の様相の対比であろう。筆者は文献史学を専門としないが、敢えてこの領域に踏み込みたい。

　古墳時代の馬具生産と飛鳥時代の造仏活動に携わった鞍作氏は、代表的な渡来系氏族であるが、鞍作氏の渡来に関連する後代の記事には、三種類が存在する。古く位置づける記事から順に記すと、第一は『新撰姓氏録』「坂上系図」で、応神天皇または仁徳天皇の代に渡来した漢人「鞍作村主」が記載される。第二は『日本書紀』雄略天皇7年（462か）

終章　結論

条で、「新漢」の中に「鞍部堅貴」が含まれる。第三は『扶桑略記』所引『禅岑記』で、継体天皇16年（522）2月に「鞍作達等」の渡来が記載される。この三つの記事のうち、最も新しい時期の渡来を示す記事の「鞍作達等」は鞍作止利の祖父であるが、「鞍作村主」と「鞍部堅貴」が止利、達等の直接の祖先かは不明である。

　また、造仏活動における鞍作止利の役割について、岩佐光晴による研究史の整理（岩佐2013）を踏まえると、研究者の見解は大きく二つに分かれるようである。第一は、止利を工房内で直接造仏活動に携わった卓越した工匠とみなし、馬具生産で培った技術の直接的な応用を想定する立場である。第二は、鞍作氏の職掌を技術集団の管理監督者とみなす立場である。

　上記の問題を実資料から検討するためには、従来、装飾文様の類似性と共通性が主に注目されてきた（小野山1983など）が、本書では、これまで述べてきたとおり、金工品の素材、製作技法、さらに彫金技法の変遷に注目した。

　金属製馬具の金属素材および製作技法には、鉄で馬具本体を鍛造成形した後に薄い金銅板を張る鉄地金銅張製、鏡と同様に青銅を鋳造成形して製作される鋳造青銅製、そして小型金銅仏と同様に、銅を鋳造した後に水銀アマルガム鍍金を施す鋳造金銅製が挙げられる。

　また、金工品に施される彫金では、特にタガネ彫が注目される。タガネ彫は蹴彫、毛彫、ナメクリ打ち、点打ちに分類されるが、金工品の系統と直接関係するのが、タガネ彫のなかでも特に線彫の技法で、本書ではこの手法を二分類した。すなわち、蹴彫とナメクリ打ちaによる線彫A、そして毛彫とナメクリ打ちbによる線彫Bである。

　彫刻史研究では、毛彫すなわち線彫Bが飛鳥時代以来の古来の手法とされ、蹴彫すなわち線彫Aは唐代金銀器の影響を受けて奈良時代に出現した新しい技法とされる（香取1928・吉澤2017）。一方で、馬具を含む古墳時代の金工品には線彫Aと線彫Bの両方が認められる。日本列島における線彫Aは、本書における第7期に相当する古墳時代後期末を最後に、奈良時代まで姿を消すことになるが、この過程が、古墳時代から飛鳥時代への金工品生産集団の変化に呼応するのである。

　以上の視点から装飾馬具をはじめとする古墳時代の金工品を通観し、造仏活動に応用可能な技法が定着していたのかを検討し、そして、馬具生産に携わった工人集団の系統を整理する。

　古墳で金工品の副葬が本格的に開始されるのは、実年代では4世紀末葉以降である。甲冑や帯金具、垂飾付耳飾などの武具や服飾品が中心で、装飾馬具は少ない。馬具自体は5

世紀初頭頃から存在が確認され、この時期の馬具は「初期馬具」と称されてきた。本書における第1期に相当する時期である。この段階には、金銅装の装飾馬具は未だ極めて出土数が少ない。この時期の著名な出土例は、伝誉田丸山古墳、新開1号墳、月岡古墳出土馬具が挙げられるが、日本列島における安定的な生産体制の整備は認められない。装飾馬具の製作技法、素材は鍛造の鉄地金銅張製で、さらに蹴彫を主体とする線彫Aで文様が施される。

第2期になると、日本列島でも装飾馬具の生産が開始される。馬の面繋に装着されるf字形鏡板付轡と、尻繋に装着される剣菱形杏葉の組み合わせを中心とする馬装が成立する。この時期から継続的かつ安定的な装飾馬具の生産が開始されることは確かである。装飾馬具の金属素材に注目すると、馬具本体は大部分が鍛造の鉄製で、最後に薄い金銅板を被せる、鉄地金銅張技法が用いられる。この製作技法は1世紀以上にわたって存続する。青銅製馬具もこの時期から生産が開始され、鉄地金銅張製馬具には及ばないが、相当期間にわたって製作される。一方、鋳造金銅製の金工品は熊本県江田船山古墳及び和歌山県大谷古墳出土馬具や京都府穀塚古墳出土帯金具等が知られるが、極めて少数で継続的な生産が認められず、日本列島の製品とは考えがたい。すなわち、この段階には、後の造仏活動に応用可能な金属加工技術は日本列島に根付いていないのである。

雄略7年の渡来記事は馬具生産者である鞍作氏だけでなく、その他の生業に関わる氏族名も伝える。この記事について、須恵器生産の視点から研究が進んでおり、古墳時代の須恵器生産集団は、雄略7年条に登場する「陶部高貴」に代表される陶部氏ではなく神（ミワ）部氏とする見解が、文献史料・考古資料を根拠として、複数の論者によって唱えられている（菱田2007ほか）。雄略7年条の具体的な氏族名の信憑性には、文献史学の分野からも疑義が呈されている（加藤2015ほか）。上述の金工品の検討も踏まえると、鞍作氏もその例外ではない。

鞍作氏に関連する3つの渡来記事のうち、特に研究者の注目を集めてきたのが、鞍作止利の祖父である鞍作達等の渡来年代を記した記事である。『扶桑略記』で鞍作達等の渡来年代とされる継体天皇16年（522）と前後する時期の装飾馬具を俯瞰すると、5世紀中葉の第2期に生産が開始されたf字形鏡板付轡と剣菱形杏葉のセットは引き続き6世紀後葉の第6期まで生産が継続する。このほかに楕円形鏡板付轡及び同杏葉など他の意匠の馬具の生産が開始されるが、日本列島製馬具の製作技法、素材は、前段階に引き続き、鍛造鉄地金銅張製品か鋳造青銅製品に限定される。馬具の意匠も前段階と共通することから、継

終章　結論

続的な生産が認められる。一方、鋳造金銅製品はごく少量で、舶載品の可能性が高い。す
なわち、この段階の装飾馬具生産と、後世の造仏活動との直接的な技術の関連は見出し難
い。

　この時期に出現するBb群馬具の、透彫で写実的な文様が表現される十字文心葉形鏡板
付轡と棘葉形杏葉のセットのうち、優品は金銅製の文様板が鋳造成形され、そして文様板
のタガネ彫には線彫Bが多用されるようになる。鋳造金銅製品は装飾馬具だけでなく装飾
付大刀にもみられ、この時期から日本列島での出土量が増加し、列島で生産が開始された
可能性のある龍鳳環頭大刀が挙げられる。龍鳳環頭大刀について、増田精一（増田1969）
は環頭の成形に蝋型鋳造が用いられることから、造仏活動との関係を想定した。また、穴
沢咊光・馬目順一（穴沢・馬目1986）は、この時期に装飾付大刀を製作する集団の候補が
鞍作氏以外に存在しない事を指摘した。

　上記の検討から俯瞰すると、金銅製の仏像、仏教荘厳具と製作技法が共通する、装飾馬
具や環頭大刀等の金工品が日本列島で一定量出土するようになるのは、6世紀後葉の第6
期になってからである。こうした背景から、6世紀後葉の金工品製作技術と7世紀代の造
仏活動を直接結びつける論考（増田1969、鈴木勉2004）もある。また、装飾馬具の各意匠
が有力豪族に帰属する可能性が高いことを考慮すると、仏教伝来期である第6期に物部
本宗家を打倒し、最有力となった蘇我氏本宗家が、高度な技術力を必要とする透彫心葉
形鏡板付轡と透彫棘葉形杏葉を生産した集団を掌握した状態も想起されるかもしれない。
しかし、造仏活動に必要な技術が、6世紀後葉に日本列島に確実に定着していた可能性は
低い。

　透彫心葉形鏡板付轡と同棘葉形杏葉に象徴される、線彫Bを施すBb群装飾馬具と、仏
教意匠の影響が強いC群装飾馬具との直接的な技術的接点は認められない。というのも、
第6、7期のBb群は、毛彫、鋳造金銅製という、第8期に登場するC群と共通する技術
を有するが、第8期にA群と技術体系が融合した際に、これらの技術は継承されなかった
のである。この点は環頭大刀でも同様で、金宇大（金2017）によると、本書の第6期に蝋
型鋳造技術で製作されていた環頭は、第7期になると合笵鋳造に変化し、蝋型鋳造の技法
は継承されないという。さらに、第8期になると、環頭の製作技法は鋳造から鍛造に変化
する。このように、6世紀後葉の第6期にもたらされた蝋型鋳造技術、毛彫といった金工
品の製作技法は、造仏活動と共通する重要な技術体系ではあるが、日本列島には定着して
いなかったのである。6世紀後葉は、鞍作止利の祖父達等、父多須奈の活動時期ではある

187

が、彼らは仏教の崇敬者ではあっても、金工品の新たな技術体系の定着には寄与しなかったのではないか。

　製作技法、金属素材、タガネ彫、さらに文様から、造仏活動と確実に関連付けられる装飾馬具はC群であるが、Bb群からC群への直接的な技術の移行は認められず、むしろ同時併存する第8期のBb群馬具には既に共通の技術が失われていること、そしてタガネ彫の線彫が、C群の登場する7世紀以降に線彫Aから線彫Bへ変化することを鑑みると、装飾馬具A・B群と、C群の間には断絶が存在するとみなすべきであろう。すなわち、6世紀から7世紀前葉にかけて装飾馬具A群、B群を生産した既往の集団と、7世紀代に装飾馬具C群の生産と造仏活動に携わった百済から新たに渡来した仏工集団は、全く別の組織に属していたと考えられるのである。

　古墳時代の装飾馬具生産と、飛鳥時代の造仏活動の接点となりうる鋳造金銅製の装飾馬具は、5世紀後葉から日本列島に登場し、その後も断続的に朝鮮半島から舶載されたと考えられる。しかしその製作技法は、結局のところ7世紀以前には定着しなかった。

　日本列島では、第2期には既に独自の組み合わせであるf字形鏡板付轡と剣菱形杏葉のセットをはじめとする装飾馬具を生産し、その生産活動は7世紀前葉の第8期まで、長期間存続した。しかし、その特徴である鍛造、鉄地金銅張製、蹴彫といった属性は、飛鳥時代以降には継承されなかった。古墳時代から飛鳥時代にかけて、装飾馬具生産体制は大きく変化し、造仏活動が活発化する。ただし、6世紀中葉に比定される仏教伝来からかなりの期間を経てからの変化であることを考慮すると、宗教としての仏教の影響だけでは無いだろう。有力豪族主導による倭王権の体制が、新たな古代国家の体制を模索したことがその背景にあるのではないか。そしてその一環として、長期に渡って継続した装飾馬具生産体制が、そして金工品生産体制全体もが終焉を迎えたのである。

　日本書紀が編纂された段階に編者によって認識された「鞍作氏」の実態は、編者にとって近い過去に、造仏活動と装飾馬具C群の生産の両方を担った鞍作止利の所属する氏族であったろう。しかし、この集団が、5世紀代から6世紀代にかけて装飾馬具生産に携わった集団の直接的な後裔であった可能性は低い。5世紀代から6世紀代に装飾馬具を生産した集団は、C群馬具の文様と線彫Bの形骸化が進んだ第9期以降に生産活動に参画した可能性はあるが、副次的な位置づけだったと考える。

188

終章 結論

おわりに

　本書で扱った資料は、装飾馬具では遺存状況の良好なもの、他の金工品ではタガネ彫の詳細が判明しているもので、かつ著名な資料が主である。本書では巨視的で通時代的な視野での検討を目指したため、敢えて記述や図示の対象から省いた資料もあるが、本書の論述に必要な、各資料群の持つ傾向は把握したものと思惟する。

　装飾馬具と金工品の研究が蓄積され爛熟し、研究対象を限定し細密な議論が為される昨今の研究状況で、本書の内容が異質であることは筆者も自覚している。しかし、「森」をみる視点は研究の黎明期にだけ許された特権ではあるまい。

　本書が古墳時代の装飾馬具や金工品、そして飛鳥時代の初期造仏活動に関心を抱く人々に資することを祈念する。

註
(1) 日本列島の多くの金工品は鉄地金銅製であるが、この製作技法は、金と銅の使用量を抑えて金工品を製作する技法である。当時の日本列島では金、銅、銀はまだ産出されていなかった希少な資源であるため、鉄地金銅製品の製作を継続せざるを得なかった、という側面もあるだろう。この点では、金を豊富に用いることのできた新羅とは状況が異なる。

(2) 倭王権が意匠の違いや金工品の精粗に無関心であったことの証左として、Bb 群馬具の出土地が挙げられる。Bb 群馬具は生産に高度な技術を有する優品であるが、Bb 群馬具の出土する古墳には、他の装飾馬具が副葬される古墳との階層差が認めがたい。

(3) 桃崎に対する有力な反論として、尼子奈美枝は、古墳に副葬される際に装飾馬具の意匠の違いが考慮された痕跡が無いことを指摘しているが、この時期における装飾馬具の需給の過程において、豪族の関与が生産活動に留まり、豪族から貢納された装飾馬具を、倭王権が意匠の違いにあまり留意せず、もしくは留意の程度に濃淡をもたせつつ地方豪族に下賜したと仮定すれば、馬具の意匠に有意の分布差を見出すことは困難になる。したがって、桃崎と尼子の議論は矛盾なく両立するのではないだろうか。

(4) ただし、この問題は金工品の生産・流通に留まる問題ではない。この時期の生産全般を考古資料から読み解き、そして文献史学との横断的な検討も踏まえて取り組むべき問題である。この段階の装飾馬具と装飾付大刀の「流通」に、蘇我氏等の有力豪族が具体的にどのように関与したのかは、今後の研究課題としたい。

参考文献・図出典

参考文献

青柳泰介・丸山真史編 2017『国家形成期の畿内における馬の飼育と利用に関する基礎的研究』平成
　　26〜28年度科学研究費基盤(C)（一般）成果報告書

秋山浩三・山中章ほか 1988『物集女車塚』向日市埋蔵文化財調査報告書第23集　財団法人向日市埋
　　蔵文化財センター

穴沢咊光・馬目順一 1986「日本における龍鳳環頭大刀の製作と配布――一つの試論――」『月刊考古学
　　ジャーナル』№266　ニュー・サイエンス社　pp.16-22

尼子（藤田）奈美枝 1993「後期古墳の階層性―馬具の所有形態と石室規模の相関関係から―」『関西
　　大学考古学研究室開設四十周年記念　考古学論叢』関西大学　pp.439-465

尼子奈美枝 2003「上野における後期古墳の階層性―大和・吉備・丹後との比較から―」『網干善教先
　　生古稀記念　考古学論集』上巻　網干善教先生古稀記念会　pp.719-742

尼子奈美枝 2005「馬研究からみた古墳時代後期の階層性―馬具の所有形態と石室規模の相関関係か
　　ら―」『馬具のまなざし―研究史と方法論―』古代武器研究会・鉄器文化研究会連合研究集会実
　　行委員会　pp.19-42

諫早直人 2012a『東北アジアにおける騎馬文化の考古学的研究』雄山閣

諫早直人 2012b「九州出土の馬具と朝鮮半島」『沖ノ島祭祀と九州諸勢力の対外交渉』第15回九州前
　　方後円墳研究会北九州大会発表要旨・資料集　pp.89-122

諫早直人 2012c「生産と流通Ⅶ　馬具」『古墳時代研究の現状と課題』下巻　同成社　pp.129-149

諫早直人・鈴木　勉 2015「古墳時代の初期金銅製品生産―福岡県月岡古墳出土品を素材として―」
　　『古文化談叢』第73号　九州古文化研究会　pp.149-209

諫早直人・栗山雅夫 2018『古代東北アジアにおける金工品の生産・流通構造に関する考古学的研究』
　　平成26〜29年度　科学研究費（学術研究助成金（若手研究B））　研究成果報告書

石田一吉・高瀬和寛・杉本源造・進藤　武 2001『史跡大岩山古墳群　天王山古墳・円山古墳・甲山古
　　墳調査整備報告書』野洲町文化財資料集2001-2　野洲市教育委員会

和泉市久保惣記念美術館 1985『特別展示　中国古式金銅仏と中央・東南アジアの金銅仏』

和泉市久保惣記念美術館 1991『六朝時代の金銅仏』展示図録

伊東忠太 1929「玉虫厨子の文様と其源流」『仏教美術』第十三冊　仏教美術社

井守徳男・久保弘幸・松岡千寿 2002『勝手野古墳群』兵庫県文化財調査報告第239集　兵庫県教育委
　　員会

岩崎卓也ほか 1988『長野県史』考古資料編4　長野県史刊行会

岩佐光晴 2013「止利仏師に関する研究史をめぐって」『美學美術史論集』20　成城大学大学院文学研
　　究科　pp.305-376

岩中淳之 1996「伊勢市二俣町字塚山出土の遺物について」『三重県史研究』第12号

岩原　剛 2001「副葬品の変質」『東海の後期古墳を考える』第8回東海考古学フォーラム三河大会
　　pp.407-429

岩原　剛ほか 2012『馬越長火塚古墳群』豊橋市埋蔵文化財調査報告書第120集　豊橋市教育委員会

植田隆司 1999「内彎楕円形鏡板付轡の馬装」『龍谷史壇』第111号　龍谷大学史学会　pp.83-120

上野祥史 2014「龍文透彫帯金具の受容と創出―新羅と倭の相互干渉―」『七観古墳の研究―1947年・
　　1952年出土遺物の再検討―』京都大学大学院文学研究科　pp.279-294

上原　和 1991『玉虫厨子　飛鳥・白鳳美術様式史論』吉川弘文館

内山敏行 1996「古墳時代の轡と杏葉の変遷」『'96 特別展　黄金に魅せられた倭人たち』島根県立八雲立つ風土記の丘資料館　pp.42-47

内山敏行 1998「鉄製品生産の展開」『第 44 回埋蔵文化財研究集会　中期古墳の展開と変革―5 世紀における政治的・社会的変化の具体相(1)―』埋蔵文化財研究集会　pp.305-320

内山敏行 2003「古墳時代後期の諸段階と甲冑・馬具」『後期古墳の諸段階』第 8 回東北・関東前方後円墳研究会シンポジウム発表要旨　東北・環頭前方後円墳研究会　pp.43-58

内山敏行 2008「古墳時代の武具生産―古墳時代中期甲冑の二系統を中心に―」『地域と文化の考古学Ⅱ』六一書房　pp.379-392

内山敏行 2009「金銅装馬具と銀装・金銅装の部品」『季刊考古学』第 106 号　雄山閣　口絵写真

内山敏行 2012「装飾付武器・馬具の受容と展開」『馬越長火塚古墳群』豊橋市埋蔵文化財調査報告書第 120 集　豊橋市教育委員会　pp.313-328

宇野愼敏 1998「初期垂飾付耳飾の製作技法とその系譜」『日本考古学』第 7 号　日本考古学協会　pp.43-57

宇野愼敏 2008「北部九州における古墳時代後期の装身具」『後期古墳の再検討　発表要旨・資料集』第 11 回九州前方後円墳研究会佐賀大会　九州前方後円墳研究会　pp.135-148

梅原末治・小林行雄 1940『筑前国嘉穂郡王塚装飾古墳』京都帝国大学文学部考古学研究報告第 15 冊京都帝国大学文学部考古学教室編

梅本康広 2012「葛城・伝笛吹古墳群付近出土の装飾付太刀―新羅式環頭太刀の展開―」『龍谷大学考古学論集 2　網干善教先生追悼論文集』

遠藤才文 1996『静岡県森町飯田の遺跡』静岡県森町教育委員会

大久保奈々 1991「金銀装の轡」『古代探叢Ⅲ　早稲田大学考古学会創立 40 周年記念考古学論集』早稲田大学出版会　pp.425-448

大阪大学大学院文学研究科 2015『金銅仏きらきらし：いにしえの技にせまる：5〜9 世紀東アジアの金銅仏に関する日韓共同研究』

大阪府立近つ飛鳥博物館 1998『近つ飛鳥工房　人とかたち　過去、未来』平成 10 年度春期特別展

大谷晃二・松尾充晶 1999「復元模型　馬上の大首長像の製作」『上塩冶築山古墳の研究』島根県古代文化センター調査研究報告書 4　島根県埋蔵文化財調査センター・島根県古代文化センター　pp.212-218

大谷晃二 1999「上塩冶築山古墳出土大刀の時期と系譜」『上塩冶築山古墳の研究』島根県古代文化センター調査研究報告書 4　島根県埋蔵文化財調査センター・島根県古代文化センター　pp.134-148

大谷晃二 2006「龍鳳文環頭大刀研究の覚書」『財団法人大阪府文化財センター・日本民家集落博物館・大阪府立弥生文化博物館・大阪府立近つ飛鳥博物館　2004 年度　共同研究成果報告書』財団法人大阪府文化財センター　pp.145-164

大谷晃二 2011「6 世紀の黄金文化〜大刀と馬具を中心に〜」『三遠南信文化交流展　黄金の世紀』pp.155-163

岡村秀典・重藤輝行編 1993『番塚古墳』九州大学文学部考古学研究室

岡本健一ほか 1997『将軍山古墳―史跡埼玉古墳群整備事業報告書　確認調査編・付編』埼玉県教育委員会

岡安光彦 1984「いわゆる「素環の轡」について―環状鏡板付轡の型式学的分析と編年」『日本古代文化研究』第 1 号　pp.95-120

岡安光彦 1985「6〜7 世紀の馬具」『考古学ジャーナル』257　ニューサイエンス社　pp.16-19

岡安光彦 1988「心葉形鏡板付轡・杏葉の編年」『考古学研究』35 巻 3 号　考古学研究会　pp.53-68

尾上元規 1998「古墳時代鉄器の地域性と生産―鉄鏃・馬具を中心に―」『鉄器文化研究集会　村方鍛冶と専業集団発表要旨集』鉄器文化研究会　pp.32-37

小野山節 1966「馬具と乗馬の風習」『世界考古学大系』Ⅲ　平凡社　pp.88-104

小野山節 1975a「帯金具から冠へ」『古代史発掘 6　古墳と国家の成り立ち』講談社　pp.112-123

小野山節 1975b「馬具の製作と工人の働き」『古代史発掘 6　古墳と国家の成り立ち』講談社

小野山節 1979「鐘形装飾付馬具とその分布」『MUSEUM』No.339　東京国立博物館　pp.4-15

小野山節 1983「花形杏葉と光背」『MUSEUM』No.383　東京国立博物館　pp.16-28

小野山節 1990「古墳時代の馬具」『日本馬具大鑑』第一巻古代上　吉川弘文館　pp.1-32

鏡山　猛・原田大六・坂本経堯ほか 1958『沖ノ島　宗像神社沖津宮祭祀遺跡』宗像神社復興期成会

加島勝 2012「法隆寺献納宝物の製作地について―金工品を中心にして―」『正倉院宝物に学ぶ 2』奈良国立博物館編　思文閣出版　pp.219-234

春日井道彦・加藤修治・加藤雅大 2013「金物工事」『特別史跡平城宮第一次大極殿正殿復元工事の記録』文化庁　pp.136-157

片山健太郎 2016「古墳時代馬具における繋の基礎的研究」『史林』99 巻 6 号　史学研究会　pp.36-74

Kentaro Katayama 2015 'A New Approach to Revealing the Kofun Period Horse Trapping Production System through Observing Organic Remains' "International Perspectives in East Asian Archaeology" Department of Archaeology, Graduate School of Letters, Kyoto University pp.25-32

加藤謙吉 2015「地方豪族の中央出仕形態と両貫性」『日本古代の王権と地方』大和書房　pp.83-125

香取秀眞 1928「彫金に於ける技法」『考古学講座』金工史　雄山閣　pp.11-20

香取秀眞 1932『日本金工史』雄山閣

鎌田元一 2001a「「部」についての基礎的考察」『律令公民制の研究』塙書房　pp.53-84（初出：岸俊男教授退官記念会編 1984『日本政治社会史研究』塙書房）

鎌田元一 2001b「部民制の構造と展開」『律令公民制の研究』塙書房　pp.85-100（初出：歴史学研究会・日本史研究会編『講座日本歴史』1　原始・古代　東京大学出版会）

亀田修一 1998「築山古墳」『長船町史』史料編（上）考古古代中世　長船町史編纂委員会　pp.65-77

亀田　博・白石太一郎・河上邦彦ほか 1977『葛城・石光山古墳群』奈良県史蹟名勝天然記念物調査報告第 31 冊　奈良県教育委員会

河上邦彦 1987『史跡牧野古墳』広陵町文化財調査報告第 1 冊　広陵町教育委員会

河上邦彦編 1977『平群・三里古墳』奈良県史蹟名勝天然記念物調査報告書第 33 冊

川江秀孝 1990「六　馬具」『静岡県史』資料編 2　考古二　静岡県史編纂委員会　pp.603-657

川畑　純 2015『武具が語る古代史　古墳時代社会の構造転換』プリミエ・コレクション 60　京都大学学術出版会

川原秀夫 2005「上野における氏族の分布とその動向」『装飾付大刀と後期古墳―出雲・上野・東海地域の比較研究―』島根県古代文化センター調査研究報告書 31　島根県古代文化センター・島根県埋蔵文化財調査センター　pp.49-66

神賀朋子 1997「垂飾付耳飾を出土する古墳と被葬者」『滋賀史学会誌』第 10 号　滋賀史学会　pp.5-40

咸舜燮 2007「冠を通してみる朝鮮半島における三国時代の服飾の系統と流れ」『日韓交流展　王者の装い』宮崎県立西都原考古博物館　pp.51-62

神林淳雄 1939「金銅装大刀と金銅製柄頭―特に原史時代金銅製柄頭群の形式分類について―」『考古学雑誌』第 29 巻第 4 号

神原英朗・太田耕一・則武忠直 1976「岩田古墳群第 14 号墳」『岩田古墳群』岡山県営山陽新住宅市街地開発事業用地内埋蔵文化財発掘調査概報（6）　pp.158-250

北野耕平 1963「中期古墳の副葬品とその技術史的意義」『近畿古文化論攷』吉川弘文館　pp.163-184

金宇大 2017『金工品から読む古代朝鮮と倭』京都大学学術出版会

木許　守・藤田和尊 2002『巨勢山古墳群Ⅳ　巨勢山 74・75 号墳の調査』御所市文化財調査報告書第
　　26 集　御所市教育委員会

熊谷公男 2017「国家形成期の倭国の対外関係と軍事」『日本史研究』第 654 号　日本史研究会　pp.3-27

群馬県古墳時代研究会 1996『群馬県内出土の馬具・馬形埴輪』群馬県古墳時代研究会資料集第 2 集

群馬県埋蔵文化財調査事業団編集 1999『綿貫観音山古墳 2』石室・遺物編　群馬県埋蔵文化財調査事
　　業団報告書第 255 集

小出義治 1985「第 5 章　亀塚古墳」『狛江市史』狛江市史編纂委員会　pp.119-188

工芸文化研究所 2013「いわき市中田横穴出土馬具の復元製作の概要」『福島県文化財センター白河館
　　研究紀要 2012』福島県文化財センター白河　pp.61-72

小杉一雄 1935「玉虫厨子に見えたる文様の源流—分立流雲文に就いて」『夢殿』第一四冊

児島隆人 1973『嘉穂地方史』先史編

児玉真一 1990『若宮古墳群Ⅱ—塚堂古墳群・日岡古墳群—』吉井町文化財調査報告書第 6 集　吉井町
　　教育委員会

児玉真一 2005『若宮古墳群Ⅲ　月岡古墳』吉井町文化財調査報告書第 19 集　吉井町教育委員会

小玉道明・吉水康夫ほか 1988『井田川茶臼山古墳』三重県埋蔵文化財調査報告 26　三重県教育委員会

後藤守一 1941「上古時代の杏葉について」『日本古代文化研究』建設社（初出：1928『考古学評論』四）

小浜　成 2006「帯金具の制作工人に関する予察—倭・韓の龍文透彫製品の様相から—」『財団法人大
　　阪府文化財センター・日本民家集落博物館・大阪府立弥生文化博物館・大阪府立近つ飛鳥博物館
　　2004 年度　共同研究成果報告書』財団法人大阪府文化財センター　pp.125-144

小林謙一 1982「金銅技術について—製作工程と技術の系譜—」『考古学論考』小林行雄博士古稀記念
　　論文集刊行会　pp.403-416

小林三郎・熊野正也編 1976『法皇塚古墳』市立市川博物館研究調査報告 3　市立市川博物館

小林行雄 1962『古代の技術』塙書房

小林行雄監修 1971『いわき市史別冊　中田装飾横穴』いわき市史編さん委員会

近藤義郎 1992『蒜山原四つ塚古墳群（改訂版）』

斉藤　忠・柳田敏司・栗原文蔵・増田逸朗ほか 1980『埼玉稲荷山古墳』埼玉県教育委員会

斎藤　弘 1992「馬具について」『観音塚古墳調査報告書』高崎市教育委員会　pp.136-143

阪口英毅 2008「いわゆる「鋲留技法導入期」の評価」『古代武器研究』Vol.9　古代武器研究会　pp.39-
　　51

坂本豊治・花谷　浩ほか 2012『中村 1 号墳』出雲市の文化財報告 15　出雲市教育委員会

坂本美夫 1979「毛彫馬具の予察—特に御崎古墳出土品を中心として—」『甲斐考古』16-2　山梨県考
　　古学会　pp.349-359

坂本美夫 1985『考古学ライブラリー 34　馬具』ニューサイエンス社

坂本美夫 1996「剣菱形杏葉類の階層性とその背景」『研究紀要』12　山梨県立考古博物館・山梨県埋
　　蔵文化財センター　pp.1-15

坂本美夫 1999「馬具」『山梨県史』資料編 2　原始・古代 2　山梨県　pp.275-283

佐藤博重・玉川一郎 1979「第 3 編　笊内古墳群」『母畑地区遺跡発掘調査報告』福島県文化財調査報
　　告書第 74 集　福島県教育委員会・財団法人福島県文化センター　pp.88-172

澤村雄一郎 1996『愛知県・岐阜県内古墳出土馬具の研究』南山大学大学院考古学研究報告　南山大学
　　大学院考古学研究室

三宮千佳 2008「服部コレクションについて」『服部コレクション　小金銅仏の世界』早稲田大学會津
　　八一記念博物館　pp.6-14

鹿野吉則・玉城一枝・比左陽一郎・清水欣吾 1990「金銅装馬具 A セット」『斑鳩藤ノ木古墳第一次調

査報告書』奈良県立橿原考古学研究所・斑鳩町・斑鳩町教育委員会　pp.83-150

鹿野吉則・近江俊秀 1990「鉄地金銅張馬具Ｂ・Ｃセット」『斑鳩藤ノ木古墳第一次調査報告書』奈良県立橿原考古学研究所・斑鳩町・斑鳩町教育委員会　pp.151-184

清水みき 1983「湯舟坂２号墳出土環頭大刀の文献的考察」『湯舟坂２号墳』京都府久美浜町文化財調査報告第７集　久美浜町教育委員会　pp.157-167

下山恵子・吉澤則男 2002『史跡古市古墳群　峯ヶ塚古墳後円部発掘調査報告書』羽曳野市教育委員会

正倉院事務所編 1994～1997『正倉院寶物』毎日新聞社

白井久美子 2002「金銅製毛彫馬具」『印旛郡栄町浅間山古墳発掘調査報告書』千葉県史料研究財団　pp.148-162

白井久美子ほか 2002『印旛郡栄町浅間山古墳発掘調査報告書』千葉県史料研究財団

白石太一郎 2009『考古学から見た倭国』青木書店

白澤崇 1999「鉄製楕円形鏡板付轡とその馬装」『石ノ形古墳』袋井市教育委員会　pp.367-382

末永雅雄 1934『日本上代の甲冑』岡書院

末永雅雄 1941『日本上代の武器』弘文堂書房

菅谷文則・川崎志乃・東影悠・持田大輔 2013「三重県津市高茶屋大塚古墳出土馬具の研究」『橿原考古学研究所紀要・考古學論攷』第 36 冊　奈良県立橿原考古学研究所　pp.57-75

杉本　宏・荒川史ほか 1991『宇治二子山古墳』宇治市教育委員会

杉山晋作 1991「金銅製品の製作技術」『古墳時代の研究　第５巻　生産と流通２』雄山閣出版　pp.75-86

鈴木一有 2012「武器・武具」『古墳時代研究の現状と課題』下　同成社　pp.107-127

鈴木　勉・松林正徳 1993「石棺内出土金属製品の金工技術」『斑鳩藤ノ木古墳：第二・三次調査報告書　分析と技術編』奈良県立橿原考古学研究所　pp.58-109

鈴木　勉・松林正徳 1996「誉田丸山古墳出土鞍金具と５世紀の金工技術」『橿原考古学研究所紀要・考古学論攷』第 20 冊　奈良県立橿原考古学研究所　pp.1-18

鈴木　勉 1998「斑鳩・藤ノ木古墳出土鞍金具の金工技術と技術移転」『橿原考古学研究所紀要・考古学論攷』第 21 冊　奈良県立橿原考古学研究所　pp.1-33

鈴木　勉 2003「彫金—古墳時代の金工技術（1）」『考古資料大観』第７巻　弥生・古墳時代　鉄・金銅製品　小学館　pp.354-362

鈴木　勉 2004『ものづくりと日本文化』橿原考古学研究所附属博物館

鈴木　勉 2014「金工技術からみる南北朝・百済・倭の交渉—百済金銅大香炉・藤ノ木古墳出土馬具をめぐる技術移転—」『文化財と技術』第６号　特定非営利活動法人工芸文化研究所　pp.62-91

鈴木敏則・川江秀孝 1986『静岡県榛原町　仁田山ノ崎古墳—出土品保存処理報告—』榛原町教育委員会

鈴木博司・西田　弘ほか 1961「新開古墳」『滋賀県史蹟調査報告』12　滋賀県教育委員会

鈴木裕芳・片平雅敏 1987『赤羽横穴墓Ｂ支丘１号墓の調査　付編西大塚古墳群』日立市教育委員会

関口亮仁 1941「扶桑略記の所調継体天皇十六年仏教伝来の記事に就いて」『歴史地理』第 77 巻１号　日本歴史地理研究會

仙台市博物館ほか編 2013『法隆寺　祈りとかたち—東日本大震災復興祈念・新潟県中越地震復興 10 年—』朝日新聞社

冉万里 2007『唐代金銀器文様の考古学的研究』雄山閣出版

曽布川寛・岡田　健編 2000『世界美術大全集』東洋編３・三国・南北朝　小学館

高久健二 2002「韓国の倭系遺物—4～6 世紀—」『第５回歴博国際シンポジウム　古代東アジアにおける倭と加耶の交流』国立歴史民俗博物館　pp.218-228

高田貫太 1998「垂飾付耳飾をめぐる地域間交渉」『古文化談叢』第 41 号　九州古文化研究会　pp.55-

75

高田貫太 2012「装身具」『古墳時代研究の現状と課題』下巻　同成社　pp.195-218

高田貫太 2014『古墳時代の日朝関係』吉川弘文館

高橋克壽・森下章司 1995「山津照神社古墳の調査」『琵琶湖周辺の6世紀を探る』京都大学文学部考古学研究室　pp.3-48

高橋克壽 1997「5世紀の日本と東アジア」『王者の武装─5世紀の金工技術』京都大学総合博物館　pp.30-43

高橋克壽 2007a『金工技術から見た倭王権と古代東アジア』平成16〜18年度科学研究費補助金（基盤研究（C））成果報告書

高橋克壽 2007b「日本出土金銅製透彫冠・履の系譜」『庭園雑集』9　奈良国立博物館　pp.75-84

高橋　工 1995「東アジアにおける甲冑の系譜と日本─特に5世紀までの甲冑製作技術と設計思想を中心に─」『日本考古学』第2号　日本考古学協会　pp.139-160

高松雅文 2007「古墳時代後期の政治変動に関する考古学的研究」『研究集会　近畿の横穴式石室』横穴式石室研究会　pp.383-398

髙松　由 2011「棘付花弁形杏葉の変遷と彫金技術：7世紀における新来技術の導入と定着」『待兼山論叢　史学篇』45　大阪大学文学部　pp.53-79

武内　恒・土屋長久 1972「佐久市岩村田東一本柳古墳緊急発掘調査報告」『長野県考古学会誌』第13号　長野県考古学会

武田宗久・永沼律朗ほか 1985『上総江子田金環塚古墳発掘調査報告書』千葉県市原市教育委員会

立花　実・手島真美 1999「伊勢原市登尾山古墳再考─その再整理に向けて─」『東海史学』第33号　pp.134（15）-107（42）

田中一廣 1997「子持偏円剣菱形の装飾」『伊達先生古稀記念古文化論叢』伊達先生古稀記念論集編集委員会編

田中新史 1980「東国終末期古墳出土の馬具─年代と系譜の検討─」『古代探叢─滝口宏先生古稀記念考古学論集─』早稲田大学出版会　pp.257-278

田中新史 1997「道上型毛彫馬具の出現と展開」『西本6号遺跡発掘調査報告書』東広島市教育文化振興事業団文化財センター調査報告書第11冊　pp.101-126

田中由理 2004「f字形鏡板付轡の規格性とその背景」『考古学研究』第51巻第2号　考古学研究会　pp.97-117

田中由理 2005「剣菱形杏葉と6世紀前葉の馬具生産」『待兼山考古学論集』─都出比呂志先生退任記念─　大阪大学考古学研究室　pp.641-656

田中由理 2009「馬匹生産地とその性格」『待兼山考古学論集』Ⅱ─大阪大学考古学研究室20周年記念論集─　大阪大学考古学研究室　pp.429-444

田中由理 2012「馬具製作における技法の差異と規格性」『莬原』Ⅱ　莬原刊行会編　pp.531-560

玉城一枝 1987「中国・朝鮮系の文様を持つ馬具について─杏葉・鏡板を中心として─」『同志社大学考古学シリーズⅢ　考古学と地域文化』同志社大学考古学シリーズ刊行会

千賀　久・鈴木　勉・依田香桃美・松林正徳ほか 2001『文化財と技術』第1号　特集〈古代金工・木工技術の復元研究〉特定非営利活動法人工芸文化研究所

千賀　久 1979「古墳時代の初期馬装」『橿原考古学研究所論集』第四集　吉川弘文館　pp.313-346

千賀　久 1988「日本出土初期馬具の系譜」『橿原考古学研究所論集』第九集　吉川弘文館　pp.17-67

千賀　久 1994「日本出土初期馬具の系譜2─五世紀後半の馬装具を中心に─」『橿原考古学研究所論集』第十二集　pp.12-33　吉川弘文館

千賀　久 2003a「日本出土の「新羅系」馬装具の系譜」『東アジアと日本の考古学』3　交流と交易　同成社　pp.101-127

195

千賀　久 2003b「金・銀・金銅製品」『考古資料大観』第 7 巻　弥生・古墳時代　鉄・金銅製品　小学館　pp.309-316

千賀　久 2003c「付論　日本の馬具の系譜を考える」『古墳時代の馬との出会い―馬と馬具の考古学―』橿原考古学研究所特別展図録第 59 冊　橿原考古学研究所附属博物館　pp.69-75

千賀　久 2004「日本出土の「非新羅系」馬装具の系譜」『国立歴史民俗博物館研究報告』第 110 集　国立歴史民俗博物館　pp.283-307

千葉県史料研究財団編 2002『千葉県古墳時代関係資料』

千葉隆司ほか 2000『風返稲荷山古墳』露ヶ浦町教育委員会・日本大学考古学会

中国国家文物鑑定委員会編・熊坂聡美訳 2014『中国文化財図鑑』第 1 巻　仏像　ゆまに書房

張允禎 2001「韓半島三国時代における鐙の展開と地域色」『岡山大学大学院文化科学研究科紀要』第 12 号　岡山大学大学院文化科学研究科　pp.306（55）-289（72）

張允禎 2008『古代馬具からみた韓半島と日本』ものが語る歴史シリーズ 15　同成社

塚本敏夫 1993「馬具―近畿―初期馬具から見た渡来系工人の動向と五世紀の鉄器生産体制―」『第 34 回埋蔵文化財研究集会　古墳時代における朝鮮系文物の伝播』埋蔵文化財研究会関西世話人会　pp.171-185

塚本敏夫 1993「鋲留甲冑の技術」『考古学ジャーナル』366　ニューサイエンス社　pp.22-26

辻田淳一郎 2018『同型鏡と倭の五王の時代』同成社

土屋隆史 2012「坊主山 1 号墳出土胡籙金具の意義―胡籙の復元―」『古代学研究』195 号　pp.42-51

土屋隆史 2015「百済・大加耶における胡籙金具の展開」『古代武器研究』vol.11　pp.39-60

土屋隆史 2018『古墳時代の日韓交流と金工品』雄山閣

津野　仁 2015『日本古代の軍事武装と系譜』吉川弘文館

東京国立博物館 1985～1993『法隆寺献納宝物特別調査概報』5～13

東京国立博物館 1990『法隆寺献納宝物目録（改訂増補）』

徳江秀夫 2005「上野地域の装飾付大刀と後期古墳」『装飾付大刀と後期古墳―出雲・上野・東海地域の比較研究―』島根県古代文化センター調査研究報告書 31　島根県埋蔵文化財調査センター・島根県古代文化センター　pp.21-36

富山直人 2009「ガウランドと鹿谷古墳―大英博物館所蔵資料の調査から―」『日本考古学』第 28 号　日本考古学協会　pp.41-54

外山政子ほか 2010「しどめ塚古墳」『榛名町誌』資料編 1 原始古代　榛名町誌編さん委員会　pp.803-844

豊島直博 2017「双龍環頭大刀の生産と国家形成」『考古学雑誌』第 99 巻第 2 号　日本考古学会　pp.51-87

永沼律朗 1983「鈴杏葉考」古代　第 175・176 号併合　早稲田大学考古学会　pp.1-28

中野　徹 2015『中国金工史』中央公論美術出版

中村友昭 2010「古墳時代後期のイモガイ装馬具に関する基礎的研究～築池 2003-3 号地下式横穴墓出土例をもとに～」『先史学・考古学論究Ⅴ　甲元眞之先生退任記念　龍田考古会論集』龍田考古会　pp.503-523

中村潤子 1983「広帯二山式冠について」『古代学研究』第 101 号　古代学研究会　pp.12-33

中山清隆 1990「初期の輸入馬具の系譜」『東北アジアの考古学 [天池]―東北アジア考古学研究会二十周年記念論文集―』六興出版　pp.205-231

中山俊紀 2001「的場古墳群」津山市埋蔵文化財発掘調査報告第 7 集　津山市教育委員会・津山弥生の里文化財センター

名本二六雄 2000「川上神社古墳報告」『遺跡』第 37 号　『遺跡』発行会　pp.63-90

奈良県立橿原考古学研究所・斑鳩町・斑鳩町教育委員会 1990『斑鳩藤ノ木古墳　第一次調査報告書』

奈良県立橿原考古学研究所附属博物館 2010『大唐皇帝陵』奈良県立橿原考古学研究所附属博物館特別
　　展図録第 73 冊

奈良県立橿原考古学研究所編 1993『斑鳩藤ノ木古墳　第二・三次調査報告書』

奈良国立博物館・韓国国立慶州博物館 2004『黄金の国・新羅―王陵の至宝―』奈良国立博物館

奈良国立博物館編 2011『奈良時代の仏教美術と東アジアの文化交流』

新納　泉・奥村清一郎・花谷　浩ほか 1983『湯舟坂 2 号墳』京都府久美浜町文化財調査報告第 7 集
　　久美浜町教育委員会

新納　泉・光本順ほか 2000『定東塚・西塚古墳』岡山大学考古学研究室

新納　泉 1982「単竜・単鳳環頭大刀の編年」『史林』65 巻 4 号　史学研究会　pp.110-141

新納　泉 1983「装飾付大刀と古墳時代後期の兵制」『考古学研究』第 30 巻 3 号　考古学研究会
　　pp.50-70

新納　泉 2002「古墳時代の社会統合」『日本の時代史』第 2 巻　吉川弘文館

西　弘海 1982「土器様式の成立とその背景」『考古学論考』小林行雄博士古稀記念論文集刊行委員会

西尾克己・大谷晃二・松尾充晶 1999『上塩冶築山古墳の研究』島根県古代文化センター調査研究報告
　　書 4

西川　宏 1986「天狗山古墳」『岡山県史　考古編』岡山県史編纂委員会　pp.360-361

西田道世ほか 2007『菊水町史　江田船山古墳編』和水町

日本馬具大鑑編集委員会 1990『日本馬具大鑑』1 古代上　吉川弘文館

芳賀　陽ほか 1976『二本松古墳群』愛知県営開拓パイロット事業石巻地区埋蔵文化財調査団

朴天秀 2007a『加耶と倭　韓半島と日本列島の考古学』講談社選書メチエ　講談社

朴天秀 2007b「5 - 6 世紀金工品の系譜と移入の背景」『日韓交流展王者の装い　論文編』宮崎県立西
　　都原考古博物館　pp.4-50

橋本達也 1995「古墳時代中期における金工技術の変革とその意義―眉庇付冑を中心として―」『考古
　　学雑誌』第 80 巻第 4 号　日本考古学会　pp.1（405)-33（437）

橋本達也 2012「東アジアにおける眉庇付冑の系譜」『国立歴史民俗博物館研究報告第 173 集　マロ塚
　　古墳出土品を中心にした古墳時代武器武具の研究』国立歴史民俗博物館　pp.411-434

橋本英将 2003「外装からみる装飾大刀」『鉄器研究の方向性を探る』第 9 回鉄器文化研究集会　pp.131-
　　144

橋本英将 2006「「折衷系」装飾大刀考」『古代武器研究』Vol.7　古代武器研究会　pp.50-57

橋本英将 2014「4.　装飾付大刀・大刀」『兵庫県香美町村岡文堂古墳』大手前大学史学研究所研究報告
　　第 13 号　大手前大学史学研究所・香美町教育委員会　pp.60-68

花田勝広 2002a「筑紫・宮地嶽古墳の出土品」『古代の鉄生産と渡来人―倭政権の形成と生産組織―』
　　雄山閣　pp.91-119（初出：2000『考古学雑誌』第 85 巻 1 号　日本考古学会）

花田勝広 2002b「吉備政権と鍛冶工房」『古代の鉄生産と渡来人―倭政権の形成と生産組織―』雄山閣
　　pp.148-179（初出：1996『考古学研究』第 43 巻 2 号　考古学研究会）

花谷　浩 1996「鞍作の技術とその変遷」『畿内政権と鉄器生産』第 2 回鉄器文化研究集会発表要旨
　　pp.43-47

花谷　浩 2012「馬具の特徴」『中村 1 号墳』出雲市の文化財報告 15　出雲市教育委員会　pp.307-314

坂　靖 1994『平林古墳』當麻町埋蔵文化財調査報告第 3 集　當麻町教育委員会

坂　靖 2009「第 4 章　ヤマト王権と渡来人」『古墳時代の遺跡学―ヤマト王権の支配構造と埴輪
　　文化―』雄山閣　pp.110-190

坂　靖 2012「古墳時代中期の遺跡構造と渡来系集団」『集落から探る古墳時代中期の地域社会―渡来
　　文化の受容と手工業生産―』『古代学研究会 2012 年拡大例会シンポジウム資料集』pp.7-22

坂　靖 2018『蘇我氏の古代学』新泉社

樋口隆康・西谷眞治・小野山節 1959『大谷古墳』和歌山市教育委員会

樋口隆康 1961a「第六　峰山桃谷古墳」『京都府文化財調査報告』第二十二冊　京都府教育委員会　pp.53-83

樋口隆康 1961b「第七　網野岡の三古墳」『京都府文化財調査報告』第二十二冊　京都府教育委員会　pp.84-111

菱田哲郎 2007『古代日本国家形成の考古学』京都大学学術出版会

廣岡孝信 2011「軒平瓦紋様の創作と画師―古代日本と中国・朝鮮半島との対比」『勝部明先生喜寿記念論文集』勝部明先生喜寿記念論文集刊行会　pp.314-335

広瀬和雄・池上　悟編 2007『武蔵と相模の古墳』（季刊考古学別冊 15）雄山閣

深谷　淳 2008「金銀装倭系大刀の変遷」『日本考古学』第 26 号　日本考古学協会　pp.69-99

福島県文化財センー白河館 2002『福島県文化財センー白河館研究紀要 2001』

福永伸哉 2005「いわゆる継体期における威信財変化とその意義」『井ノ内稲荷塚古墳の研究』大阪大学文学研究科考古学研究報告第 3 冊　大阪大学稲荷塚古墳発掘調査団　pp.515-524

藤井康隆 2001a「三燕における帯金具の新例をめぐって」『立命館大学考古学論集』Ⅲ　家根祥多さん追悼論集　立命館大学考古学論集刊行会　pp.951-966

藤井康隆 2001b「古墳時代中期から後期における金工製品の展開」『東海の後期古墳を考える』第 8 回東海考古学フォーラム三河大会　pp.451-474

藤井康隆 2014『中国江南六朝の考古学研究』六一書房

古川　匠 2007「6 世紀における装飾馬具の「国産化」について」『古文化談叢』第 57 集　九州古文化研究会　pp.103-136

古川　匠 2010「古墳時代後・終末期の装飾馬具と装飾付大刀における貴金属の使用について」『京都府埋蔵文化財論集』第 6 集　財団法人京都府埋蔵文化財調査研究センター　pp.183-190

古川　匠 2013「古墳時代中・後期の金工品生産体制についての一試論」立命館大学考古学論集Ⅵ　立命館大学考古学論集刊行会　pp.289-298

古川　匠 2015「鞍作止利の技術系譜と古墳時代の馬具」『同志社大学考古学シリーズ』Ⅺ　同志社大学考古学シリーズ刊行会　pp.499-510

古川　匠 2018a「4 世紀から 8 世紀の東アジアにおける金工品タガネ彫の変遷とその背景」『古代学研究』第 215 号　古代学研究会　pp.11-29

古川　匠 2018b「鞍作氏の渡来年代と古墳時代の馬具生産組織」『同志社大学考古学論集』Ⅺ　pp.421-434

文化財と技術の研究会 2001『文化財と技術』第 1 号　特集＜古代金工木工技術の復元研究＞財団法人由良大和古代文化研究協会 2000『財団法人由良大和古代文化研究協会研究紀要』第 6 集

堀　哲郎 2012「脚先端を尖らせる雲珠・辻金具について」『馬越長火塚古墳群』豊橋市埋蔵文化財調査報告書第 120 集　豊橋市教育委員会　pp.256-263

増田精一 1966「馬具」『日本の考古学』古墳時代（下）　河出書房　pp.238-250

増田精一 1969「鞍作部の系譜」『古墳と神々』日本文化の歴史 2 古墳時代　学習研究社　pp.194-199

町田　章 1997『古墳時代の装身具』日本の美術 371　至文堂

町田甲一 1977『上代彫刻史の研究』吉川弘文館

松浦宇哲 2004「花文付馬具の編年と系譜」『古文化談叢』第 50 集（下）　九州古文化研究会　pp.65-80

松浦宇哲 2005「三葉文楕円形杏葉と井ノ内稲荷塚古墳―金銅装馬具にみる多元的流通ルートの可能性―」『井ノ内稲荷塚古墳の研究』大阪大学文学研究科考古学研究報告第 3 冊　大阪大学文学研究科考古学研究室　pp.525-538

松尾充晶 1999「上塩冶築山古墳出土馬具の時期と系譜」『上塩冶築山古墳の研究』島根県古代文化センター調査研究報告書 4　島根県古代文化センター　pp.149-169

松原三郎 1995『中国仏教彫刻史論』吉川弘文館

馬目順一 1980「慶州飾履塚古新羅墓の研究」『古代探叢―滝口宏先生古稀記念考古学論集―』早稲田
　　大学出版会　pp.645-684

丸子　亘編 1978『城山1号前方後円墳』小見川町教育委員会

丸山真央 2013「古墳時代に飼育された馬―近畿地方のウマ遺存体を中心に―」『古代学研究会 2013 年
　　度拡大例会　シンポジウム　古墳時代中期の馬生産と鉄生産』pp.8-18

三重県教育委員会 1985『三重県埋蔵文化財年報 15』昭和 59 年度

右島和夫・古墳文化研究会ほか 1992『観音塚古墳調査報告書』高崎市教育委員会

南正覚雅士・丹　俊詞・飯田博之 2003『山崎上ノ原第2遺跡・山崎下ノ原第1遺跡』宮崎県埋蔵文
　　化財センター発掘調査報告書第 79 集　宮崎県埋蔵文化財センター

宮代栄一・白木原宣 1994「佐賀県出土馬具の研究」『九州考古学』第 69 号　九州考古学会　pp.1-57

宮代栄一 1986「古墳時代雲珠・辻金具の分類と編年」『日本古代文化研究』第3号　PHALANX　古
　　墳時代文化研究会　pp.33-45

宮代栄一 1989「いわゆる貝製雲珠について」『駿台史学』第 76 号　駿台史学会　pp.145-173

宮代栄一 1993「中央に鉢を持つ雲珠・辻金具について」『埼玉考古』第 30 号　埼玉考古学会　pp.253-
　　290

宮代栄一 1995「宮崎県出土の馬具の研究」『九州考古学』第 70 号　九州考古学会　pp.19-43

宮代栄一 1996a「鞍金具と雲珠・辻金具の変遷」『'96 特別展　黄金に魅せられた倭人たち』島根県立
　　八雲立つ風土記の丘資料館　pp.48-53

宮代栄一 1996b「熊本県出土の馬具の研究」『肥後考古』第9号　肥後考古学会　pp.21-83

宮代栄一 1996c「古墳時代の金属装鞍の研究」『日本考古学』第3号　日本考古学協会　pp.53-81

宮代栄一 1996d「古墳時代の面繋構造の復元―X字形辻金具はどこにつけられたか」『HOMINIDS』
　　VOL.1 CRA　pp.49-70

宮代栄一 1997「長崎県出土の馬具」『九州考古学』第 72 号　九州考古学会　pp.43-58

宮代栄一 1999「熊本県才園古墳出土遺物の研究―鍍金鏡と8セットの馬具が出土した小円墳―」『人
　　類史研究』11　人類史研究会　pp.195-226

宮代栄一 2002「古墳時代の馬装の変遷―アセンブリッジに基づく馬具の複合的分析」『地域考古学の
　　展開』村田文夫先生還暦記念論文集刊行会　pp.189-201

宮代栄一 2003「古墳時代における尻繋構造の復元―馬装が示すもの―」『HOMINIDS』VOL.3 CRA
　　pp.37-64

宮代栄一 2014a「金鈴塚古墳出土馬具の研究」『金鈴塚古墳研究』第2号　木更津市郷土博物館金のす
　　ず　pp.1-24

宮代栄一 2014b「北部九州の馬具―7世紀を中心に」『九州古文化研究会例会資料』

宮代栄一 2017「馬具」『考古学研究会第 45 回東京例会シンポジウム三昧塚古墳を考える―中期古墳か
　　ら後期古墳へ―』考古学研究会

宮原祐治 2012「半球形飾金具の検討」『馬越長火塚古墳群』豊橋市埋蔵文化財調査報告書第 120 集
　　豊橋市教育委員会　pp.274-280

村井嵓雄 1966「岡山県天狗山古墳出土の遺物」『MUSEUM』250 号　東京国立博物館　pp.4-17

村井嵓雄 1969「千葉県木更津市大塚山古墳出土遺物の研究」『MUSEUM』189 号　東京国立博物館
　　pp.2-17

村上　隆 1997「5世紀に作られた帯金具の製作技術を探る―金銅装技法を中心に―」『王者の武装―5
　　世紀の金工技術―』京都大学総合博物館　pp.56-63

持田大輔 2011「古墳時代後期・終末期の装飾付環頭大刀」『考古学ジャーナル』ニュー・サイエンス社
　　pp.7-12

桃崎祐輔 1999「日本列島における騎馬文化の受容と拡散―殺馬儀礼と初期馬具の拡散にみる慕容鮮

卑・朝鮮三国伽耶の影響―」『渡来文化の受容と展開―5世紀における政治的・社会的変化の具体相（2）』第46回埋蔵文化財研究集会　pp.373-420

桃崎祐輔 2000a「風返稲荷山古墳出土銅鋺の検討」『風返稲荷山古墳』霞ヶ浦町教育委員会　pp.121-134

桃崎祐輔 2000b「風返稲荷山古墳出土馬具の検討」『風返稲荷山古墳』霞ヶ浦町教育委員会　pp.167-180

桃崎祐輔 2001「棘葉形杏葉・鏡板の変遷とその意義」『筑波大学　先史学・考古学研究』第12号　筑波大学考古学フォーラム　pp.1-36

桃崎祐輔 2002「笊内37号横穴から復元される馬装について」『福島県文化財センター白河館研究紀要2001』（財）福島県文化振興事業団・福島県文化財センター白河館・福島県教育委員会　pp.36-74

桃崎祐輔 2004「斑鳩藤ノ木古墳出土馬具の再検討―3セットの馬装が語る6世紀末の政争と国際関係―」『考古学講座　講演集』「古代の風」特別号No.2　市民の古代研究会・関東　pp.79-159

桃崎祐輔 2011「風返稲荷山古墳くびれ部出土馬具とその意義―考古資料からみた舎人像―」『東国の地域考古学』六一書房　pp.163-191

桃崎祐輔 2012「大塚南古墳出土花形鏡板の年代とその歴史的意義」『馬越長火塚古墳群』豊橋市埋蔵文化財調査報告書第120集　豊橋市教育委員会　pp.293-297

桃崎祐輔 2013「近年の韓国出土古墳時代馬具と日本列島の馬具の比較検討」『第1回共同研究会　日韓交渉の考古学―古墳時代』「日韓交渉の考古学―古墳時代―」研究会　pp.1-20

桃崎祐輔 2015「新羅系心葉形忍冬文透彫鏡板付鑣・杏葉の系譜と年代―船原3号墳と壱岐笹塚古墳の位置づけを中心に―」『九州古文化研究会第174回例会資料』九州古文化研究会

森下章司・吉井秀夫 1995「6世紀の冠と沓」『琵琶湖周辺の6世紀を探る』平成6年度科学研究費補助金一般研究B調査研究成果報告書　京都大学文学部考古学研究室　pp.81-97

森下章司・高橋克壽・吉井秀夫 1995「鴨稲荷山古墳出土遺物の調査」『琵琶湖周辺の6世紀を探る』京都大学文学部考古学研究室　pp.49-72

森下章司 2010「広帯二山式冠・半筒形金具の原型」『大手前大学史学研究所紀要』オープン・リサーチ・センター報告　大手前大学史学研究所　pp.1-10

森下章司ほか 1995『行者塚古墳発掘調査概報』加古川市文化財調査報告15　加古川市教育委員会

森下章司ほか 2014『兵庫県香美町村岡文堂古墳』大手前大学史学研究所研究報告第13号　大手前大学史学研究所・香美町教育委員会

森下靖士・加藤和蔵 2013「船原古墳遺物埋納坑発掘調査速報」『第一回共同研究会　日韓交渉の考古学―古墳時代』「日韓交渉の考古学―古墳時代―」研究会

毛利光俊彦 1978「古墳出土銅鋺の系譜」『考古学雑誌』第64巻第1号　日本考古学会　pp.1-27

毛利光俊彦 1995「日本古代の冠―古墳出土冠の系譜―」『文化財論叢2―奈良国立文化財研究所創立40周年記念論文集―』奈良国立文化財研究所　pp.65-129

山本　清・門脇俊彦・町田　章・西尾良一ほか 1987『出雲岡田山古墳』島根県教育委員会

山本孝文 2014「初源期獅噛文帯金具にみる製作技術と文様の系統―長野県須坂市八丁鎧塚2号墳の帯金具から」『日本考古学』第38号　日本考古学協会

山本孝文 2018『古代韓半島と倭国』中央公論新社

山本忠尚 1996『唐草紋』日本の美術第358号　至文堂

吉澤　悟・川畑　純ほか 2014『五條猫塚古墳の研究』奈良国立博物館

吉澤　悟 2017「正倉院南倉の銀壺について」『正倉院紀要』第39号　宮内庁正倉院事務所　pp.1-26

吉田珠己 1994「丸山古墳」『羽曳野市史　第3巻（史料編1）考古』羽曳野市史編纂委員会編　pp.242-245

米田文孝 1987「群馬県藤岡市出土馬具考―鐘形杏葉を中心に―」『横田健一先生古希記念文化史論叢（上）』横田健一先生古希記念論集刊行会　pp.490-524

依田香桃美・山田　琢・伊藤哲恵 2001「かわらけ谷横穴墓出土品・金銅装双龍環頭大刀の刀装具につ

いて―刀装具から推測する金工技術と工具について考察する―」『かわらけ谷横穴』島根県埋蔵
文化財調査センター　pp.93-120

李漢祥 2006「2.　新羅　1）冠」『三国時代金属製装身具の研究』福岡大学大学院人文科学研究科博士
論文　pp.18-79

和田晴吾 1986「金属器の生産と流通」『岩波講座日本考古学』第3巻　生産と流通　岩波書店　pp.263-
304

和田晴吾 1987「古墳時代の時期区分をめぐって」『考古学研究』第34巻第2号　考古学研究会　pp.44-
55

和田晴吾 2015『古墳時代の生産と流通』吉川弘文館

渡辺正気・横田義章・副島邦弘ほか 1985『新延大塚古墳　福岡県鞍手郡鞍手町所在古墳の調査』鞍手
町文化財調査報告書第3集　鞍手町教育委員会

（韓国語）

姜元杓 2011「百済金銅冠의製作과賜与에대한一考察」『百済의冠』国立公州博物館　pp.58-69

慶尚大学校博物館 1990『陜川玉田古墳群2』慶尚大学校博物館調査報告第6輯

慶北大学校博物館 2009『高霊池山洞44號墳：大伽倻王陵』慶北大學校博物館學術叢書37・慶北大學
校考古人類學科考古學叢書1

啓明大学校博物館 1981『高霊池山洞古墳群　32～35号墳・周辺石槨墓』啓明大学校博物館遺跡調査
報告第1輯

洪思俊 1967『然齋考古論集』

国立公州博物館 2014『日帝強占期資料調査報告第12集　宋山里1～3号墳正報告書』

国立慶州文化財研究所 2013『유물로 본 신라 황룡사（遺物からみる新羅皇龍寺)』

国立慶州博物館 2015『新羅의黄金文化와仏教美術』

国立慶州博物館 2016『慶州의黄金文化財』

国立全州博物館 2015『益山双陵』（日帝強占期資料調査報告16輯）

国立扶余文化財研究所 2009『王興寺址3』

国立扶余文化財研究所 2014『益山弥勒寺址石塔舎利荘厳具』

国立文化財研究所 2000『感恩寺址東三層石塔舎利荘厳』

慶州文化財研究所編 1993『南墳発掘調査報告書』文化財管理局文化財研究所

忠清南道歴史文化研究院 2007『公州水村里遺蹟』

忠清南道歴史文化研究院 2008『瑞山 富長里遺蹟』

釜山大学校博物館 1982『東萊福泉洞古墳群』釜山大学校博物館遺跡調査報告第5輯

文化財管理局 1973『武寧王陵発掘調査報告書』

文化公報部文化財管理局 1974『天馬塚：發掘調査報告書』

文化公報部文化財管理局 1978『雁鴨池：發掘調査報告書』

李漢祥 2009「熊津遷都와 장신구 사여체제의 변동 (熊津遷都と賜与体制の変動)」『장신구 사여체제로
본 백제의 지방지배 (装身具賜与体制から見た百済の地方支配)』書景文化社　pp.167-197

李漢祥 2011「百済의金属製冠文化」『百済의冠』国立公州博物館　pp.48-57

吉井秀夫 2011「百済의冠과日本의冠」『百済의冠』国立公州博物館　pp.70-77

（中国語）

安英新 1999「新疆伊犁昭坑群古墓葬出土金銀器等珍奇文物」『文物』1999年第9期　文物出版社

韓建武・賀達炘 2003「巧奪天工　何家村金銀器的製作工芸及作坊」『花舞大唐春―何家村遺宝精粹』
文物出版社　pp.19-32

吉林省文物考古研究所・集安市博物館 2004『集安高句麗王陵』-1990～2003 年集安高句麗王陵調査報告　科学出版社

吉林省文物考古研究所 2009『吉林集安高句麗墓葬報告集』科学出版社

山西省考古研究所 2003「太原北斉徐顕秀墓発掘簡報」『文物』2003 年第 10 期　文物出版社　pp.4-40

夏鼐 1983「北魏封和突墓出土薩珊銀盤考」『文物』1983 年第 8 期　文物出版社　pp.1-3

初師賓 1990「甘粛靖現新出東羅馬流金銀盤考」『文物』1990 年第 5 期　文物出版社　pp.1-9

馬雍 1983「北魏封和突墓及其出土的波斯銀盤」『文物』1983 年第 8 期　文物出版社　pp.8-12

常青 2016『金石之躯寓慈悲　美国佛利弥美術館蔵中国仏教彫塑』　文物出版社

遂渓県博物館 1986「広東遂渓県発見南朝窖蔵金銀器」『考古』1986 年第 3 期　科学出版社　pp.243-246

斉東方 1998「中国早期金銀工芸初論」『文物季刊』1998 年第 2 期　山西省文物局　pp.65-86

斉東方 1999『唐代金銀器研究』中国社会科学出版社

浙江省文物局・浙江省博物館・定州市博物館 2014『心放俗外—定州静志、浄衆佛塔地宮文物』中国書店

陝西省考古研究所 1992『中国北周珍奇文物』陝西人民美術出版社

陝西省考古研究所・咸陽市考古研究所 1997「北周武帝孝陵発掘簡報」『考古と文物』1997 年第 2 期　陝西人民出版社　pp.8-28

陝西歴史博物館・北京大学考古文博学院・北京大学震旦古代文明研究中心編 2003『花舞大唐春—何家村遺寶精粹』文物出版社

陝西省考古研究所、陝西歴史博物館ほか 2004『唐新城長公主墓発掘報告』科学出版社

西安市文物保護考古所 2002『唐金郷県主墓』文物出版社

中国社会科学院考古研究所 1983「安陽孝民屯晋墓発掘報告」『考古』1983 年第 6 期　科学出版社　pp.501-511

中国社会科学院考古研究所 1980『唐長安城郊隋唐墓』文物出版社

中国社会科学院考古研究所 2001『偃師杏園唐墓』科学出版社

寧夏文物考古研究所・寧夏固原博物館 1992「寧夏固原史射勿墓発掘簡報」『文物』1992 年第 10 期　文物出版社

遼寧省文物考古研究所 2002『三燕文物精粋』遼寧人民出版社

遼寧省博物館 2015『北燕馮素弗墓』文物出版社

韓偉 1989『海内外唐代金銀器萃』三秦出版社

図出典

図 1：新規作図

図 2：古川匠 2007 掲載図を一部改変

図 3：1. f 字形鏡板付轡・剣菱形杏葉　小出義治 1985　2. 十字文楕円形鏡板付轡・三葉文楕円形杏葉　森下章司・高橋克壽・吉井秀夫 1995　3. 鐘形鏡板付轡・杏葉　日本馬具大鑑編集委員会 1992 掲載写真をトレース、大阪府立近つ飛鳥博物館 1998 掲載写真をトレース　4. 車輪文・放射文透彫鏡板付轡・杏葉　渡辺正気・横田義章・副島邦弘ほか 1985　5. 十字文透心葉形鏡板付轡　小林三郎・熊野正也編 1976　6. 意匠融合形鏡板付轡・杏葉　広瀬和雄・池上悟編 2007　7. 花形鏡板付轡・杏葉　静岡県史編纂委員会 1990　8. 三葉文心葉形鏡板付轡・杏葉　河上邦彦 1987　9. 十字文心葉形鏡板付轡・棘葉形杏葉　岡本健一ほか 1997　10. 十字文心葉形鏡板付轡・杏葉　日本馬具大鑑編集委員会 1990 掲載写真をトレース　11. 十字文心葉形鏡板付轡・棘葉形杏葉（薄肉彫）鹿野吉則・玉城一枝・比左陽一郎・清水欣吾 1990　12. 十字文心葉形鏡板付轡・心葉形杏葉（薄肉彫）宮代栄一 1997　13. 毛彫　鏡板付轡・杏葉　田中新史 1980・千葉県史料研究財団 2002

図4：1. 州浜・磯金具別造り鞍金具　鹿野吉則・玉城一枝・比左陽一郎・清水欣吾 1990　2. 州浜／磯
　　　金具一体型鞍金具　鹿野吉則・近江俊秀 1990

図5：新規作図

図6：古川匠 2015 掲載図を一部改変

図7：新規作図

図8：古川匠 2007 掲載図を一部改変

図9：古川匠 2007 掲載図を一部改変

図10：鈴木勉 2004 掲載図を一部改変、トレース

図11：鈴木勉 2004 掲載図を一部改変、トレース

図12：新規作図

図13：1. 大阪・誉田丸山（伝）　吉田珠己 1994　2. 滋賀・新開1号　鈴木博司・西田弘ほか 1961

図14：1. 大阪・長持山　日本馬具大鑑編集委員会 1992 掲載写真をトレース　2. 岡山・築山　増田精
　　　一 1966・亀田修一 1998　3. 岡山・天狗山　村井嵓雄 1966・西川宏 1986　4. 福岡・塚堂　児玉真
　　　一 1990　5. 新井原 12 号墳4号土壙　岩崎卓也ほか 1988　6. 京都・宇治二子山南墳　杉本宏・荒
　　　川史ほか 1991

図15：1. 東京・狛江亀塚　小出義治 1985　2. 奈良・石光山8号　亀田博・白石太一郎・河上邦彦ほ
　　　か 1977　3. 福岡・番塚　岡村秀典・重藤輝行編 1993　4. 埼玉・稲荷山　斉藤　忠・柳田敏司・栗
　　　原文蔵ほか 1980

図16：1. 和歌山・大谷　樋口隆康・西谷眞治・小野山節 1959　2. 福岡・山ノ神　児島 1973、日本馬具
　　　体感編集委員会 1990 所収写真トレース　3. 熊本・江田船山　西田ほか 2007　4. 熊本・塚坊主　西
　　　田ほか 2007　5. 愛知・大須二子山　澤村 1996

図17：1. 千葉・祇園大塚山　村井嵓雄 1969 を一部改変　2. 福岡・月岡　児玉真一 2005　3. 大阪・伝誉
　　　田丸山　吉田珠己 1994　4. 奈良・五條猫塚　吉澤悟・川畑純ほか 2014　5. 奈良・石光山8号　奈
　　　良県立橿原考古学研究所 1976　6. 大阪・峯ヶ塚　下山恵子・吉澤則男 2002　7. 熊本・江田船山
　　　西田道世ほか 2007　8. 和歌山・大谷　樋口隆康・西谷眞治・小野山節 1959

図18：1. 天理参考館蔵　藤井康隆 2014　2. 故宮博物院蔵　中国国家文物鑑定委員会編・熊坂聡美 訳
　　　2014 所収写真トレース　3. 河北省石家荘市　松原三郎 1995 所収写真トレース　4. 甘粛省涇川県
　　　松原三郎 1995 所収写真トレース　5. 安陽・孝民屯 154 号墓　中国社会科学院考古研究所 1983　6.
　　　麻線区西大墓　吉林省文物考古研究所・集安市博物館 2004　7. 七星山 96 号墓　吉林省文物考古
　　　研究所 2009　8. 七星山 211 号墓　吉林省文物考古研究所・集安市博物館 2004　9. 麻線区 2100 号墓
　　　吉林省文物考古研究所・集安市博物館 2004　10. 太王陵　吉林省文物考古研究所・集安市博物館
　　　2004　11. 将軍塚　吉林省文物考古研究所・集安市博物館 2004　12. 万宝汀 78 号墓　吉林省文物
　　　考古研究所 2009

図19：1,4. 公州・水村里 2-1 号　忠清南道歴史文化研究院 2007　2. 瑞山富長里5号　忠清南道歴史文
　　　化研究院 2008　3. 公州・水村里2－4号　忠清南道歴史文化研究院 2007　5. 高霊・池山洞 32 号
　　　啓明大学校博物館 1981　6. 釜山・福泉洞 22 号　釜山大学校博物館 1982　7、8. 陝川・玉田 M3
　　　号　慶尚大学校博物館 1990　9~12. 慶州・皇南大塚南墳　慶州文化財研究所編 1993　　13~16.
　　　慶州・飾履塚　馬目 1980

図20：新規作図

図21：新規作図

図22：1. 千葉・江子田金環塚　武田宗久・永沼律朗ほか 1985　2. 京都・物集女車塚　秋山浩三・山
　　　中章ほか 1988　3. 福岡・寿命王塚　梅原末治・小林行雄 1940　4. 静岡・崇信寺 10 号　遠藤才文
　　　1996

図23：1. 滋賀・鴨稲荷山　森下章司・高橋克壽・吉井秀夫 1995　2. 三重・井田川茶臼山　小玉道明・

吉水康夫ほか 1988　3. 滋賀・山津照神社　高橋克壽・森下章司 1995　4. 熊本・塩塚　宮代栄一 1996b

図 24：1. 奈良・巨勢山 75 号　木許守・藤田和尊ほか 2002　2. 茨城・西大塚　鈴木裕芳・片平雅敏 1987　3. 岡山・四ツ塚 13 号　近藤義郎 1992

図 25：1. 滋賀・甲山　石田一吉・高瀬和寛・杉本源造・進藤　武 2001　2. 大阪・南塚　日本馬具大鑑編集委員会 1990 所収写真トレース、大阪府立近つ飛鳥博物館 1998 所収写真トレース　3. 愛媛・川上神社　名本二六雄 2000 掲載図を改変　4. 伝群馬県藤岡市　米田文孝 1987　5. 奈良・藤ノ木　鹿野吉則・近江俊秀 1990

図 26：奈良・三里　河上邦彦編 1977

図 27：奈良・三里　河上邦彦編 1977

図 28：1. 千葉・城山 1 号　丸子亘編 1978　2. 群馬・古城稲荷山　小野山節 1983・群馬県古墳時代研究会 1996（原典：日本馬具大鑑編集委員会 1992 掲載写真）

図 29：1. 愛知・熱田神宮蔵馬具　日本馬具大鑑編集委員会 1990 掲載写頁をトレース　2. 宮崎・櫃 5 号　南正覚雅士・丹俊詞・飯田博之 2002　3、4. 福岡・沖ノ島 7 号 A、B　鏡山猛・原田大六・坂本経堯ほか 1958　5. 熊本・打越稲荷山　宮代栄一 1996b　6. 埼玉・将軍山　岡本健一ほか 1997

図 30：1. 奈良・藤ノ木　鹿野吉則・玉城一枝・比左陽一郎・清水欣吾 1990　2. 群馬・綿貫観音山　群馬県埋蔵文化財調査事業団編集 1999　3. 静岡・賤機山　川江秀孝 1990、桃崎祐輔 2001、千賀久 2003a　4. 福岡・沖ノ島 7 号　鏡山猛・原田大六・坂本経堯ほか 1958

図 31：1. 大阪・海北塚　日本馬具大鑑編集委員会 1992 掲載写真をトレース　2. 宮崎・持田 56 号　宮代栄一 1995

図 32：藤ノ木古墳出土金工品　奈良県立橿原考古学研究所・斑鳩町・斑鳩町教育委員会 1990・奈良県立橿原考古学研究所編 1993

図 33：1. 伊犁昭蘇県古墓　安英新 1999　2. 山西省太原市北斉徐顕秀墓　山西省考古研究所 2003　3. 陝西省咸陽市・北周若干云墓　陝西省考古研究所 1992　4. 北周武帝墓　陝西省考古研究所・咸陽市考古研究所 1997　5、6. 広東省遂渓県辺湾村窖蔵　遂渓県博物館 1986　7 ～ 9. 公州・武寧王陵　文化財管理局 1973　10. 公州・宋山里 3 号　国立公州博物館 2014　11~13. 慶州・天馬塚　文化公報部文化財管理局 1974

図 34：新規作図

図 35：新規作図

図 36：新規作図

図 37：1. 岡山・岩田 14 号　神原英朗・太田耕一・則武忠直 1976　2. 岡山・王墓山　日本馬具大鑑編集委員会 1992 掲載写真をトレース　3. 福島・中田 1 号横穴　小林行雄監修 1971

図 38：1. 島根・岡田山　山本清・門脇俊彦・町田章・西尾良一ほか 1987　2. 千葉・法皇塚　小林三郎・熊野正也編 1976　3. 島根・上塩冶築山　西尾克己・大谷晃二・松尾充晶 1999

図 39：1. 静岡・賤機山　川江秀孝 1990　2. 島根・中村 1 号　坂本豊治・花谷浩ほか 2012　3. 静岡・蜆塚　川江秀孝 1990　4. 千葉・金鈴塚　宮代栄一 2014　5. 群馬・八幡観音塚　右島和夫・古墳文化研究会ほか 1992　6. 岡山・定東塚　新納泉・光本順編 2000

図 40：茨城・風返稲荷山　千葉隆司ほか 2000

図 41：1. 馬越長火塚　岩原剛ほか 2012　2. 茨城・風返稲荷山　千葉隆司ほか 2000　3. 熊本・才園 2 号　宮代栄一 1996b

図 42：1. 京都・奉安塚　日本馬具大鑑編集委員会 1992 掲載写真をトレース　2. 福島・笊内 37 号横穴　佐藤博重・玉川一郎 1979

図 43：1. 福岡・宮地嶽　花田勝広 2002a　2. 長崎・笹塚　宮代栄一 1997　3. 奈良・珠城山 3 号　日本

馬具大鑑編集委員会 1992 掲載写真をトレース　4. 神奈川・室ノ木　小野山節 1979　5. 熊本・才園 2 号　宮代栄一 1996b　6. 佐賀・小城一本松　宮代栄一 1994　7. 佐賀・鏡山 2 号　宮代栄一 1994

図 44：1. 静岡・仁田山ノ崎　鈴木敏則・川江秀孝 1986　2. 兵庫・文堂　大手前大学史学研究所・香美町教育委員会 2014

図 45：1. 奈良・平林　坂靖 1994　2. 奈良・牧野　河上邦彦 1987　3. 神奈川・登尾山　立花実・手島真美 1999　4. 千葉・金鈴塚　宮代栄一 2014　5. 別所 1 号　川江秀孝 1990

図 46：1. 神奈川・埒面　広瀬和雄・池上悟編 2007　2. 岡山・的場 2 号　中山俊紀 2001　3. 三重・前山 2 号　三重県教育委員会 1985　4. 兵庫・勝手野 3 号　井守徳男・久保弘幸・松岡千寿 2002

図 47：松尾充晶 1999 掲載図を一部改変

図 48：1. 群馬・道上　田中新 1980 をトレース　2. 群馬・しどめ塚　外山政子ほか 2010　3. 三重・塚山古墳群　田中新 1997（原典：岩中 1996）　4. 長野・東一本柳　武内恒・土屋長久 1972　5. 山梨・御崎　坂本 1999

図 49：愛知・上向嶋 2 号　芳賀陽ほか 1976

図 50：湯舟坂 2 号墳・桃谷 1 号墳・岡 1 号墳　古川匠 2010　1. 京都・湯舟坂 2 号（原典）　新納泉・奥村清一郎 1983　2. 京都・桃谷 1 号（原典）　樋口隆康 1961a　3. 京都・岡 1 号（原典）　樋口隆康 1961b

図 51：松面古墳出土金工品　千葉県史料研究財団編 2002

図 52：八幡観音塚古墳出土金工品　右島和夫・古墳文化研究会ほか 1992

図 53：1. 兵庫・文堂　森下章司ほか 2014　2. 千葉・浅間山　白石久美子ほか 2002

図 54：1. 玉虫厨子透彫金具　上原和 1991 所収写真トレース　2. 法隆寺綱封蔵用途不明透彫金具　仙台市博物館ほか編 2013 所収写真トレース　3. 正倉院南倉 18　金銀花盤　韓偉 1989　4. 正倉院南倉 13　狩猟文銀壺　韓偉 1989　5. 東大寺鎮壇具　奈良国立博物館編 2011

図 55：1. 浙江省定州市・静志寺塔址　浙江省文物局・浙江省博物館・定州市博物館 2014 所収写真トレース　2、3. 陝西省西安市・李静訓墓　中国社会科学院考古研究所 1980　4. 陝西省咸陽市・王士良墓　陝西省考古研究所 1992　5. 河南省偃師市・袁氏墓　中国社会科学院考古研究所 2001　6. 河南省偃師市・鄭婦人墓　中国社会科学院考古研究所 2001　7. 河南省偃師市・李景由墓　中国社会科学院考古研究所 2001　8. 何家荘窖蔵　陝西省歴史博物館・北京大学 2003　9. 益山弥勒寺　国立扶余文化財研究所 2014　10、11. 扶余陵山里古墳群　田中新 1980 トレース　12. 扶余下黄里　洪思俊 1967　13. 益山雙陵　全州国立博物館 2015　14 ～ 19. 慶州雁鴨池　慶州国立博物館 2016 所収写真トレース　20、21. 羅原里五重塔　国立文化財研究所 2000

図 56：新規作図

図 57：新規作図

図 58：新規作図

図 59：新規作図

図 60：古川　匠 2018a 掲載図

図 61：新規作図

索　引

アルファベット

【A】
Aa 群馬具　17, 103, 105, 110, 160, 161, 165, 180
Ab 群馬具　17, 105, 110, 117, 135, 137, 149, 161, 165, 180
A 群馬具　17, 19, 20, 22, 82〜87, 91, 93〜96, 98, 102〜108, 110, 111, 113, 121〜125, 132, 133, 135〜137, 140〜142, 147〜149, 160, 161, 163, 174, 178, 180, 181

【B】
Ba 群馬具　87, 93, 94, 106, 117, 121, 135〜137, 148, 149, 160, 161, 163, 165, 180
Bb 群馬具　22, 36, 91, 93, 95, 96, 99, 101, 102, 106, 108, 110, 125, 129, 133, 136, 137, 141, 148, 161, 163, 165, 179, 180, 187〜189
B 群馬具　17, 19〜22, 83, 84, 87, 91, 93, 95, 96, 98, 106, 108, 110, 113, 117, 121, 122, 123, 124, 125, 129, 132, 133, 136, 137, 140〜142, 147〜149, 160, 161, 163, 165, 169, 178〜181

【C】
C 群馬具　20〜22, 137〜141, 149, 151, 154, 155, 157, 165, 166, 170, 181, 188

かな

【あ行】
檍 5 号墳（宮崎県）　89
飛鳥寺（奈良県）　2, 24
熱田神宮（愛知県）　89
尼子奈美枝　11, 176, 189
新井原 12 号墳（長野県）　41
諫早直人　10, 54, 106
井田川茶臼山古墳（三重県）　69, 73, 87
伊東忠太　20
イモガイ装馬具　108, 110
岩佐光晴　14, 185
植田隆司　78
禹山 540 号墓　56
宇治二子山南墳（京都府）　41, 143
打越稲荷山古墳（熊本県）　90
内山敏行　3, 36, 64, 179

馬形埴輪　8, 172
梅本康宏　11
江子田金環塚古墳（千葉県）　69, 142
江田船山古墳（熊本県）　42, 47, 50, 51, 186
f 字形鏡板付轡　8, 17, 20, 39, 41〜43, 46, 47, 62, 64, 66, 67, 69〜72, 74, 75, 78, 79, 81〜84, 89, 95, 103, 105, 106, 108, 110, 111, 148, 172〜178, 186, 188
袁台子壁画墓（中国遼寧省）　54
王子墳山腰而営子 M9001 墓（中国遼寧省）　54
大県遺跡（大阪府）　12, 13, 171
大須二子山古墳（愛知県）　42, 43, 46
大谷古墳（和歌山県）　42, 46, 47, 50, 166, 186
岡田山 1 号墳（島根県）　2, 117, 146
岡安光彦　8, 144
沖ノ島 7 号遺跡　89, 93
玉田古墳群（韓国慶尚南道）　47, 52, 59, 72
尾上元規　22
小野山節　7, 14, 78, 87, 102, 127
帯金具　8, 11, 16, 32, 41, 42, 47, 48, 50〜52, 54〜56, 58, 59, 67, 90, 91, 94, 95, 98, 99, 108, 111, 155, 171, 173, 185, 186

【か行】
海北塚古墳（大阪府）　94, 95, 132
加島勝　16
風返稲荷山古墳（茨城県）　9, 120, 124
片山健太郎　72
勝浦井ノ浦古墳（福岡県）　41
葛城氏　13, 14, 172, 177
香取秀眞　15
鐘形鏡板付轡　8, 17, 78, 79, 81, 84, 91, 111, 115, 161, 175
甲山古墳（滋賀県）　78, 79, 81
上塩冶築山古墳（島根県）　9, 117
上向嶋 2 号墳（愛知県）　138
鴨稲荷山古墳（滋賀県）　51, 72〜75, 82
花文　8, 74, 75, 79, 81, 102, 105, 142, 178
加耶　13, 17, 20, 21, 39, 43, 52, 58〜62, 67, 72, 82, 84, 98, 99, 101, 102, 106, 110, 111, 130, 159, 163, 166, 173, 174, 179, 181
川上神社古墳（愛媛県）　78, 79, 81
元興寺縁起　2, 24

雁洞里古墳（韓国全羅南道）　58

祇園大塚山古墳（千葉県）　48, 64

北野耕平　15, 64

畿内　12, 13, 180

騎馬　1, 2, 7, 10, 13, 32, 37, 39, 54, 156

吉備　11, 39, 46, 172, 177

棘葉形鏡板付轡　121, 124

金冠塚（韓国慶尚北道）　20

金工作家　9, 15

金鈴塚（千葉県）　118, 120, 121, 132, 133

救世観音像（奈良県）　20

百済　10, 13, 14, 16, 17, 20～22, 24, 39, 51, 56～62, 67, 82, 84, 98, 99, 101, 102, 106, 110, 111, 130, 135, 141, 151, 156, 156～160, 165, 166, 169, 173, 174, 179, 181, 184, 188

鞍作氏　2, 14, 21, 184～188

鞍作嶋　21

鞍作多須奈　21, 187

鞍作止利　2, 21, 22, 185, 186～188

鞍作部　2, 15

涇川県　52

毛彫　16, 17, 20, 22, 34～36, 52, 54, 59～61, 91, 94, 96, 98, 101, 102, 125, 127, 128, 133, 137, 138, 140～142, 151, 153～157, 159, 160, 163, 165, 166, 169, 180, 181, 185, 187

蹴　彫　8, 15, 16, 23, 34～36, 39, 40～43, 48, 50～52, 54～56, 58～62, 66, 67, 74, 75, 93, 96, 98, 99, 101, 102, 105, 142, 147, 150, 151, 153～157, 159, 160, 166, 169, 181, 184～186, 188

剣菱形杏葉　8, 17, 20, 39, 41～43, 46, 47, 50, 62, 64, 66, 69, 70, 72, 74, 75, 77, 78, 82～84, 87, 89, 95, 102, 103, 105, 110, 148, 172～178, 186, 187, 188

高句麗　13, 24, 53, 55, 56, 59, 60, 61, 99, 101

皇南大塚南墳（韓国継承北道）　20, 39, 59, 60, 61, 101, 111

孝民屯154号墓（中国河南省）　54

穀塚古墳（京都府）　16, 42, 50, 52, 186

五胡十六国時代　1, 2, 32, 52, 54, 62, 98, 169, 174, 184

古式金銅仏　54, 55

古城稲荷山古墳（群馬県）　87, 118

五条猫塚古墳（奈良県）　48

巨勢山75号墳（奈良県）　77, 78, 89

小林謙一　16, 50, 59

小林行雄　16

狛江亀塚古墳（東京都）　42, 43, 46

胡籙　10, 48, 58, 64, 101, 106, 110, 155, 173, 177

誉田丸山古墳（大阪府）　8, 31, 37, 39, 48, 171, 186

金銅仏　15, 16, 52, 54, 55, 98, 141, 151, 155, 185

【さ行】

坂本美夫　8, 17

埼玉稲荷山古墳（埼玉県）　43, 46, 47, 50, 52

埼玉将軍山古墳（埼玉県）　90, 124

笹塚古墳（長崎県）　72, 75, 125, 128, 129

定東塚古墳（岡山県）　120, 133

笊内37号横穴（福島県）　9, 14, 124

三燕　37, 50, 54, 55, 56, 58, 60, 61, 62, 159

三国時代　2, 15

三昧塚古墳（茨城県）　66

三葉文心葉形杏葉　17, 94, 130

賤機山古墳（静岡県）　20, 93, 118, 125, 128

七星山96号墓（中国吉林省）　55

七星山211号墓（中国吉林省）　55

しどめ塚古墳（群馬県）　138, 141, 170

車輪文・放射文透彫鏡板付轡　17

十字文透心葉形鏡板轡　8

十字文心葉形唐草文透鏡板付轡　8

十二台郷磚床（中国遼寧省）　54

寿命王塚古墳（福岡県）　70, 74

章吉営子西溝村墓（遼寧省）　54

荘厳具　15, 20～22, 32, 159, 187

正倉院（奈良県）　16, 34, 141, 153～155, 166

城山1号墳（千葉県）　86, 87, 113

将軍塚（中国吉林省）　56

初期馬具　8, 25, 37, 46, 62, 171, 186

飾履　10, 51, 56, 58, 59, 60, 96, 106, 110, 149, 150, 159, 173

飾履塚（韓国慶尚北道）　39, 59, 60, 102, 130, 160

白石太一郎　12, 13

新羅　16, 17, 19, 20～22, 24, 38, 39, 50, 59～62, 67, 82, 84, 99, 101, 102, 106, 108, 111, 128～130, 157, 159, 160, 163, 166, 169, 173, 174, 179, 181, 184, 189

新羅系馬具　16, 17

白澤崇　9

新開1号墳（滋賀県）　8, 38, 59, 186

晋式帯金具　54, 98

心葉形意匠　83～85, 91, 94, 95, 106, 108, 110, 130, 131, 132, 133, 161

心葉形杏葉　7, 17, 43, 56, 93, 94, 95, 120, 125, 127, 128, 130, 132, 151

新疆伊犁昭蘇県古墓（中国新疆ウイグル自治区）　98

水銀アマルガム鍍金　35, 50, 185

遂渓県辺湾村窖蔵（中国広東省）　98, 178

水村里2-1、2-4墓（韓国忠清南道）　58

崇信寺10号墳（静岡県）　70

末永雅雄　15, 50

杉山晋作　35

鈴木　勉　8, 15～17, 32, 99, 142, 187

生産組織　4, 5, 7, 10, 15, 22, 23, 26, 32, 42, 47, 60, 64, 66, 67, 72, 74, 75, 82〜84, 102, 103, 105, 110, 113, 118, 133, 135〜137, 140, 143, 147〜149, 155, 160, 161, 163, 165, 166, 169, 171〜173, 175〜177, 179, 180, 181

生産体制　1〜5, 7, 8, 11, 22, 26, 31, 34, 37, 47, 48, 55, 62, 64, 66, 72, 81, 82, 91, 95, 96, 102, 103, 105, 106, 110, 113, 135, 141, 142, 149, 155, 160, 165, 169, 174, 178, 180, 184, 186, 188

西晋　32, 52, 60, 62, 98, 169, 174, 184

石光山8号墳（奈良県）　9, 42, 46, 50, 66

前燕　54, 58

線彫A　34, 35, 50〜52, 54〜56, 58〜61, 67, 75, 93, 96〜99, 101, 102, 142, 149, 150, 151, 153, 154, 157, 159, 160, 166, 169, 174, 178, 179, 181, 183, 184〜186, 188

線彫B　34, 35, 50, 52, 54, 58〜60, 61, 67, 96, 98, 99, 101, 102, 108, 110, 142, 148, 151, 153, 154, 155, 157, 160, 165, 166, 169, 174, 178, 179, 181, 184, 185, 187, 188

双魚佩　50, 51, 52, 96, 150

宋山里3号墳（韓国忠清南道）　99

装飾付大刀　2, 5, 8, 11, 15, 20, 21, 26, 51, 66, 96, 98, 101, 108, 110, 118, 141〜144, 146〜151, 154, 165, 166, 177, 178, 180, 184, 187, 189

装飾馬具生産体制　2〜5, 11, 23, 25, 37, 46, 48, 69, 82, 83, 95, 96, 98, 103, 106, 110, 113, 129, 141, 149, 162, 164, 165, 166, 169, 171, 174, 177, 178, 180, 181, 184, 188

造仏活動　2, 7, 14, 20, 21, 22, 24, 54, 55, 113, 141, 155, 166, 171, 184〜189

造仏工　14, 21, 24

【た行】

太王陵（中国吉林省）　55, 56, 67

大加耶　52, 58, 59, 60, 82, 84, 99, 101, 102, 106, 111, 166, 179, 181

楕円形杏葉　7, 17, 20, 23, 72〜74, 87, 175

高田貫太　12, 13

タガネ彫　15, 16, 31〜36, 48, 50〜52, 54〜56, 58, 59, 61, 67, 96, 98, 99, 102, 125, 127, 128, 137, 150, 151, 153〜159, 163, 166, 169, 170, 174, 178, 181, 184, 185, 187〜189

高橋克壽　39

田中新史　20, 137, 141, 169

田中由理　10, 103

珠城山3号墳（奈良県）　9, 87, 125, 127, 128, 146

玉虫　20, 59〜61

玉虫厨子　20, 60, 151

千賀　久　8, 16, 17, 59, 121, 128, 165

池山洞古墳群（韓国慶尚北道）　58, 82

鋳造技法　15, 35, 60, 98, 108, 174

中部山地　46

張允禎　22, 39

彫金　10, 15, 16, 20, 25, 30, 32, 34, 35, 40, 41, 48〜51, 53, 54, 57, 58, 61, 93, 94, 96, 99, 125, 128, 138, 147, 151, 157, 159, 185

塚坊主古墳（熊本県）　43, 46, 66

塚本敏夫　27

塚堂古墳（福岡県）　41, 42

塚山古墳群（三重県）　138, 140, 141

月岡古墳（福岡県）　39, 48, 66, 186

築山古墳（岡山県）　39, 40, 66

土屋隆史　10, 106, 177

鉄製楕円形鏡板付轡　9

天狗山古墳（岡山県）　41

伝群馬県藤岡市　79, 81

天馬塚（韓国慶尚北道）　20, 101, 102

東晋　56, 98

唐代金銀器　34, 36, 153〜156, 169, 170, 185

東大寺（奈良県）　153〜155, 166

渡来人　13

【な行】

中田横穴　9, 135

中野　徹　52, 156

長持山古墳（大阪府）　39, 42

ナメクリ打ちa　34, 51, 56, 58, 59, 61, 75, 96, 101, 102, 151, 154, 185

ナメクリ打ちb　34, 35, 50, 52, 58〜60, 96, 98, 99, 101, 151, 154, 157, 166, 181, 185

南郷遺跡（奈良県）　13, 14, 172

南朝（中国）　14, 16, 60, 62, 98, 156, 169, 178, 179

南北朝時代（中国）　2, 32, 52, 54, 98, 169, 178, 184

西大塚1号墳（茨城県）　77, 78

日本書紀　2, 13, 21, 24, 60, 173, 184, 188

【は行】

朴天秀　50, 52, 59

橋本達也　8

波状列点文　16, 32, 34, 39, 40, 42, 43, 46, 48, 50, 51, 54, 56, 58〜62, 66, 81, 96, 99, 101, 106, 147, 150, 154, 155, 159, 171

馬装　8〜10, 17, 21, 22, 26, 28, 30, 37〜39, 41〜43, 46, 47, 62, 69, 72, 73, 75, 77, 78, 81, 82, 84, 85, 89, 90, 102, 110, 113, 117, 124, 125, 128, 138, 141, 144, 146, 173, 175, 176, 186

八丁鎧塚2号墳（長野県）　50

花形意匠　7, 83, 84, 86, 87, 103, 113, 118〜120, 133, 137, 150, 161, 169
花形鏡板付轡　7, 8, 17, 87, 118, 120
花谷　浩　22, 87
馬匹　1, 2, 7, 13, 37
東一本柳古墳（長野県）　138
菱田哲郎　12, 14
非新羅系　17, 19
鋲規格共有1類　28, 42, 43, 69, 70, 72, 74, 77, 81, 87, 89, 91, 93, 115, 124, 125, 127
鋲規格共有2類　30, 43, 69, 72, 73, 79, 85, 95, 114, 117, 118
鋲規格共有3類　30, 74, 90, 124, 130
鋲規格共有4類　30, 115, 132
鋲規格共有準1類　30, 70, 74, 122, 128
鋲規格共有準2類　30, 77
馮素弗墓（中国遼寧省）　55, 67
鋲留甲冑　64
鋲留技法　26, 64
広帯二山式冠　10, 51, 67
福泉洞1、11号墳（韓国慶尚南道）　58
藤井康隆　54, 98
藤ノ木古墳（奈良県）　8, 16, 17, 20, 31, 51, 81, 91, 93, 96, 97, 102, 111, 125, 127〜129, 136, 142, 163, 166, 175
扶桑略記　2, 24, 185, 186
富長里遺跡（韓国忠清南道）　58
仏教荘厳具　15, 20, 21, 22, 32, 187
仏教美術品　15, 141
仏像光背　14, 87, 159
船原1号墳（福岡県）　128, 129
武寧王陵（韓国忠清南道）　67, 98, 99, 142, 179
布留遺跡（奈良県）　12, 13
文堂古墳（兵庫県）　128, 130, 133, 136, 137, 151, 153
扁円魚尾形杏葉　20, 39, 59, 60, 101
方形鏡板付轡　37, 48, 138
奉車都尉墓（遼寧省）　54
法隆寺（奈良県）　2, 20, 24, 137, 138, 151, 153
北魏　54, 55, 98
北周若干云墓（中国陝西省）　98
北斉徐顕秀墓（中国山西省）　98
北周武帝墓（中国陝西省）　98
北部九州　39, 46, 129, 163, 172

【ま】
増田精一　15, 187
麻線区西大墓（中国吉林省）　55
麻線区2100号墓（中国吉林省）　55
松尾充晶　9, 22, 85, 102, 111, 115

松林正徳　15
眉庇付冑　15, 16, 48, 50, 64, 66, 67, 171, 173
万宝汀78号墓（中国吉林省）　56
御崎古墳（山梨県）　138
三里古墳　84, 85, 117
道上型毛彫　20, 138, 140, 141, 151, 157, 165, 169
南塚古墳（大阪府）　78, 79, 81, 94, 142
峯ヶ塚古墳（大阪府）　50, 51
宮代栄一　8, 22, 27, 46, 79, 87, 106, 108, 124, 125, 127, 132
村上　隆　35
木心系鐙　22
物集女車塚古墳（京都府）　70, 175
物部氏　13, 176, 177
桃崎祐輔　9, 14, 87, 113, 125, 128, 133, 176
森遺跡（大阪府）　5, 12, 13, 171

【や】
山津照神社古墳（滋賀県）　74
山ノ神古墳（福岡県）　43, 46
八幡観音塚古墳（群馬県）　7, 118, 150, 151, 166
吉澤　悟　16, 153
四ツ塚13号墳（岡山県）　77

【ら】
洛陽西郊24号晋墓　52
喇嘛洞古墓群（中国遼寧省）　37, 54
龍文楕円形鏡板付轡　38
陵山里古墳群（忠清南道）　20, 135, 157
蝋型鋳造　15, 99, 108, 148, 174, 187

【わ】
倭王権　1, 7, 13, 14, 23, 48, 64, 83, 143, 163, 169, 171〜178, 188, 189
倭装大刀　51, 96, 105
和田晴吾　8, 12, 14, 142
綿貫観音山古墳　91, 146

あとがき

　本書は、2018年3月に立命館大学大学院文学研究科に提出した博士論文『古墳時代の装飾馬具生産体制』を骨子とし、同年1月に行われた公開審査の際に、審査委員の矢野健一先生、高正龍先生、長友朋子先生、和田晴吾先生からいただいたご助言を参考として加除補訂を施したものである。また、本書の刊行にあたって、2018年度立命館大学人文学会博士論文出版助成金の給付を受けた。

　本書の各章、節を構成する既発表の論文の初出は下記のとおりである。

序　章　新稿。

第1章　第1節　「6世紀における装飾馬具の「国産化」について」『古文化談叢』第57
　　　　　　　集　九州古文化研究会　pp.103-136（2007年）の第1章に一部加筆。

　　　　第2節　「鞍作止利の技術系譜と古墳時代の馬具」『同志社大学考古学シリーズ』XI
　　　　　　　同志社大学考古学シリーズ刊行会　pp.499-510（2015年）に大幅に加筆。

　　　　第3・4節　新稿。

第2章　第1節　新稿。

　　　　第2節　前掲2007年論文の第2章を一部改変。

　　　　第3・4節　「4世紀から8世紀の東アジアにおける金工品タガネ彫の変遷とその
　　　　　　　背景」『古代学研究』第215号　古代学研究会　pp.11-30（2018年a）の
　　　　　　　第1、2章。

第3章　第1節　前掲2007年論文の第3章前半部分に大幅に加筆。

　　　　第2節　前掲2018年a論文の第3章の一部に加筆。

　　　　第3節　新稿。

第4章　第1節　前掲2007年論文の第3章後半に加筆。

　　　　第2節　新稿。

　　　　第3節　前掲2018年a論文の第3章前半に加筆。

　　　　第4節　「古墳時代中・後期の金工品生産体制についての一試論」立命館大学考
　　　　　　　古学論集VI　立命館大学考古学論集刊行会　pp.289-298（2013年）を再
　　　　　　　編成、加筆。

第5章　第1・2節　新稿。

　　　　第3節　「古墳時代後・終末期の装飾馬具と装飾付大刀における貴金属の使用に
　　　　　　　ついて」『京都府埋蔵文化財論集』第6集　財団法人京都府埋蔵文化財
　　　　　　　調査研究センター pp.183-190　（2010年）を一部改稿。

　　　　第4節　前掲2018年a論文の第3章後半に加筆。

　　　　第5節　新稿。

終　章　第1～3節　新稿。

　　　　第4節　「鞍作氏の渡来年代と古墳時代の馬具生産組織」『同志社大学考古学論
　　　　　　　集』XI　pp.421-434（2018年b）の一部を改稿。

　私は歴史遺産に恵まれた京都市の郊外、いわゆる「洛外」の地で生まれ育った。居住地
が緑豊かな郊外であったため、野外での活動が好きであった。こうした環境下で、野外の
フィールドに出て歴史的な事象を学ぶ考古学に次第に興味を持つようになった。しかし
その一方で、理系分野の専門職に就きたいという夢もあった。したがって、決して意気
揚々と考古学を学びはじめたわけではない。しかし、いま振り返ってみれば、文理融合の
学である考古学を専攻することは私にとって必然的な選択であったと思う。

　1997年に進学した同志社大学文学部文化史学専攻では、文献史学や美術史学、人文地
理学などの隣接分野と一体的に考古学を学んだ。2回生のときに受講した「日本文化史概
説」では、鞍作止利の事績が詳しく紹介されていた。松藤和人先生にご指導いただき執筆
した卒業論文のテーマは古墳時代の農工具であったが、本書で示した古墳時代の装飾馬具
に対する筆者の視野を最初に培ってくれたのは、同志社大学の教育環境であったと思う。

　中学校から大学まで、校祖・新島襄の精神を受け継いだ同志社の学風を享受していた
が、大学3回生のときに物理学者のリチャード・P・ファインマンの随筆を読み、ファイ
ンマンのように学風の違う大学院に進学して自分の研究者としての幅を広げたいと強く
思った。同志社大学を卒業後、京都大学文学部聴講生を経て、立命館大学大学院文学研究
科に進学し、和田晴吾先生のもとで古墳時代の考古学を2年間学ぶことができた。そして
学風の違いだけでなく、多くの学生が在籍し考古学だけでも複数のゼミが存在する立命館
大学は、私にとって自分独自の視点をいかに考古学のスタンダードな手法で表現するべき
かを考え、実践する場であった。

　立命館大学大学院修了後は、2004年に九州の大分県大分市文化財課に就職した。縁も

ゆかりもない土地であったが、資料調査で九州各県の方々に温かく接していただき好印象を抱いていたことが後押しとなった。大分市では縄文時代の集落遺跡から近世の城下町跡まで各時代の発掘調査に明け暮れたが、遺跡を構成する遺構と遺物の本質をとらえ、文章と図面として伝える能力が鍛えられた。おかげで研究の遂行能力が格段に上がったと思う。大分市文化財課の皆さんは、若く能力の不十分な私を我慢強く育ててくださった。また、故・松井章先生をはじめとする、国史跡・横尾貝塚の発掘調査で出会った先生方には、学問を楽しみ、知を愛する姿勢を示していただいた。大分市で得た経験は、私にとってかけがえのない財産となっている。

そして、九州古文化研究会で2005年に修士論文の内容を発表したことも大きな経験となった。代表の小田富士雄先生をはじめとする方々に励ましていただいたことを糧に、修士論文の一部を改稿した最初の投稿論文を2007年に『古文化談叢』に掲載することができた。

大分市で骨を埋める覚悟であったが、長いあいだ埋蔵文化財専門職の就職試験がなかった京都府教育委員会で、2009年に採用試験が開催された。周囲の勧めもあり現役時代に地元に帰る唯一の機会として受験したところ合格し、受験から2ヶ月後には大分市を退職し、同年4月から新たに京都府教育委員会に奉職することとなった。

京都府では恵まれた環境下で、奈良時代の恭仁宮跡、安土桃山時代の聚楽第跡という著名な遺跡の発掘調査を担当し、成果を上げることができた。遺跡そのものから学び、そして遺跡の調査を通して出会った様々な分野の第一人者たちから刺激を受けた。

博士課程進学への直接の契機となったのは、東日本大震災復興支援のため2013年度の1年間、福島県に派遣されたことである。福島県内の文化財専門職の多くの方々は困難な状況下でも復興事業と文化財保護の両立のために奔走し、復興に向かって前進されていた。私は支援に行ったはずだが、むしろ福島県の皆さんに、自分のすべきことを遂行するための力をもらったように思う。そして京都府教育委員会に復帰後、2015年度から立命館大学大学院文学研究科博士後期課程に進学することとなった。

職場の皆さんと立命館大学の先生方のご理解もあり、仕事への影響を最小限に留めながら本書のもととなる博士論文を3年で執筆することができた。主査の矢野健一先生、立命館大学をご退職後も親身にご指導いただいた和田晴吾先生、下垣仁志先生といった方々のご指導と、妻・舞子の献身的な協力の賜物である。

研究を進めるにあたっては、和田晴吾先生が大学院の授業で仰っていた「遺物のライ

フサイクル」を念頭に置いた。先生のご著書（和田 2015）の冒頭にも紹介されているが、「特定の遺物が、特定の素材から、だれかによって、特定の技術で加工され、できあがった特定のものが、だれかの意思によって、何らかの方法で流通し、それを入手しただれかが、何らかの目的のために、特定の用い方で使用し、最後に埋納したり破棄したり、時には再利用した後に、地下に埋まったものをだれかが堀り出す、という過程にそって思いをめぐらす」というものである。考古学における遺物研究の本質をついた至言であると思う。

この視点と学部時代に培われた問題意識から研究を進めることで、当初は無関係に独立して見えた資料の特徴が相互に結びつき、装飾馬具から、古墳時代から飛鳥時代にかけての列島社会、東アジア世界の金工品生産の動向までを論述することとなった。

私が18歳のときに考古学を志した際、最初に出会った考古学者が、当時、奈良国立文化財研究所長であった田中琢氏であった。田中さんは、私の母方の伯父で京都大学農学部教授であった安本教傳の幼なじみで、学生時代は私の祖母に家族同然に食事を分け与えられていたという。教傳伯父の紹介でお会いした田中さんからは、日本考古学の将来を見据えた上で私の進むべき道について様々なご助言をいただいたが、非才な私はそのごく一部しか達成できずここまで来てしまった。とはいえ、今後も自分の学問を深化するとともに、少しずつ幅を広げていくことで、「親族」として親身になってくださった田中さんの思いに応えていきたいと思う。

本書の刊行にあたって、雄山閣出版の八木崇さん、桑門智亜紀さんには多大なるご尽力を得た。また、以上にご芳名を挙げた以外にも数多くの方々に導かれ、支えられてきた。しかし、私がそもそも考古学の道に進むことができたのは、幼少の頃から私を慈しみ導いてくれた伯父、安本教傳と、祖母、安本粉仙のおかげである。故人である二人に本書を捧ぐことをご寛恕いただきたい。

2019 年 7 月

古川　匠

著者略歴 ─────────────

古川　匠 （ふるかわ たくみ　FURUKAWA Takumi）

1979 年　京都府生まれ。
2001 年　同志社大学文学部文化史学専攻卒業。
2004 年　立命館大学大学院文学研究科日本史学専攻博士課程前期課程修了。
2004 年　大分市教育委員会。
2009 年〜現在　京都府教育委員会。
2013 年　福島県教育委員会派遣（〜 2014 年）。
2018 年　立命館大学大学院文学研究科行動文化情報学専攻博士課程後期課程修了。
　　　　博士（文学）

〈主要著書〉
「古墳時代前・中期の鉄製農工具生産と渡来人」『古文化談叢』第 63 号　九州古文化
研究会　2011 年
'Jomon Water Transportation of Obsidian and Volcanic Activity：Excavation
and Analyses of the Yokoo Coastal Wetland Site, Japan,'　"Journal of Wetland
Archaeology" vol.13　2013 年
『集落動態からみた弥生時代から古墳時代への社会変化』古代学研究会・六一書房
2016 年（共著）
「中近世城郭研究における表面波探査の活用─京都府聚楽第跡を対象に─」『日本考
古学』第 45 号　2018 年（共著）

2019 年 10 月 25 日 初版発行　　　　　　　　　　　　　　　《検印省略》

─────────────

古墳時代の装飾馬具生産体制

─────────────

著　者　　古川　匠
発行者　　宮田哲男
発行所　　株式会社　雄山閣
　　　　　〒 102-0071　東京都千代田区富士見 2 - 6 - 9
　　　　　TEL 03-3262-3231　FAX 03-3262-6938
　　　　　振替 00130-5-1685
　　　　　http://www.yuzankaku.co.jp
印刷・製本　株式会社 ティーケー出版印刷

─────────────

© Takumi Furukawa 2019　　　　　　　　ISBN978-4-639-02670-9　C3021
Printed in Japan　　　　　　　　　　　　N.D.C.210　216p　27cm